鲍蕙荞 著

# 鲍蕙荞 倾听同行
## ——中外钢琴家访谈录（第三集）

中国文联出版社

图书在版编目（CIP）数据

鲍蕙荞倾听同行：中外钢琴家访谈录. 第三集/鲍蕙荞著.--北京：中国文联出版社，2018.9（2023.08 重印）
ISBN 978-7-5190-3605-8

Ⅰ.①鲍… Ⅱ.①鲍… Ⅲ.①钢琴－演奏家－访问记－世界－现代 Ⅳ.①K815.76

中国版本图书馆 CIP 数据核字（2018）第 130159 号

CHINA LITERATURE AND ART FOUNDATION
中国文学艺术基金会　资助项目
中国文学艺术发展专项基金

| 书　　名 | 鲍蕙荞倾听同行：中外钢琴家访谈录（第三集） |
|---|---|
| | Baohuiqiao Qingting Tonghang Zhongwai Gangqinjia Fangtanlu |
| 著　　者 | 鲍蕙荞 |
| 责任编辑 | 曹艺凡 |
| 责任校对 | 甄　飞　胡新芳 |
| 装帧设计 | 谭　锴 |

| 出版发行 | 中国文联出版社有限公司 |
|---|---|
| 社　　址 | 北京市朝阳区农展馆南里 10 号　　邮编　100125 |
| 电　　话 | 010-85923025（发行部）　010-85923091（总编室） |
| 经　　销 | 全国新华书店等 |

| 印　　刷 | 中煤（北京）印务有限公司 |
|---|---|
| 开　　本 | 710 毫米 x 1000 毫米　　1/16 |
| 印　　张 | 20.5 |
| 字　　数 | 303 千字 |
| 版　　次 | 2018 年 9 月第 1 版第 1 次印刷　2023 年 8 月第 2 次印刷 |
| 定　　价 | 58.00 元 |

版权所有 · 侵权必究
如有印装质量问题，请与本社发行部联系调换

# 序

　　1999年，在"无心插柳"的状态下，我写了第一篇访谈录。因为那是对我少年时代第一位专业钢琴老师的访谈，写的是我熟悉的人和事，所以很轻松就完成了。在《钢琴艺术》发表后，得到了很多鼓励和好评。不久后，我在担任第二届"中国国际钢琴比赛"评委期间，访问了10位外国评委，并写成了包括10篇访谈录在内的《钢琴对你意味着什么？》。没想到，这10篇访谈录获得了更多的鼓励和好评。我由此想到，这或许是一件我应该做下去的事。

　　15年飞快地过去了！对有机会碰到的中外钢琴家进行随机访谈，似乎已成"惯性"。不知不觉间，我已经采访了100位中外钢琴家！他们中既有世界级的钢琴大师，也有后起的钢琴新秀。从他们身上我无一例外地学到了很多东西，因此，我自己是访谈录的第一受益人。

　　在完稿后，凡是整理完能请他们过目的，我都请他们自由修改或增减。有许多人都花了大量时间重新整理。因此，《鲍蕙荞倾听同行——中外钢琴家访谈录》是集体的创作，是访谈人和所有被访人共同的心血和智慧的结晶！

　　在我的访谈对象中，有些人已经离我们而去，如拉扎·贝尔曼、威森伯格、克莱涅夫这些世界级的钢琴大师以及杨峻、李素馨等为中国钢琴事业做出贡献的老教授。我庆幸自己能在他们生命的最后几年亲耳聆听并用文字记录下他们对音乐的热爱、奉献和对人生的深刻感悟。

很高兴《鲍蕙荞倾听同行——中外钢琴家访谈录》的第三、第四册就要出版了，仅将我写过和还要继续写的访谈录献给一切热爱钢琴艺术的人！

2016年8月

# 目 录

"只有音乐是美好的!"
　　——乌克兰著名作曲家、钢琴家米哈伊尔·博里索维奇·斯捷潘年科（Mikhail Borisowich Stebanianko）访谈录 …………… 1

"越有名就越要努力，名气就是努力出来的。"
　　——旅美著名青年钢琴家孙梅庭访谈录（一） ………… 13

"不管什么门类，到了最高级阶段，都是艺术。"
　　——旅美著名青年钢琴家孙梅庭访谈录（二） ………… 25

"我是中国人，要和自己国家的听众沟通。"
　　——著名钢琴家、教授杜泰航访谈录（一） …………… 31

"我一直都有创新意识。"
　　——著名钢琴家、教授杜泰航访谈录（二） …………… 45

"对一个真正的艺术家来说，金钱、荣誉永远无法取代寂静中的苦苦修行。"
　　——美国著名音乐学家大卫·杜勃（David Dubal）访谈录 … 51

"一个伟大的传统要像火炬一样传下去。"
　　——著名旅澳青年钢琴家陈巍岭访谈录 ………………… 59

"听众不是来看杂技的，是要心灵被感动。"
　　——旅加青年钢琴家王犟访谈录 …………………………… 73

"希望有更多的中国钢琴家参加我们的哈恩国际钢琴比赛。"
　　——西班牙著名钢琴家、哈恩国际钢琴比赛主席格尔莫·冈萨雷斯
　　（Guillermo González）访谈录 ……………………………… 83

"取悦专家评委是很没意思的事！"
　　——旅法青年钢琴家宋思衡访谈录 …………………………… 93

"每个画家都有自己的色彩，每个演奏家也一样需要有自己的
　　色彩！"
　　——意大利著名钢琴家安德列亚·伯纳塔（Andrea Bonatta）
　　访谈录 ……………………………………………………… 103

"一个国际比赛最重要的就是获奖者在赛后能获得演出机会。"
　　——"悉尼国际钢琴比赛"艺术总监沃伦·汤普逊（Warren
　　Thomson）访谈录 ………………………………………… 111

"必须从心灵深处发现自己的东西！"
　　——著名越南裔钢琴家邓泰山（Thai son Dang）访谈录 …… 119

"年轻人千万不要对自己满足，应该设法去开启另一扇门，录找
　　更好的东西。"
　　——著名英国钢琴教授克里斯托弗·埃尔顿（Christopher Elton）
　　访谈录 ……………………………………………………… 131

"如果他们学成归国，对国家将是大有好处的。"
　　——著名美国钢琴教授、钢琴演奏家加里·格拉夫曼（Gary
　　Graffman）访谈录 ………………………………………… 139

"有了好的技术并不等于有了好的音乐，内心的情感是最重要的。"
　　——著名波兰钢琴教授、肖邦国际钢琴比赛主席安德烈亚·雅辛
　　斯基（Andrzej Jasinski）访谈录 ………………………… 147

"真正的艺术是真理的表态!"
　　——著名钢琴演奏家、教授、上海音乐学院钢琴系主任陈宏宽访谈录……………………………………………………………… 155

"我从来没有刻意去写与众不同的东西,而总是写自己内心听到的东西。"
　　——俄罗斯作曲大师、钢琴家罗迪昂·谢德林(Rodion Shchderin)访谈录……………………………………………………………… 165

"钢琴是我的挚爱!"
　　——著名钢琴演奏家李青访谈录……………………………… 175

"弹琴是自己的快乐,是任何金钱和赞美都换不来的!"
　　——著名钢琴演奏家、中央音乐学院教授盛原访谈录……… 187

"老师如果能把爱心传授给学生,就是做了一件很好的事。"
　　——著名旅美钢琴家、作曲家孙以强访谈录………………… 205

"做老师就是要对得起良心。"
　　——上海音乐学院著名钢琴教授盛一奇访谈录……………… 217

"如果有什么事使我不能弹琴了,我恐怕也就活不长了。"
　　——钢琴大师阿贝·西蒙(Abbey Simon)访谈录 ………… 227

"我不喜欢听到单纯的炫技,内心的触动对我更重要。"
　　——著名法国钢琴家让-保罗·赛维亚(Jean-Paul Sevilla)访谈录……………………………………………………………… 235

"热爱自己的工作,不光看到'终点',还要喜欢通往'终点'的艰苦过程。"
　　——旅美青年钢琴家吴迪访谈录……………………………… 241

"我每天都问自己:我为什么要学音乐?做一个钢琴家对我意味着什么?"
　　——青年钢琴家孙嘉言访谈录………………………………… 253

"艺术在'自虐'中净化与升华。"
　　——著名青年钢琴家邹翔访谈录·················· 267

"我是一个钢琴家,做了一些音乐学和音乐理论方面的事情,但这些都是为了演奏而不得不做的。"
　　——青年钢琴家张奕明访谈录·················· 283

"我觉得自己很幸运,能和那么多的大师一起演出,我从他们身上学到了太多的东西。"
　　——世界级青年钢琴家王羽佳访谈录·················· 307

# "只有音乐是美好的!"

——乌克兰著名作曲家、钢琴家米哈伊尔·博里索维奇·斯捷潘年科（Mikhail Borisowich Stebanianko）访谈录

米哈伊尔·
博里索维奇·
斯捷潘年科

著名作曲家斯捷潘年科1942年生于乌克兰,毕业于基辅音乐学院。

1966年,钢琴专业毕业。

1971年,作曲专业毕业。

曾任教于基辅音乐学院。

著有交响乐、钢琴独奏曲、协奏曲、儿童歌曲、合唱、广播剧及电视剧音乐。

1997年,获乌克兰文化部颁发的"人民艺术家"称号。

2003年,获俄罗斯"文化部奖"。

---

认识斯捷潘年科,是从他的作品开始的。

2002年,我的学生准备参加在乌克兰举行的"克莱涅夫青少年国际钢琴比赛",章程要求必弹一首乌克兰作曲家的作品。我把从周广仁先生那里借来的乌克兰钢琴作品翻来覆去地浏览视奏了几遍,其中不乏优美动听的钢琴曲,但一位名叫斯捷潘年科的作曲家的一组短小精悍、音乐形象生动、音乐语言新颖的题为《随想》的小品吸引了我。最后我的学生在比赛中演奏了其中的三首,获得了热烈的反响。

2003年4月,我再次带领这个学生赴乌克兰首

都参加"霍洛维兹国际青少年钢琴比赛"。某日,在音乐书店里发现了斯捷潘年科录制的一张18—19世纪乌克兰作曲家钢琴作品的CD,才知道他除了是一位著名作曲家之外,还是一位出色的钢琴家。事有凑巧,在我的学生二轮演奏结束走回休息厅时,一位面貌清癯、风度儒雅、头发花白的老人走过来向他祝贺。我们几乎瞬间就认出了这位老人正是CD封面上的斯捷潘年科本人!原来,他是特意来向我的学生和我赠送乐谱和CD的。

在获奖者音乐会上,我的学生在返场时加演了他的那三首《随想》。音乐会结束后,当我们走出音乐厅的大门时,却发现这位可敬的作曲家正在等着我们。当下我们心里充满了感动,因为音乐会结束后,孩子们都在忙着找评委合影并互相合影留念,而老作曲家在音乐厅外站了一个多小时呀!

这次陪学生到基辅参加"克莱涅夫国际音乐节"演出,特意托在基辅柴可夫斯基音乐学院学习的留学生转告斯捷潘年科我对他的访谈意向。身兼作曲系、钢琴系两系主任的斯捷潘年科教授,推掉了其他活动,在乌克兰作曲家协会的接待室里和我谈了两个半小时。

**斯:**(20世纪)90年代我曾去过中国,主要是参加"哈尔滨洽谈会",后来又去了北京。

在"洽谈会"上展览了各式各样的项目,也给了我们一个2米×2米的小房间展览书谱。一开始,根本没有人来看我们的书谱,人们说:"我们需要的是石油、汽车啊。"我就在电视采访中说:"难道商人的孩子就不需要音乐知识了吗?"结果,第二天我们的书谱就卖光了。(笑)

现在有几个乌克兰音乐家在中国工作,像钢琴教授波波娃,还有20个中国学生在我们学院的钢琴系学习。现在乌克兰和中国的关系特别好,我相信以后还会更好。中国各方面发展得非常快,应该成为我们的好合作伙伴。

1984年我去过日本,日本人说:"我们的汽车、电视、信息……都是最先进的,日本人是最聪明的,日本应该统治世界。"我就说:"我们的音乐是最先进的。我们有柴可夫斯基这样伟大的作曲家。"实际上,每个国家都有自己先进的地方,有自己的天才人物。人们应该互相交往、沟通。我也很想从你们那儿知道更多的新信息。(这时,他指着陪我同去的留学生给他看的我写的《鲍蕙荞倾听同行——中外钢琴家访谈录》第一集说:"这本书很有价值,我们在学校里讲西方的音乐史,但对中国了解得很少,也没有什么书。")

(他又指着和我同去的学生说)这个小朋友演奏了我的作品,他弹得很好。

**鲍**:我和几位同行编了一套《新思路钢琴系列教程》,也选了一些您的作品。

**斯**:哦,我很高兴。

**鲍**:我希望中国有更多的人像我一样通过您的作品认识您。但是今天我还是希望您首先介绍一下您自己。

**斯**:我出生于1942年,二战期间。在战争中,基辅完全被炸毁了。战争结束后,一切开始重建,基辅也成立了音乐小学。小孩从7岁开始,可以通过严格的考试入学。我就是那时进入音乐小学的。

**鲍**:考进去的小孩都学过音乐吗?

**斯**:是从零开始的。现在已改为6岁入学了。

我在中学毕业时,是以钢琴专业毕业的。但考入音乐学院后,就同时学钢琴和作曲两个专业。

我们学校里有很多好的老师,他们既会指挥,又能演奏多种乐器,而作曲家是应该对各种乐器都有所了解的。

**鲍**:您还记得自己作的第一首曲子吗?

**斯**:我小时候很不喜欢练琴(笑),但是爸爸妈妈希望我学钢琴。我在练琴的时候拿了一本法国作曲家的传记放在钢琴上,一边练琴,一边看书。(笑)我最初作曲是为一些诗词谱曲。

**鲍**：您7岁时考音乐学校是自己想去考的呢，还是父母发现了您的音乐天赋？

**斯**：我母亲很喜欢音乐，她不会弹琴，但喜欢唱歌。她很希望我学琴，就给我买了一架钢琴。

我7岁进音乐小学的时候，国家发一些助学金给我们。我第一次拿钱回家时，非常骄傲，因为是自己赚来的呀。（笑）

**鲍**：战后国家一定也是很困难的，还发助学金给小孩，真不容易呀！

**斯**：当时国家的确很困难，但是在文化上还是会投入的。虽然发的钱不多，但是可以帮助一些孩子学习。

1952年我10岁的时候，在音乐厅参加合唱演出，还唱了《莫斯科—北京》，关于斯大林和毛（主席）的歌。（笑）

50年代，有1万多名各行各业的中国留学生在苏联学习。这些学生是最好、最有纪律的，人人都很勤奋，是学生的榜样。

**鲍**：那时还有很多苏联专家在中国工作，我们很多人都跟苏联专家学习过。我本人也跟钢琴专家塔姬雅娜·彼得罗芙娜·克拉芙琴柯学习过一年。

**斯**：克拉芙琴柯从彼得堡来到基辅，在柴可夫斯基音乐学院工作过10年，现在还有她的学生在这里工作。

我年轻时就知道刘诗昆、殷承宗。刘诗昆弹的李斯特《第一钢琴协奏曲》棒极了！

**鲍**：您的作品中，有一些是有着很鲜明的乌克兰民族音调的，有一些又有较新的音乐语言。请介绍一下您的创作思想。

斯：乌克兰有很美的民谣。（他坐到了三角钢琴旁，弹起了一些乌克兰民谣。）我曾经专门研究了18—19世纪的乌克兰音乐，我想了解它们的根源。这盘CD录的就是当时乌克兰作曲家们的钢琴作品。我还写了题为《18—19世纪乌克兰的钢琴艺术》的论文。论文共分为三个部分：第一部分是演奏篇；第二部分是教育篇；第三部分是作曲篇。

当时的钢琴教师都是除了教学外，既能演奏又能作曲。但现在已经没有这样的教师了，这现象很不好。像莫扎特、肖邦、李斯特、德彪西、霍洛维兹……这些演奏家都会作曲。

同时，我认为作曲家也同时应该是钢琴家，只有成为出色的钢琴家才能有自信。

现在的国际比赛中，往往感到所有的选手都弹得很相似，而听众希望听到最好的、最突出的演奏。

（这时他又指向我的学生）我很喜欢他的演奏，因为他的演奏反映出了作曲家的意图。这说明你在教学中付出了很多，有很高的职业精神。

鲍：谢谢您的鼓励。您在创作时，是否需要到农村去收集民歌？

斯：我小时候是生活在农村的，我的外婆会唱很多民歌，我常常跟着她一起唱。

乌克兰现在已经收集了50万首民歌（这个数字有可能是翻译上的不准确）。这个庞大的数目只有乌克兰有，别的任何国家都不会有的！而且这些民歌不仅曲调优美，词也很美。

二战后，人们没有电视、没有娱乐，聚在一起就是唱民歌。后来电视多起来，人们就不太唱歌了。

鲍：在中国也是这样，在很多边远地区，原来有很好的民歌，但是年轻人宁可喜欢唱流行歌曲也不喜欢唱民歌。我很担心那些民歌会失传。

**斯**：现代文化的发展确实会影响古老民歌的保存，不过在乌克兰有一些专家一直在收集整理民间音乐和民间故事。

很有意思的一点是，最古老的歌曲和现代音乐有很多地方相似。

**鲍**：这是为什么呢？

**斯**：因为古老民歌的节奏感与浪漫派音乐相距很远。而且很多民族调式是在大小调调式之前就有了，这也和现代音乐很相似。

乌克兰有些民族调式与中国的五声音阶很相似。（他又走到钢琴前弹起来。）

现在，在一些边远地区的小村庄里，人们还在唱着1 000年前的古老歌曲。这些歌曲大部分都是歌唱太阳的，因为太阳给人们带来温暖和快乐。

**鲍**：这类内容的作品，在现代音乐中也有吗？

**斯**：在合唱中也有。

**鲍**：你们的作曲家协会有些什么日常活动？

**斯**：所有作曲家的作品要发表都需要很多钱，办音乐节、演出合唱、交响乐，就更需要钱。像不久前基辅有一个大的音乐节，每天有4台不同的音乐会：交响曲、器乐、教堂合唱、流行音乐。许多组织工作都由作曲家协会来做，比如，安排作曲家们写不同形式的作品。

**鲍**：作曲家协会的经费从何而来？

**斯**：从国家预算中拨款。

作曲家的作品如果要出版，由文化部下属的部门来购买作品。但是给的钱很少，作曲家都不满意，因为他们付出的劳动很多。不过，我们有保护作品权益的组织，如果作品被人用得多了，可以拿到钱。所以写儿童歌曲的人得的钱比较多，因为唱的人多啊。（笑）

我们每4年开一次作曲家大会，在会上选出作曲家协会主席。每个月协会领导人与协会会员开一次会讨论问题。

**鲍**：都讨论些什么问题呢？

**斯**：问题之一是讨论那些退休作曲家的头衔问题，是"交响乐作曲家""合唱作曲家""儿童歌曲作曲家"……还讨论他们应得的退休金。

乌克兰文艺界还有很多协会，这些协会的领导人每年都要一起见一次总统，谈保护自身权益的问题。

**鲍**：是协会领导人要求见总统，还是总统定时接见？

**斯**：是协会领导人先写报告给总统。有时是总统本人想见这些人。有时总统会写委托书，由协会领导人拿着委托书到文化部去谈问题。

**鲍**：您是作曲家协会主席吧？

**斯**：我从1999年当选为主席，直到现在。但这已经是我第二次当选为主席了，第一次是1991年，我与另一位作曲家一起当选为全苏作曲家协会主席。1992年又当选为乌克兰作曲家协会主席。从1991年至1993年，我每个星期都是在基辅和莫斯科之间跑来跑去，这边工作三天，那边工作三天。（笑）

**鲍**：现在您还当系主任，一定更忙了吧？

**斯**：还好。我的任务一是搞好系里教研室的气氛、调节人际关系；二是努力提高学生的水平。

现在搞音乐越来越难了，因为父母都希望自己的孩子长大了当商人、电脑专家、足球运动员。音乐学校老师的工资很低，音乐小学的条件也比10年前差多了，所以学音乐的人越来越少了，也许音乐学校也会慢慢被淘汰掉吧！

**鲍**：中国现在有许多孩子跟私人钢琴老师学琴，这里有吗？
**斯**：有，那只是在考音乐学校前的准备。

**鲍**：音乐小学是凭才能挑选，还是交钱就可以上？
**斯**：一年级主要考"耳朵"，四年级就要考钢琴了。

基辅市有50所音乐小学，都是7年制的业余小学。有天赋的孩子，可以继续上11年制的音乐中专；最好的学生，可以上音乐学院。

乌克兰共有28个省，每个省有26所音乐小学、1~2所音乐大专。4年大专毕业后有本科学历。大专毕业后，可以上5年制音乐学院，这样的音乐学院，全国共有5所。

**鲍**：这样看来，是一个人数越来越少的金字塔，这是很符合规律的。
在乌克兰，各级被淘汰下来的音乐学生自己又很想在业余时间学习的，要怎么解决呢？
**斯**：每个音乐大学下面都有一个称为"演出厅"的部门，淘汰下来的学生可以在这里继续学，老师由音乐学院的学生担任。

**鲍**：这些人要交学费吗？
**斯**：不交学费。

**鲍**：那么老师的工资从何而来？
**斯**：这些老师都是音乐学院的学生，在这里教学是他们的"实践课"，没有工资，只发给他们参加了教学实践的证明。

7年制的学生交费也很低，正式考上音乐学院的人就不交学费了。如果没考上又想继续学，就要交费。但是只允许考3分的人交费，考2分不及格的，就是交学费也不行。（笑）现在的学生都是从全国各地来的，还有一些从中国、韩国来的学生，都是通过考试的。

音乐学院毕业后，有些人可以进入研究生院，今年共有19人，但其中只有两人是免费的。考研究生分四个步骤：第一要弹一些很难的大曲目；第二是写论文；第三是考哲学；第四是外语。

学院里优秀的学生还可以到国外参加国际比赛。在欧洲，各式各样的国际比赛很多，像肖邦、柴可夫斯基、布佐尼、伊丽莎白、鲁宾斯坦等，都是高水平的大比赛。有些大比赛的奖金很高，像我们学院有一个学生在伊丽莎白比赛中得了第一，得到了15.4万格里夫那（格里夫那是乌克兰货币名称），还得到了两年的演出合同。

**鲍：** 我知道乌克兰有许多很优秀的钢琴家。乌克兰的钢琴学派是否属于俄罗斯钢琴学派？

**斯：** 是的，俄罗斯的音乐艺术学派是最好的学派。

首先，俄罗斯学派有"从小选拔人才"的最好方式。在沙皇时代，首先是从培养芭蕾舞人才开始的。小孩从7岁开始，就选择人才送到圣彼得堡去请专家教授芭蕾舞，成才以后就输送到沙皇剧院去。

还有，如培养歌唱人才，沙皇时代有一个名叫"卡佩拉"的专门机构。每年要选一些既有音乐天赋又有好嗓子的儿童。只选男孩子，因为教堂里的唱诗班都是用男童声。在十八九世纪时，这种制度只在沙皇下属的机构实施，后来慢慢流传到许多地方。沙皇时代选择男童声的首选地域就是乌克兰，因为乌克兰有许多有音乐天赋又有好嗓子的儿童。这些孩子在进入"卡佩拉"的时候，父母要交些学费，一旦进去，一切学习就都是免费的了。他们要学习乐器、指挥和外语等，每分每秒都有学习计划。老师都是从意大利请来的专家。除学习外，还安排去教堂演出。这种方法就像培养莫扎特一样。（笑）从"卡佩拉"学出来的人都是专家、教师，他们到各地去建学校，有很高的工资待遇。其中一些人也成了著名的作曲家。

这种学派延续下来，1913年基辅成立了音乐学院。再过20天，里沃夫（乌克兰的一个城市）也要庆祝自己的音乐学院成立150周年了。

我讲了这么多，你简直可以写论文了。（笑）

**鲍**：非常感谢您讲了这么多，使我知道了许多有关的历史。以前，我们对苏联和俄国还有些了解，在中学时我已看了很多屠格涅夫、托尔斯泰的小说，也读了不少普希金和莱蒙托夫的诗。当然，还有很多苏联的小说，对我们影响都很大。

但是，我们对乌克兰还是了解太少了。

**斯**：交换信息是很重要的。我们对中国也了解不多。我只知道蒲松龄，还有《红楼梦》。还知道周恩来、郭沫若和宋庆龄三姐妹。（笑）

乌克兰有很复杂的历史。比如，第聂伯河一边属于俄罗斯、一边属于波兰，所以俄、波都认为基辅是属于自己的。为此，经常有战争。1917年，乌克兰成立了国家，但仍属于苏联。到1991年才真正独立。

切尔诺贝利核电站是苏联下令建的，核泄漏之后，附近出现了10种新病，所以许多孩子都被送到国外去了。我不建议中国建核电站，因为那是非常危险的，如果遇到地震、核泄漏，可能半个中国都会消失。切尔诺贝利泄漏之后，在那里工作的40万人都死了。所以乌克兰人对苏联总统的做法是不满的，1976年大选的时候，90%的乌克兰人都赞同独立。不过，现在还有很多俄国人居住在乌克兰，他们跟乌克兰人相处得还是很融洽的。

**鲍**：现在切尔诺贝利核电站已经完全关闭了吧？

**斯**：不可能一下子完全关闭，它一共有4个设施，有一个泄漏了。事故后，都停止了工作，但也不能一下子都废除。周围的 900 公里都已封闭，但核辐射非常严重，人、动物、鸟类、水土都受污染。自来水不能喝了，打了许多很深的井。

鲍：我每次经过基辅一个小公园的时候，都看到人们拎着塑料桶去那个压水井接水。后来才知道，那不是为省钱，而是认为水井里的水比家里的自来水更安全。

斯：现在污染太多了，城市里的汽车那么多，也是污染。我每次打开电视看新闻，总是看到世界各地水灾啦、火灾啦、事故啦、匪徒啦……太多的灾难。

只有音乐是美好的！

如果我有钱，就要买一个乐团，演奏最好的音乐。当然，每次出去巡回演出，我会先打个电话问问，那里有没有水灾?!（笑）

2003 年 10 月 10 日

下午 1：30—4：00

访谈于乌克兰首都基辅作曲家协会

> **越有名就越要努力，名气就是努力出来的。**

——旅美著名青年钢琴家孙梅庭访谈录（一）

孙梅庭

孙梅庭于1981年出生在上海的一个音乐家庭。3岁开始学琴，由毕美之和尤大淳老师指导。6岁参加上海儿童钢琴比赛获得第一名，被誉为"神童"。1991年，10岁的孙梅庭被世界著名的曼尼斯音乐学院院长看中，破格以全额奖学金进入该校。在曼尼斯音乐学院的10年里，他师从著名的音乐理论大师、钢琴家埃尔德维尔，20岁便取得了音乐学士、硕士学位。2001年，20岁的孙梅庭进入茱莉亚音乐学院，在钢琴家麦当劳门下攻读博士学位。

1995年，14岁的孙梅庭便在林肯艺术中心的爱丽丝·图里音乐厅成功地举办了个人音乐会。1996年，在演奏肖邦的练习曲Op.10之后，被《乡村之声》评为"年度音乐家"。2002年，孙梅庭获得了巴托克、卡巴列夫斯基以及普罗科菲耶夫国际钢琴比赛第一名，并以压倒性优势获得"第一届国际e钢琴比赛"第一名和舒伯特钢琴奏鸣曲特别奖。

21岁时，孙梅庭经常在纽约各大音乐厅演出。曾多次出现在WQXR古典作品广播电台的《青年艺术明星》栏目和NPR的《今日演奏》栏目中。他经常在美国、日本和国内举办独奏音乐会。最近，孙梅庭在茱莉亚音乐学院举办了博士独奏音乐会，并在国内巡回演出。还在戛纳开幕式和纽堡节上担任演奏嘉宾。2002年他在西班牙等国演出,并在爱丽丝·图里音乐厅举办个人音乐会,2003—2004年度与温尼伯交响乐团、瑞奇蒙交响乐团、西班牙国家管弦乐团的合作演出。

---

在我的访谈对象里,迄今为止,很随意、很悠闲地趴在床上和我谈话的,孙梅庭是唯一的一个。

在这之前,我早就听说,在上海出生、很小就去美国学习的钢琴神童孙梅庭在美国举行的"第一届国际e钢琴比赛"中荣获第一,并听说"e比赛"是世界上最新、最难的比赛。又听说傅聪先生曾说过,在青年钢琴家里,能与他平起平坐谈论音乐的,唯有孙梅庭(此话未经核实)。因此,在我的想象中,孙梅庭应该是一副少年老成的模样。这次在厦门鼓浪屿担任钢琴节评委,听说孙梅庭应邀来厦演出。中午,在鹭海宾馆的院子里看到一个身着休闲T恤和牛仔裤的小伙子正在和上海音乐学院陈庆峰教授讲话,脑中第六感忽然闪过:这就是孙梅庭!

原来,这个带有传奇色彩的人物,竟是一个很阳光的"邻家大男孩"!

晚上,我到他下榻的饭店去采访,他的直率、朴实再次给我留下了深刻印象。

**鲍**:从一些资料上得知你从小就是个钢琴神童,讲讲小时候学琴的事吧。

**孙**:我是3岁2个月开始学琴的,启蒙老师是上海音乐学院管弦系的伴奏老师毕美之,跟她学了5年多。后来又跟尤大淳先生学了不到两年。

我5岁的时候曾经在"上海之春"音乐节演奏贺绿汀的《晚会》,7岁的时候又和丁芷诺的室内乐团到北京演奏了海顿的协奏曲。

1991年,我9岁多的时候,申请到美国留学,拿到了学生签证。爸爸去陪读,也拿到了B2签证。

**鲍**：为什么这么小就一定要出去学呢？

（这时，坐在旁边听的孙梅庭的妈妈插话："丁善德爷爷一直特别喜欢梅庭，认为学习西方音乐还是到国外去学更好，还亲自给他写了推荐信。丁爷爷曾经专门给梅庭写了《儿童组曲八首》。1995年梅庭回来开音乐会，节目单封面就是丁爷爷写的。"）

**孙**：我当时申请了美国很多音乐学院，像茱莉亚、柯蒂斯、曼哈顿等音乐学院都申请了。结果，有的学校说我太小不能教、有的要去面试，没有录取书又不能签证。其中有一所音乐学院叫Mannes，这是美国纽约的三大音乐学院之一，规模最小，每年只收300多个学生，但很多大音乐家都是从这所音乐学院出来的，像佩拉希亚、郑京和的弟弟（指挥）、贝多芬、巴赫、莫扎特，特别出名的Goode等。

我报考Mannes音乐学院时先寄了录音带去，院长每周边喝咖啡边看报纸边审听录音带。听到我的音乐时，他咖啡也不喝了、报纸也不看了。（笑）本来要去拿报纸的，结果报纸也不拿又跑回去听。后来他还叫大家都听7岁小孩弹的录音带。

但这所音乐学院也说我太小，叫我先去读"专业儿童学校"（Professional

children's school），在那里可以读全部文化课，也可以给我发 I－20 签证。同时可以在 Mannes 上音乐课。

我被美国使馆拒绝了两次才拿到签证，1991 年 1 月 26 日去，2 月 4 日就开学了。

（梅庭妈妈说："他爸爸带他去美国时，没有钱，幸亏学校搞了一个奖学金基金会。这样，梅庭上学，爸爸陪他练琴，还学英语。爸爸本来是弹琵琶的，这时就在纽约的民族乐团挂了个名。"）

**孙**：我每天在学校学文化课到 3 点，下课后就回家练琴。一星期到音乐学院去上 3 天音乐课。乐理、视唱、钢琴课都是一对一地上课。

我的音乐老师都是学院里最好的老师。钢琴老师叫爱德华·奥德维尔，他是弹巴赫的专家，除了教学，还写书。视唱练耳老师是一位老太太，叫 Marie Powers，也教得很棒，佩拉希亚也曾是她的学生。我跟她学了 3 年左右，教完我她就去世了，所以我是她的最后一个学生。她人太好了，上课时常常给我讲一些好音乐家的故事，让我向他们学习。还有一位是教我作曲、理论、对位及视谱的老师，叫 Robert Cuckson。他是一位作曲家，教了我 6 年，还为我写过两首对位的曲子。

**鲍**：你刚才提到视谱，都训练些什么呢？

**孙**：学视总谱。我 12 岁时，学了视谱弹海顿的交响乐，14 岁弹贝多芬的交响乐，都是看着乐队总谱弹。

**鲍**：哇，好厉害！

那你这么小的时候，就把大学的功课都学完了吧！

**孙**：我 15 岁时就把大学的课都学完了。上大学时，这些课都不用学了，只是又学了一年视谱。就是给你一个低音、两个数字，然后自己写上面的旋律、和声。这门课对和声有极大的好处，我从小已学过 3 年了。

在大学里，我还学了作品分析。别人上大学都是学音乐课，我反过来，学了很多文化课：世界史、文化史、美术史等。这些都可以帮助我理解作曲家的作品。比如，肖邦的音乐，很多都是跟波兰反抗沙俄的历史背景联系起来的。

两年后，这些课程也都学完了，只有一门"钢琴教学法"没有读。到了第三年，院长把我叫到办公室，说我可以毕业了。

我读硕士时，课程排得满满的，我觉得学这些文化课对我很有好处。院长、老师也对我说："你小时候可以多演出些，但是大一点你就不要多演了，要多学，老是演出不学习，你就完了！"

我觉得这个院长，再加上三个老师，他们是"脑袋"最聪明的人，他们的话真是太对了，如果我老是演出，钱多了，但是懂的少了，别人会笑话我，我自己也不会高兴的。

钢琴家的一生长啊！

**鲍**：你的这些老师好有远见啊！

**孙**：是啊，放着这么多好课，我干吗不去学？！

硕士毕业后，我准备读博士。茱莉亚音乐学院（The Juilliard School）、耶鲁大学（Yale University）、纽约市立大学（The City University of New York）三所大学我都考上了。

我想上"市立"，因为他们的灵活性强，我已学过的课可以不上了。当时我很想好好地学演奏，而且那里有一位教作品分析的老师 Carl Schachter，是音乐理论界最出名的。他本人是个好钢琴家，但不搞演奏。我觉得全世界最最聪明的人就是他了，什么都懂，什么新曲子一看就可以讲。佩拉希亚视他为父亲，跟他学做人。当时他已退休，但是如果我进那所学校，他可以重新回去教我。

当时我妈妈坚持要我上茱莉亚音乐学院，因为离我家很近，又有名气。

茱莉亚音乐学院的制度不灵活，我学过的课又都学了一次。读博士的头一年，我整天要坐在图书馆里查找资料，一天都见不到阳光，一星期才能练两小时琴。

**鲍**：花这么多时间查找资料，这些事这么重要吗？

**孙**：很重要啊！比如，明天的演出（指第二天将要在钢琴节演出的孙梅庭、米歇尔、陈萨、许兴艾等人的音乐会），由于电视台要直播，需要预先写一些演出曲目的有关资料，这对我来说就很容易啦！

**鲍**：我听李未明老师（福建音乐教育家）说，你特别热心地帮所有人写曲目介绍。

**孙**：现在网上什么都可以查到，但哪些可信、哪些不可信，我都知道。因为我学过的多，所以这些事对我来说不难。

**鲍**：你肯花这么多时间帮别人，这很难得呀！

**孙**：我喜欢帮助别人，人家好了，我也高兴。越有名就越要努力，名气就是努力出来的。你狂了，别人就会很快超过你，有时还会利用你的名气。

**鲍**：我觉得你的想法特别直接、特别健康。

**孙**：我觉得自己靠逻辑去干事，很容易。同时也很容易和别人沟通。

**鲍**：在美国，是不是也有许多年轻人不会像你这么爱读书呢？

**孙**：是啊，有很多人要么只知道练琴，要么拼命玩，以后他们会吃亏的。看书、学习在初期时可能觉得没有意思，但学多了就有意思、有用了。到了需要应用时，如果你学得很浅，根本没法用。

**鲍**：你学这么多东西，有没有感到时间上的矛盾？

**孙**：过去有。但我小时候练得很多，每天几乎不出去玩。早晨8点去上课,晚上 11 点半睡觉,只有夏天到公园里走走。

现在已经不需要练太多琴了。

**鲍:**现在一天练多少?

**孙:**没有音乐会时,一天练半小时;有音乐会时练两小时。学新曲子时,一天练四五小时。

**鲍:**你练得这么少,是不是有什么特殊的练习方法?

**孙:**视谱、背谱对我来说很容易。小时候主要是脑子好,眼睛像照相机一样,看过就记住了,现在更多靠听觉的记忆。大部分的和弦都有六个声部——我把每一个音作为一个声部,每个音都要记住。

另外,也要记和声、复调和大的曲式结构。背巴赫的赋格,是靠旋律对位的方法来记。

我参加"e 比赛"的时候,有一个俄国小姑娘,每天练 12 小时。其实,我觉得超过 4 小时,人就已经很累了。如果超过 8 小时,那就只是动手指了,第一轮比赛时,我每天只练 3 小时。

**鲍:**谈谈"e 比赛"的情况吧。

**孙:**"e 比赛"是全世界都可以在网上听的比赛,但评委都是在比赛现场的,只有一个评委是在日本通过网络评审的。第一轮的评委不太出名,但第二轮的评委就都是很出名的了,而且都是靠演奏为生的职业演奏家。

**鲍:**曲目都是自己选择的吗?

**孙:**是的。老师帮学生安排比赛或演奏的曲目,最重要的是有品位,比如,巴赫和肖邦或斯卡拉蒂放在一起,就是很好的搭配。巴赫的组曲和肖邦的奏鸣曲在一起就很好。

另外,曲子和曲子之间的调性也要配。同调或太远关系的调不好,比如,

C 大调到 #F 就不好。

**鲍**：你在比赛中是怎样安排曲目的呢？

**孙**：第一轮我一上来就弹李斯特的练习曲《鬼火》，然后弹贝多芬《黎明》奏鸣曲第一乐章，接着再弹勃拉姆斯《帕格尼尼主题变奏曲 Op. 35》的第一套。进了第二轮以后，我完全不练，总共只练了 15 分钟。我已经准备得充分得不得了了，为什么还要练呢？（笑）我每天看棒球、会朋友、Shopping。

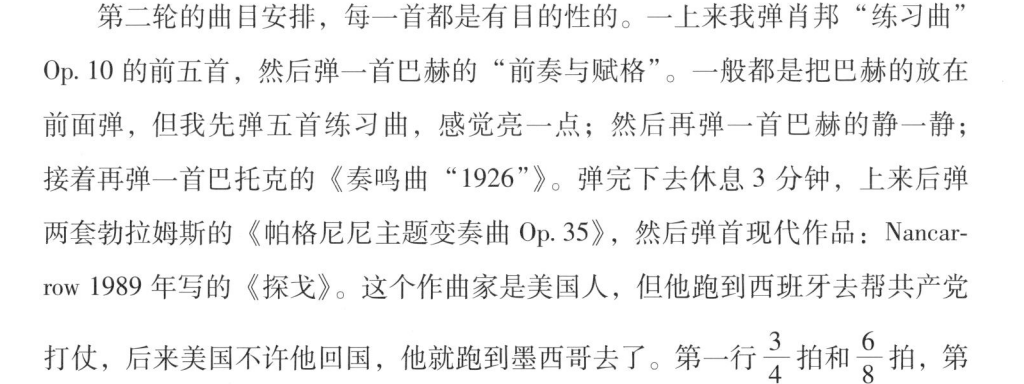

第二轮的曲目安排，每一首都是有目的性的。一上来我弹肖邦"练习曲" Op. 10 的前五首，然后弹一首巴赫的"前奏与赋格"。一般都是把巴赫的放在前面弹，但我先弹五首练习曲，感觉亮一点；然后再弹一首巴赫的静一静；接着再弹一首巴托克的《奏鸣曲"1926"》。弹完下去休息 3 分钟，上来后弹两套勃拉姆斯的《帕格尼尼主题变奏曲 Op. 35》，然后弹首现代作品：Nancarrow 1989 年写的《探戈》。这个作曲家是美国人，但他跑到西班牙去帮共产党打仗，后来美国不许他回国，他就跑到墨西哥去了。第一行 $\frac{3}{4}$ 拍和 $\frac{6}{8}$ 拍，第二行 $\frac{5}{8}$ 拍，第三行 $\frac{2}{4}$ 拍。总共 4 分 20 秒，效果好得不得了。最后，弹李斯特改编的《唐璜》。全部曲目加起来共 75 分钟。

第三轮，有一首勃拉姆斯的五重奏，之前有过一次 60 分钟的排练。除此之外，还弹了一首舒伯特的《奏鸣曲 D.958》。协奏曲我弹的是普罗科菲耶夫的《第二钢琴协奏曲》，也有一次 60 分钟的排练。这一轮分成两天比，第一天弹独奏和重奏，第二天弹协奏曲。

**鲍**：这个比赛的曲目是规定范围的吗？

**孙**：曲目是自己定的。有些选手曲目定得不好，比如，很多人选了普罗科菲耶夫的《第七钢琴奏鸣曲》，还有很多人选拉赫玛尼诺夫的《第二钢琴奏鸣曲》。这就不太好，因为选"普七"的人太多了，听多了评委会感到很烦。拉赫玛尼诺夫的《第二钢琴奏鸣曲》不容易弹好，听了这么多人弹，只有霍洛维兹的实况最好。

**鲍**：你现在演出多吗？

**孙**：不多，去年我花了 7 个星期到欧洲去旅游、上课。在意大利科莫湖边的"国际钢琴基金会"跟巴什基洛夫（Dmitri Bashkirov）、傅聪上课，觉得在那里跟他们聊天收获最大、学到的东西最多。

**鲍**：我曾采访过一个意大利青年钢琴家，他也是这样说的。

**孙**：但是我在欧洲旅游的时候，在维也纳第一天就被人偷了相机。（笑）我喜欢一个人到处走，不坐汽车、不坐地铁，每天走十一二小时。

**鲍**：啊，你这么能走！

**孙**：是啊，你不走就看不到那个城市的建筑风格。我在每个城市待 4 天以上，到了第六七天，根本就不用看地图找地方了。

**鲍**：今后有什么打算呢？

**孙**：我不想演出太多，我希望一年不要超过 50 场，我觉得钱也不必太多，自己要过得高兴。今年9月我还要去欧洲，我准备到波兰华沙去看肖邦的手稿，还要到一些小城市去，看克拉克维亚克舞蹈。真正的民族风格必须到小城市才能看到！

**鲍**：在我采访过的青年钢琴家里，我觉得你是特别有个性、有独特想法的一个。

**孙**：我在科莫湖巴什基诺夫大师班上课的时候，第一次上课他就把我训了一顿，说我跑动手指弹得太快了。第二次上课，又和他大吵了一架。他对着我大叫，他的英文讲得不好，我也不高兴跟他争。（笑）但到了第三天，我弹拉赫玛尼诺夫的给他听，他对我说："如果是我自己弹，我是不会这样弹的。但你应该有自己的想法，你的想法不会错的。"

后来他对我很好，还说："这个小孩是有自己想法的！"（笑）

2004年7月29日

晚8：15—9：50

访谈于厦门

> **"不管什么门类,到了最高级阶段,都是艺术。"**
>
> ——旅美著名青年钢琴家孙梅庭访谈录(二)

多年前在厦门访谈过旅美青年钢琴家孙梅庭,这次在上海"师资培训班"又见到了他。有一天评委晚餐时,孙梅庭兴致勃勃地谈到在美国时亲自办了两次"音乐大餐"。一个钢琴家,自己准备、自己烹制一顿大餐,并在客人用餐的间隔时间,亲自演奏与之相配合的钢琴曲,这真是闻所未闻!顿时引起了我的极大兴趣,于是抓紧在晚餐前的一点儿时间,对他进行了一次短暂的访谈。

**鲍**:昨天你在晚餐时讲的亲自制作"音乐大餐"的事很有意思。可以详细介绍一下吗?

**孙**:这两次"音乐大餐"是我为两个乐队的夏季音乐节集资而办的。因为乐队的领导人知道我喜欢做菜,就问我是否可以搞一个那样的音乐会。

整个创意和设计,我想了四五个月。这之前,由同一个人烧菜、同一个人演出的"音乐大餐",几乎是没有过的。(笑)

结果,消息一出来,一下子就有55个人订票,最后是66个人出席。

**鲍**:在什么地方搞的呢?

**孙**:在一个赞助人的家里,房子很大。

我为了这件事,做了很多准备。首先算好人数,然后试做几次,请了我爸妈和朋友来试吃。

**鲍**:所有的事都是你一个人做吗?

**孙**：我请了两个助手，一个是个厨子、一个开过饭馆。我把我要做的菜的意图告诉给了这两个助手。两天前开始准备，事情很多，光是剥石榴就花了4小时。（笑）有些菜要提早做，比如，红酒梨、巧克力。还有，用五层希腊面皮，中间每一层抹上油，做成小的"壳"，这也要提早做，正式做的时候，中间放腰果、虾仁和柠檬酱。

主菜是牛排和鱼，这要最后一天做。

所有的菜，我都把时间精确计算到5分钟之内。比如，什么时间把牛排放下去、什么时间取出来，都精确到倒计时。看到他们开始装盘子，我就开始准备第二道菜。然后，冲到楼下，向听众介绍第一道菜，并且弹15分钟的曲子。

我的曲子是和音乐配合的。比如，刚才说的腰果、虾仁那道菜，是很脆而轻巧的，非常 delicate，我就和斯卡拉蒂配合。（笑）

甜品是巧克力和石榴籽，酸甜中有一点苦，我就配肖邦。（笑）

而三文鱼是和德彪西的第二套《意象集》配在一起的。

如此大餐和演出循环四次。

**鲍**：那你岂不累死了？

**孙**：是啊，之后我花了一星期才恢复！（笑）

**鲍**：这么累，怎么又接着做了第二次呢？

**孙**：后来又有一个乐队找我做。这次做了40人的。不同的是，所有的菜都先吃完了，我才演奏。

**鲍**：我觉得这样的做法好一些。

孙：不过我更喜欢第一次的过程。因为第二次找了三个助手，他们做的事我很不满意。牛排做生了，又放进去重做。口感也不对，我很生气。

鲍：你做这么多菜又演奏的创举，一定很受称赞吧？

孙：那倒是。每一道菜都是我自己设计的，而且用了当地最新鲜的食材。这两次都在美国西部，当地的洋葱很甜，我用了很多。三文鱼也是海上刚钓上来的。

今年在 Oregon 州，有一个音乐节 "Siletz Bay Music Festival"，也要请我去做甜食餐。我正在考虑做法式甜点。

鲍：为什么你作为一个钢琴家，要做这些事呢？

孙：我觉得一个钢琴家既要弹琴，又要会学习和玩。而且每件事都可以做得很完美。任何事做到了最高程度都是艺术。

这样的音乐大餐，听钢琴是靠听觉；品红酒先有视觉，再有味觉。把一个人的心态调整到一个极好的状态，再让他听音乐。（笑）

鲍：恐怕这也是对素质高、有一定音乐修养的人才行吧？完全不懂音乐的人，吃完喝完就已经昏昏欲睡了，哪里还有好状态听音乐呢？（笑）

孙：以后不配酒了！

不过以后我也不大会再做了，太累。只有我有了很好的想法才会再做，因为，我所有的菜谱不会重复用第二次。

**鲍**：你真是一个兴趣很广博的人。我知道你喜欢摄影。

**孙**：是的。我喜欢旅游、摄影，还喜欢天文。我曾到南美洲去看星星。

**鲍**：有一次我在智利，夜里坐在汽车里从一个地方到另一个地方，看到的星星美极了。空气太干净了，好像星星从天上一直落到地平线上都看得清清楚楚。那种景象太美了，这么多年都忘不掉！听说南半球看到的星星和北半球看到的星星是不一样的。

**孙**：智利是看星星最好的地方。

我平时也看很多书，对科学、新闻这些方面都跟得很紧。一个人只要相信自己能学会某一件事，他就一定能学会。

我刚在家里装了四台大电脑，用来做不同的事。

**鲍**：哈，好像你一天有48小时！

**孙**：其实我很懒的，每次从别的地方回纽约，就会放松一星期。没有音乐会的时候，练琴也不多。

**鲍**：现在音乐会多吗？

**孙**：一年三四十场，我觉得这是最好的状态。

不过这两年我要弹16场巴赫的音乐会，13场勃拉姆斯的音乐会。其中，独奏5场、室内乐6场。8场肖邦的音乐会，8场贝多芬的音乐会。其中，两场钢琴和大提琴的、3场钢琴和小提琴的。另外，还有3场德彪西的音乐会。

**鲍**：哇，太厉害了！

2015年2月3日

下午5：00—5：30

**"我是中国人，要和自己国家的听众沟通。"**

——著名钢琴家、教授杜泰航访谈录（一）

杜泰航

杜泰航,钢琴家,教育家。现任中央音乐学院钢琴系教授,钢琴主科教研室主任,研究生导师。

杜泰航生于音乐家庭,6岁开始学琴,11岁进入中央音乐学院,师从赵屏国、李其芳等。16岁举办了自己的第一场独奏会。1992年赴欧洲,师从Homero Francesch、Victor Merzhanov、Anatol Ugorski等,其间荣获两个瑞士全国比赛第一名。1994年获荷兰海牙国际钢琴比赛第二名及新作品奖。1997年在苏黎世举行的Geza Anda国际钢琴大赛中获特别奖。

杜泰航的音乐足迹遍布国内外音乐厅和音乐节。他曾在荷兰阿姆斯特丹的Konzertgebouw、瑞士苏黎世的Tonhalle以及北京的保利剧院、中国国家大剧院等地举行独奏音乐会。在德国Schleswig_Holsten国际音乐节、Forum Feldkirch、dem Bodensee Festival,奥地利的 Bregenzer Festspielen、Allegro-Vivo Festival,意大利Asiago等国际音乐节上受邀进行演出。杜泰航还多次与国内外交响乐团合作演出,如Tonhalleorchester Zuerich(苏黎世音乐厅交响乐团)、Nordhollandisch Philamonic(北荷兰交响乐团)、Philharmonisches Orchester Brno(捷克乐团)以及中国爱乐乐团、中国国家交响乐团、广州交响乐团、深圳交响

乐团、澳门交响乐团等。出版多张唱片专辑，并在中国国家大剧院音乐大厅相继举办三场不同的创意性音乐会。

在钢琴教育方面，杜泰航先后在德国 Weimar 的李斯特音乐学院，奥地利的 Allegro-Vivo Festival 国际音乐节，德国 Lindau 的 Young Master International Music Festival，美国新英格兰音乐学院，北京国际音乐夏令营，台北、香港等地开设夏令营大师班，并在国内及台湾等重要钢琴比赛中担任评委。从 2001 年至今，他已有多名学生在国际国内钢琴比赛中获奖。2004 年杜泰航被评为中央音乐学院十大模范教师，2005 年入选教育部新世纪人才支持计划。2009 年作为中央音乐学院主科教研室主要成员之一，以"中国专业钢琴教学体系建设"为项目获"国家级教学成果奖"，同年与四位编委完成最新版全国钢琴考级教材，为新一代的钢琴教育及普及工作做出了贡献。2013 年当选中国音乐家协会钢琴学会副会长。

---

杜泰航的名字早在他在中央音乐学院当学生时，就已被许多圈里人知道。但当他去欧洲学习、演出多年回到中国，又在北京开了几场水平很高、反响很好的音乐会后，仍低调处世。

对他的访谈，实际上是三次。因第一次结束后，双方都觉得不够充分，于是又有了第二次、第三次。但真正到我自己落笔整理的时候，仍然感到非常难写，这种感觉是在写别的访谈对象时很少有的。可能由于在杜泰航身上"低调"和"自信"奇妙地融为一体的原因，他的侃侃而谈也常会和一些跳跃的思维及对自己的提问混合在一起。

因此，我只能尽力将自己的三次访谈录"混编"在一起，也许能在其间捕捉到一点儿东西。

**鲍**：你有着跟许多大师学习过的经历，能不能谈谈这方面的收获和体会呢？

**杜**：其实在国内时我就有过非常好的老师。在国外，也跟很多大师学习过、交往过。我很尊重他们、喜欢他们，这些大师并不简单地把我看成学生，而是一种亦师亦友的关系。因为在音乐上懂不懂和懂多少是不靠年龄来划分的。我的那些老师演出不断，我自己演出也不少，所以不是经常见面。但见面的时候，我们总会在一起长聊。除了聊音乐以外，这些大师对中国文化艺术有着极浓厚的兴趣，他们不太关注中国的经济情况，而是把中国看成世界上一个伟大的文明古国。我在这方面恰好能满足他们对中国文化的兴趣，所以我们聊天的时候，双方都很愉快。

我跟每个大师都学到很多东西，比如，美尔然诺夫（V. Merzhanov）是芬伯尔格这一学派的"掌门人"，现在80多岁了，是世界上十分稀有的浪漫派钢琴家和教育家。（20世纪）50年代曾和李赫特并列全苏钢琴比赛第一名。他的教学非常讲究作品的结构和趣味，当年已是70多岁，但还在每天10小时教学后练琴两小时。他为人亲和大气，阅历丰富。对中国感情很深，经常和我提起梅兰芳演出的精妙及西湖景色的美好。

我感到这些大师又是最开通、最"不端着"的人。像那乌莫夫（L. Naumov，曾任涅高兹的助教，是涅高兹学派的掌门人）在瑞士苏黎世上大师班的时候，我在课上刚弹了一个曲子，他很兴奋，就跑下来叫我再弹，再弹，再弹。他给我上课，两个人都很陶醉于音乐中，别人都说："你们简直是两个疯子！"（笑）我学德彪西《意象集》第二集第一首时，他说这首曲子开始的全音阶听着像"哭泣"，我很不同意他的解释，就讲出自己的看法。他就很委屈地说："可我还是听着像哭。"我喜欢这种上课的气氛，你可以感到他对音乐深深的爱和执着。后来，在他的大师班的结业音乐会上，我一人弹了整个下半场。第二天，我请他和他太太到我住的地方去吃烤鸭。那时我住在一个破旧的养老院的一居室里。他和他太太特美地吃了一顿烤鸭，还吃了我包的饺子。（笑）后来我才知道，那天晚上有一个苏黎世最上流社会的party，他本来应该去参加那个party的。（笑）

**鲍**：你讲的这些很有意思。

**杜**：其实在国外，也可以说为了生存，获得音乐会合同是目的。听过我弹琴的大师们都告诫我：你永远也不要放弃演奏！

我觉得中国人一定要自信，要相信艺术是最能打动人的东西，也要相信很多直观的感觉。其实，中国人的直观感觉是全世界都承认的。但是中国人常常不自信，自己觉得好的东西，还要看看周围人的反应是怎样的。小孩子倒往往不是这样，有一个二年级的女孩听我弹肖邦《夜曲》时，对她父亲说："爸爸，你把眼睛闭上听可以看见一幅画。"这就是她的直观感觉。有一个有名的故事：张大千去找毕加索，说要跟他学。毕加索说，我还要找你呢……（笑）

**鲍**：听说你在国外有些很惊险的经历，是吗？

**杜**：惊险谈不上，倒是有些稀奇的事情。比如，1997年在苏黎世，我准备参加"吉萨·安达（Giza Anda，著名匈牙利钢琴家）国际钢琴比赛"。这个比赛很难，第一轮比赛，是从5个半小时曲目中抽出15分钟的曲目。上到第二轮时，许多人已经被淘汰了。第二轮要弹一小时的独奏。第三轮，是在两首莫扎特协奏曲中选一首。第四轮是在五首协奏曲中选一首。

第一轮前，我没法睡觉，都不知自己在弹什么。进了第二轮，弹得还行。第三轮，只剩了6个人，我也进去了，要弹莫扎特"协奏曲"。但晚上才公布结果，第二天早上8点就要到排练的地方，我住的地方离那里很远，一夜都在练琴，没睡觉。结果早上8点到了，又说下午1点才排。到了1点，又推迟到下午4点排，排完了，我就回去换衣服。这时已感到全身都在出冷汗，完全没有演奏欲望了。医生来了以后，叫我立即休息，并说："生命是第一位的。"所以我就打电话给比赛委员会，说我病了，不能比赛了。

半决赛只剩了5个人比赛。

**鲍**：为什么他们的安排这么难为你呢？

**杜**：这是一个很上层的比赛，办事的人很傲慢，犯了错误也不多做解释，很可气的。

不过，令人吃惊的是，第二天当我打电话去道歉未能完成比赛时，比赛委员会的秘书长竟然对我说："你安心养病吧，先不要离开苏黎世。"并且叫我给比赛委员会主席吉萨·安达太太打电话。我给安达夫人打了电话，她说："你先养病，等病好一点，就到我家来一下。"

安达太太是瑞士最富有的女人，欧洲所有的博物馆都有她的藏画，莫奈等画家的原版画都是她家的。吉萨·安达19岁时从布达佩斯来到柏林。坐在大指挥家富特文格勒的家门口，等到富特文格勒下班回家时，他就对大指挥家说："我要给你弹琴。"富特文格勒说："我没时间听。"安达说："只听5分钟。"但他弹了10分钟后，富特文格勒就对他说："下星期来跟柏林爱乐乐团弹勃拉姆斯《第一钢琴协奏曲》吧。"

当年是安达太太追安达的，安达去世后，过了20年了家里的东西都没动过，可见她对安达的爱。通电话两天后，我到了吉萨·安达太太家，她叫我弹莫扎特协奏曲，我弹了莫扎特《钢琴协奏曲Op.488》的第二乐章。她说我下键的声音很美，并叫我留在苏黎世。

过了两天，在苏黎世音乐大厅举行决赛。只剩下了三个人，这三个人都将获奖。发奖时，我也坐在台下，当那三位选手领完奖后，安达太太上台说："还有一位选手，如果他继续比赛，一定会获奖的。"他们给了我一个"特殊鼓励奖"，还有五场音乐会的合同，等于说，应该有四轮的比赛，我只比了两轮，却拿了一个奖。

像这次比赛这样稀奇的事，在别人看来很怪，在我却是经常发生的。但是这样的故事，我希望画个句号了。人到了中年，希望过平稳、普通的生活了，而且希望把我所学到的和感受到的告诉学生们。

**鲍**：其实这些经历对一个人来说非常宝贵，但我想你有这种画句号的想法，是因为你既相信自己的实力，又不太想与人争。

**杜**：谢谢。实际上我一直在做的是要达到自己所希望达到的演奏高度和层次。

小的时候我家住在北海边上，我经常到北海去看"三希堂"书法或吴昌硕、齐白石的画。看到那些东西，我会被震撼得走不动路。或者像听到霍洛维兹、米凯朗杰利、卡洛斯·克莱伯、大卫·奥伊斯特拉赫等人的演奏，也是一样，伟大的艺术的感染力是惊人的。

做钢琴家其实挺苦的，因为对自己永远不会满足，听完大师们弹的东西，再听自己弹的，总是觉得"有些白"。当然，这样可以使人不断进步。（笑）总是希望能达到自己心中所期盼的演奏层次，这个层次和比赛得奖与否没有任何的关系，而是对自己的一种要求。我觉得现在正在逐渐接近这种要求。

**鲍**：谈谈你回国后的情况吧。

**杜**：我是2001年回来的，现在是教学、演出两条腿走路。

我回国前，一年约有30场演出，回来后少了些，但也有20场左右。我准备有选择地演出，并且保证高质量地演出。我回国后，在北京的保利剧院、广州的星海音乐厅都演过，都是非常好的演出场地。当然，我也在昆明的露天地方演过《黄河》，那是演出10天前才练的。演出的时候因为没用麦克风，所以要非常用力。到了快结束的地方，觉得自己左手小指突然失去知觉，以为断了，满头冷汗。（笑）

回国后，我一直在思考怎样更贴近国内的听众，在北京国图音乐厅的音乐会后，我能感到听众对音乐的共鸣，在那个瞬间我感到心里非常舒服，自己的工作没白做。

我从来就不是一个像格伦·古尔德那样自我封闭的人，我喜欢和听众交流。当然，我也不想把自己的品位变成自己不喜欢的那种。

我回国后和爱乐乐团演出的第一场，是弹贝多芬的《第四钢琴协奏曲》。弹完的时候，听众中的外国人都站起来鼓掌。但是我在保利剧院的独奏会后，有些中国听众认为我弹的巴赫的《恰空》有点"不好接近"。其实，我心里是不太喜欢这种不太被中国听众接受的情况的。

巴赫的音乐起源于宗教，外国的小孩从小就在教堂里听这样的音乐。但中国人就不熟悉这样的音乐，中国音乐很少用来表现"沉重"，至少更多是一种"娱乐"的感觉。当然,有些东西中外都有。中国自古以来就有"情歌",像陕北那种"阿哥阿妹"的情歌,而肖邦的许多作品就是最精致的"情歌"。还有舞蹈音乐,中外也有很多很相似、很一致的地方。有一次我在苏黎世和阿格里奇聊天时说:"巴托克钢琴奏鸣曲的第三乐章和中国的陕北民歌一样,是可以'加花'演奏的。"后来我又和乔治·桑多尔说了这一观点。他高兴坏了,说:"当年巴托克(乔治·桑多尔曾是巴托克的学生)就叫我们加花的。"

所以,我在音乐会和 CD 中推出"爱情和舞蹈"这个主题时,就是想打破中外之间这堵"墙"。我希望在演出时和听众融合在一起,这是我回国后试图达到的目标。

我是中国人,要和自己国家的听众沟通。

当然,准备音乐会和录 CD 也很辛苦,我回国后买的钢琴,用了三年已经"砸"坏了。(笑)要维持艺术的生命力,真是想象不到的难啊!不过,我回国的三年来还是感到得到了更多的温暖。我回来后胖了,头发也变得又黑又粗,我在国外时是又稀又黄的。(笑)

**鲍**:是吗?还有这么大的变化?(笑)

但是你会不会觉得中国的听众没有外国听众那么懂音乐呢,特别是在一些中小城市?

**杜**:我去的中小城市还不多,肯定会有这种情况,因为不同的文化背景和受教育程度。

可能中国人太内向了,不太善长表达。比如,有一次我和李飚(著名打击乐演奏家)、柴亮(著名小提琴演奏家)到北大去给"博士后"们演出一个专场音乐会,我们为了增加演出效果,还专门编排了一些名曲的大联奏,但是现场反应冷淡,我心里很不舒服。可是没想到,演出完后,有人专门到后台来告诉我们,他们听了演出很感动。

当然,在经济大发展时,人们还是应该有意地提高对高品位艺术的关注。

我常常会想到冯骥才说的："当一个民族抽掉了文化艺术这根神经时，就是植物人了。"

鲍：你在欧洲演出时也常常考虑到和观众的沟通问题吗？

杜：当然要考虑，但是在欧洲还有一个更重要的问题要考虑。

鲍：什么意思？

杜：在国外，往往每年有一个重点。比如，今年纪念巴赫，明年可能是勃拉姆斯，后年是某某某……作为职业音乐家，似乎都很"忘我"，都得跟着走。其实大家都在抢音乐会，这是我特别不喜欢的，我认为是在给古典音乐画句号。所以回国后我感到很高兴。

鲍：是不是感到选择音乐会的内容时有了一定的自由度？

杜：是的，我想尽量和听众沟通，让钢琴音乐的生命力更延长些，又不放弃自己喜欢的东西。我第一盘CD的标题是"从巴赫到平湖秋月"，刚做完的这盘是关于"爱情和舞蹈"的。来广州之前，我一直在做关于这张CD的文字工作。我用了两个下午录音，自认为是到目前为止录得最有活力的一盘。所以我在介绍中写"这是一张歌颂生命的唱片"。我相信听众听了会感到振奋的。

哦，您知道"幸福粉末"这个词吗？这是阿瑟·鲁宾斯坦发明的一个词，指的是脑子里会经常产生的乐观情绪。我觉得您的身上也有这种东西，您有时谈到听了好的音乐，总是非常兴奋、激动的。

鲍：哈，我还不知道有"幸福粉末"这种东西哪。（笑）

杜：有"幸福粉末"的人是可以长寿的。（笑）

鲍：你在准备一套音乐会，特别是有许多新曲目时，是不是也有"幸福粉末"呢？

杜：练琴对我来说总是件很愉快的事，是一个创作的过程，也是一个解决问题的过程。通过不断的练习，手上解决的问题越来越多，弹出来的色彩就越来越多，当然心里也就越感到高兴。练琴的时候，虽然自己很客观，但总是在不断寻找新的灵感。

**鲍**：你上台时的感觉是怎样的呢？

**杜**：我上台时常常在试我自己有多大限度，也就是说能在多强烈的情感下，仍能保持清醒的头脑。也试试在不同的音乐厅里怎样扬长避短，让自己有很好的适应能力。有时在台上，会有一些平时在家练习所没有的感觉，要想法迅速抓住。

这些事做起来都挺费脑子的，但这就是一个创作的过程。

**鲍**：你现在教学多了，练琴比以前少了，在台上会不会出现不自信的感觉？

**杜**：没有，反而我今年的音乐会普遍都弹得不错。包括在波兰华沙的演奏及在澳门和吕嘉的合作都很愉快。现在找演出、教学还兼天津音乐学院钢琴系的系主任，一个人要干三个人的事，这的确需要很强的适应能力。到目前为止，还没有感觉太……不过也到极限了。（笑）有时我写下要干的20件事，过了一星期再回头看看上星期做的事，连自己都觉得似乎是不可能做到的。

有一天，我一大早赶到驾校考车本，考完又赶回来听三个毕业生的考试，之后还要去拜见岳父岳母，然后练琴。（笑）

**鲍**：你同时做这么多事，练琴一定有些特殊的方法，能不能介绍一下？

**杜**：我的确想了很多办法，希望以最少的时间达到最佳效果，所以我把所有的技术环节都通过大脑练习。

其实很多钢琴家都是这样做的，齐麦曼的太太说齐麦曼在练新曲子时，一整个星期都在看谱，一边喝咖啡一边写指法，根本不在琴上弹。霍洛维兹是不管身体怎样移动，手在琴上都是有一个一个"把位"的。阿格里奇弹琴，看似漫不经心，其实心里极其清楚。

所以，每个大钢琴家都有最适合自己的、最简单朴素的练习方法。

**鲍**：你对视谱、背谱是不是有好方法？

**杜**：我视谱时就把一首作品里旋律的走向、节奏、分句、指法、踏板等都在心里弄清楚。对每一处不同的色彩，我还在心里先考虑用什么技术手段，松的、紧的、怎样发力……这些在视谱、练琴时已经完成。练一首新曲子"搭架子"的时间并不需要太多，剩下还有20%是在台上的即兴发挥。我认为真正用脑用手的时间，每次非常集中地练，是不能超过40分钟的。

这种工作，除钢琴家之外，别的音乐家也在做。据说海菲斯（小提琴大师）有两本谱：一本谱上写得满满的，除了他对那首作品的音乐理解外，还有技术手段。但这本谱他是绝不会给别人看的，他给人看的，永远是一本白白的谱子，上面除了音符，什么也没有。这是为了说明："你看，我是个天才！"（笑）

**鲍**：你视谱时做了很多工作，是否感到背谱就比较容易了？

**杜**：所有的东西都想过以后，背谱就特别容易了，因为那些都变成自己的东西了。

**鲍**：我记得有一次你说要去跟人学画画，已经开始学了吗？

**杜**：我只是去看人作画，而自己想学画的心愿，现在都快40岁了还没实现呢。（笑）我觉得艺术门类之间都是相通的。在音乐方面，中国虽有"高山流水"之类意境品位高远的东西，但绝没有西方发展得深厚。只有诗、画，才达到了中国艺术的最高境界。

**鲍**：今后工作的重点是演出还是教学？

**杜**：教学的经验要靠积累，我对教学还是很有兴趣的，过去在国外时也教过。但中国学生和外国学生不大一样，中国孩子的机能普遍比较好，但对古典音乐的直接感觉方面就不如外国孩子。比如，上课的时候，我做一个很美的和声，外国孩子会很兴奋，但中国孩子可能没感到太多。（笑）所以，这方面比在国外教学累，我得拼命"给"。但令人高兴的是，经过一段时间以后，学生会很不一样，这令我很欣慰。

教学和演奏不一样的是，大演奏家都是个"独裁者"；而当老师就不能这样，对艺术的太强烈的"独裁性"和一个好老师的"包容性"之间是有矛盾的。因为教学是两个人的工作，一个人是无法做好的。所以要经常注意倾听学生们是否也有好的想法或是个性，因材施教嘛。

**鲍**：你是个演奏家，这对教学也会有不好的影响吗？

**杜**：有些我的学生听完我的音乐会后，弹琴会变得有点儿张牙舞爪的。（笑）但也有内向的学生会敢于表现一些。

**鲍**：可能他们很想模仿你的演奏感觉。（笑）

**杜**：在欧洲，那些既是演奏家同时又教学的教授通常都不让学生来听自己的音乐会，所以以后我可能也要悄悄地开音乐会！（笑）

2004 年 9 月 20 日
下午 4：00—5：45
访谈于北京兆龙饭店咖啡厅
2004 年 11 月 29 日
晚 8：35—10：00
访谈于广州东方宾馆

**"我一直都有创新意识。"**

——著名钢琴家、教授杜泰航访谈录（二）

杜泰航听我说起要把以前写的访谈录集成书出版的想法，就要求再谈一次，补充一些东西。

约好时间，在"新岛咖啡"坐定以后，我就说："这次我不问问题了，你想说什么就随便讲吧。"

**杜**：前两次你问我比较多的是过去的情况。你不知道，有时我甚至连自己还要不要搞古典音乐都怀疑过。

不过我这个人啊，想从古典音乐里逃出去都出不去。（笑）你说我还能干吗，去做生意？（笑）

去年年底，我有了一个搞爵士乐音乐会的创意，之后真的搞了一场很有意思的音乐会。我请了欧洲一个顶级的爵士乐小组，在北京的国家大剧院开了一场音乐会。爵士小组的人都很棒，萨克管是欧洲数一数二的，和欧洲许多乐队都合作过，贝斯也很棒。

在这场音乐会上，我非常认真地弹了舒曼的《童年情景》，他们也演奏了爵士乐的《童年情景》，当然，那是和舒曼没什么关系的。（笑）其共同点只是，他们都是小孩的爸爸。（笑）另外，我还演奏了勃拉姆斯的《随想曲 Op. 76》。

下半场就完全是他们自己"耍"了。他们把《西区故事》用两架钢琴和爵士乐队来演。没有完全按谱子，但是很火，快把大剧院的屋顶掀翻了！

我这个人一直都有创新意识。所以，以前有些教过我的老师都认为我应该去美国。

年轻时，在刚刚有"砖头"录音机时，我自己就搞了一个"广播电台"。在我的广播中有各种各样的人物，什么"大胖"啊、"小瘦"啊，甚至还有俞慧耕校长。（笑）当时的思路和后来看到的《猫和老鼠》是完全一样的。（笑）

但我又认为古典音乐非常伟大，对古典音乐是不能瞎弄的。如果弄不好，干脆弄别的。

我在和那个爵士乐小组合作时，他们也教了我一些新的东西。比如，在《西区故事》里面，一拍里前面八分符点音符带后面十六分音符的这种节奏，要弹成介乎前两个音带连线的三连音节奏。

**鲍**：你的思想真的很活跃，而且不断在想新点子。

你能在教学的同时还经常演出，太不容易了。

**杜**：我回国以后，在教学和演出方面都做出了一些成绩。

奥地利的大师班很受欢迎。我每年都会带学生去参加，让他们感受到那里的音乐气氛。在那个大师班里，我们也演奏室内乐。小提琴家、大提琴家都是维也纳爱乐的首席。长笛是欧洲的"长笛女皇"。在大师班的最后阶段，各种乐器出一个人演奏，在全奥地利的电视里转播。

现在，中国越来越开放，我们能做的事也越来越多。

"Allegro Vivace"音乐节举办30多年来，第一次悬挂中国国旗。我在音乐节的"Gala Concert"上和捷克的乐队演奏了格里格的协奏曲。明年还要去演奏。

当中国的开放已经到了这种程度，我们回国完全不会影响发展。

**鲍**：我想，你们在外面也许还做不到这些呢！

**杜**：你说得太对了！

我常想，你们这些老音乐家受了那么多挫折都能坚持下来，我们这些年轻人也应该回来把美的东西传播下去。当我和老一辈音乐家们在音乐学院礼堂后台等候上场演出、手握着暖气管取暖时，感到自己和老一辈音乐家的心是相通的。

**鲍**：你讲得太好了！我非常感动。

刚才你说，"想从古典音乐里逃出去都出不去"，是不是因为你从小学钢琴，对古典音乐特别爱呢？

**杜**：肯定是有关系的。

我对自己弹的总是不满意。听了鲁宾斯坦、科尔托、米开朗杰利……总是觉得自己的演奏还达不到心里所想的。直到现在，还是老有这种感觉。有的演出前，我也很紧张。我永远不可能想"这场演出不重要"，就瞎弹。我不会的。我是一有机会就要"慢工出细活"的。这两年还真的"长琴"了。（笑）就像人家说"长棋"了一样。

**鲍**：你是否也有过"太累了，不想干了"的时候呢？

**杜**：也有过，而且我也发现自己有时干点别的事，还干得确实不错。（笑）比如，开车、打电脑、做全家的理财等，我都不觉得太费事。但是如果我的生活重心真的偏离了，心里就会觉得很不舒服。

现在音乐学院的条件这么好，我们上课的钢琴这么好，我教学做示范的时候都会感到特别舒服。

你可能会问：我为什么要搞爵士音乐会呢？因为人要有自知之明。虽然我是钢琴家、教授，但我必须有新的创意才行。因为大剧院也不是只属于波里尼、郎朗这些演奏家的。

李岚清同志的书里收了我演奏的协奏曲和《牧童短笛》。他在大剧院搞的新书发布会上，张丽萍唱《铁蹄下的歌女》，我弹伴奏，很轰动。

**鲍**：你的脑子一直在不停地转动，总是想让听众喜欢并且听懂古典音乐。

**杜**：是的。

和爵士乐小组演出的那场音乐会，我一直想弄清楚为什么听众那么多。后来，爵士乐小组回国时，在首都机场碰到一些认出他们的听众，乐队的人也感到非常惊讶。

**鲍**：你最近还有什么新的计划吗？

**杜**：我从2001年回国，到现在9年了。

我一直非常热爱中国文化。如有可能，除了以演奏加讲座的形式在全国各地走走之外，我还想写一本书。上次我搞带视频的音乐，教育部的一个项目计划拨给我2万元。这次出书，是15万元。我想把音乐、绘画、书法结合起来讲，再加上碟片。

**鲍**：哦，太棒了！

**杜**：各门类艺术是相通的。你看，贝多芬的《告别奏鸣曲》的开始部分，就很像柳永的词。还有，上课的时候，学生们弹拉赫玛尼诺夫的前奏曲，我对他们讲，这就像李后主的"一江春水向东流"，他们弹的马上就不一样了。

**鲍**：现在的学生好像主动学这些的不太多。

**杜**：我有时带学生去看画、看电影。我带他们看过电影《特洛伊》，还推荐他们看电影《爱丽丝梦游仙境》。

我还带他们去意大利，在那里参观了罗马斗兽场、威尼斯。他们看了都很震撼，当然，我也累死了！（笑）

学钢琴的学生有几个能成钢琴家呢？中学6年，大学、研究生7年，有的还加上附小3年。国家在每个人身上花多少钱啊？我想，我至少应该帮助他们成为老师吧。

有了艺术底蕴的人是不太容易被打倒的。我个人很喜欢苏东坡。他被贬官了，还发明了"东坡肉"嘛！（笑）还有纳兰性德评宋词。纳兰独重秦观。"飞红万点愁如海"，这种忧郁型的性格基因，和肖邦的音乐就是相通的。

当然，我还要提醒学生，对这些也不能太钻进去，钻进去了还要能出得来！

注：纳兰性德（1655—1685），清代最著名的词人。其父是康熙时期权倾朝野的宰相。属正黄旗的纳兰氏家族，为清初满族最显赫的八大姓之一，即

后世所称的"叶赫那拉氏"。生长于贵胄之家的纳兰性德注定一生荣华富贵，但他生来淡泊名利，具有不同于一般清朝贵族纨绔子弟的远大理想和高尚人格，使他不仅背离了当时的主流社会，而且在诗词创作中呈现出独特的个性和鲜明的艺术风格。

2011年4月19日
中午11：15—下午1：00
访谈于亚运村"新岛咖啡"

"对一个真正的艺术家来说，金钱、荣誉永远无法取代寂静中的苦苦修行。"

——美国著名音乐学家大卫·杜勃（David Dubal）访谈录

大卫·杜勃

大卫·杜勃，国际知名钢琴家、钢琴教育家、作家、音乐社会活动家、音乐评论家、古典音乐节目主持人。大卫·杜勃是钢琴界久负盛名的传奇人物，由他编撰的《钢琴的黄金时代》是一部风靡全球的钢琴圣经。在《钢琴的黄金时代》中，大卫·杜勃通过稀有的录像与录音，为大家讲解20世纪著名钢琴家的演奏技法与风格，分析他们的演奏特点，活灵活现地展现了那个时期钢琴家百家争鸣的盛况，被国际上誉为研究钢琴史的最重要人物之一。他所写的《钢琴艺术》《键盘上的反思》《梅纽因谈话录》《回忆霍洛维兹》等著作受世人瞩目。他曾在茱莉亚音乐学院钢琴系、曼哈顿音乐学院钢琴系任教。他曾是多届范·克莱本国际钢琴比赛以及其他国际钢琴比赛的评委，并在世界各地的大师班授课。

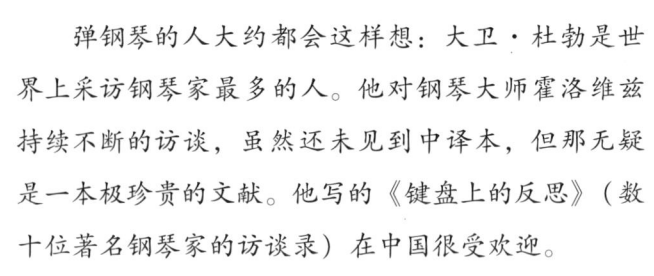

---

弹钢琴的人大约都会这样想：大卫·杜勃是世界上采访钢琴家最多的人。他对钢琴大师霍洛维兹持续不断的访谈，虽然还未见到中译本，但那无疑是一本极珍贵的文献。他写的《键盘上的反思》（数十位著名钢琴家的访谈录）在中国很受欢迎。

很值得庆幸，在第二届"上海音乐学院国际钢

琴大师班",我见到了应邀前来讲课的大卫·杜勃先生。他在大师班结束前的那天讲了一天课后,利用"最后的晚餐"那一点点时间,接受了我的访谈。

**鲍**:您在讲课中谈到,实际上对美国钢琴界影响最大的是俄国钢琴学派,对吗?

**大**:从1880年到第一次世界大战末的几年,美国有了丰富的音乐会生活。很多欧洲音乐家,其中有小提琴家、声乐家,最多的是钢琴家,都到美国来演出。这对于美国古典音乐生活产生了重大的影响。

其中最具影响力的是著名钢琴家帕德列夫斯基的年度巡演。他定期来美国演出,音乐会数量极多。在听众的心目中,他像神一样崇高。他虽然不教学,但他那种斯拉夫式的演奏风格(俄罗斯学派也属于斯拉夫风格),深深影响着美国的音乐家、批评家及教师、学生。

他第一次是接受斯坦威钢琴公司的邀请,于1891年访美演出。1941年死于纽约。

**鲍**:这期间他一直住在美国吗?

**大**:他是个最伟大的旅行家,他在美国的加利福尼亚有农场,在瑞士也有家,但他一直到处巡回演出。

在现场听他音乐会的听众数量,超过任何其他演奏家。所以他的票房价值一直是最高的。

**鲍**:但我听他的录音,并不觉得是特别辉煌的呀。

**大**:可能是他的人格魅力对听众特别有吸引力吧。其他的斯拉夫钢琴家,如拉赫玛尼诺夫、戈多夫斯基、霍夫曼等,声誉都无法与他相比。

**鲍**:是否因为他当过波兰总理呢?

**大**：他晚年是个政治家、国家代言人，但他在钢琴方面的声誉并不是因为这些。

他到美国 13 年后，俄国钢琴家列文涅也到了美国，干得也很不错，不过影响还是不如他大。

还有一位对美国钢琴发展有着深远影响的是霍夫曼（Josef Hofmann 是生于波兰的钢琴家，师从俄国钢琴家安东·鲁宾斯坦）。他的钢琴技术比帕德列夫斯基棒多了。美国费城的柯蒂斯音乐学院，就是霍夫曼在 1925 年创办的。

其实创办柯蒂斯，是美国 Bok 家族的意思，他们给了一笔巨大的捐款，才创办了这所音乐学院。

美国的钢琴界，迄今为止，影响最大的还是斯拉夫学派，如霍洛维兹、鲁宾斯坦。在茱莉亚和柯蒂斯这两大音乐学院，有许多俄国钢琴教授。像斯托柯夫斯基的太太奥尔加·萨马罗夫（Olga Samaroff）就教出了许多著名钢琴家：罗莎琳·图雷克（Rosalyn Tureck）、阿莱西斯·魏森伯格（Alexis Weissenberg）、威廉·卡佩尔（William Kapell）。

所以有人开玩笑说，你要想出名，就一定要把名字改成俄国姓氏。比如，有一个美国的女钢琴家，原名叫 Lacie Hikonlupen，是得克萨斯州第一个被巴黎接受的女钢琴家。但她回美国演出时，经纪人就对她说你必须改成俄国名字，所以她后来叫奥尔加。（笑）

其实，每当钢琴制造业革新的时候，就有一批钢琴家应运而生。1845 年左右，现代钢琴已定形，产品的数量和需求量不断上升。1900—1910 年，世界钢琴产量达到了高峰，钢琴家的事业也达到了顶峰。

巴尔托克、斯特拉文斯基、史那贝尔同是 1882 年出生的。

**鲍：** 您能不能对茱莉亚和柯蒂斯这两所著名的音乐学院进行一些比较？

**大：** 只要考入了柯蒂斯，就能获得奖学金。柯蒂斯培养出了许多世界一流的钢琴家，而且从总人数比来看，是从比茱莉亚的总人数少的基数中培养出来的。但茱莉亚音乐学院的文化素质更为全面。

我个人没有兴趣对两个学院进行对比，但有兴趣去研究教师的情况。教师是非常重要的，但有时被捧过了头，教师的能力也被人人高估了。

有好学生的老师往往很"时髦"。其实，好老师最重要的一点是尽早让学生学会独立。达·芬奇的老师 Verachio 曾说过："如果你是一个好老师，你的学生必会青出于蓝而胜于蓝。"

**鲍：** 这真是金玉良言，太重要了。

请介绍一下当今美国的音乐生活。

**大：** 现在，美国的音乐会越来越少了。美国的大学每年有成千上万的钢琴毕业生，但大多数人没有舞台，也没有人在意他们。美国的古典音乐

文化正在被流行音乐吞食。流行音乐日益商业化，被金钱利益驱动。美国人选择了这样一种态度：我不要让我的精神生活存在于物质世界之外。

一个国家如不尊重艺术，只对"拥有"感兴趣，就如同行尸走肉。

我认为没有一个国家可以生存在"无艺术"的状态中。现在全世界都面临着很多问题，比如，环保啊，生态平衡啊，都存在着严重的问题。

还有就是"如何把艺术传播给人类"这个问题，这并不是一个理想主义的想法，而是我们常常自我迷失了。我常鼓励不同年龄的人弹钢琴，因为我相信弹钢琴能使人与精神世界融为一体。

**鲍**：您对霍洛维兹进行了许多采访，这些采访是事先安排的还是因为您与他是朋友，在生活中随机采访后记录下来的？

**大**：正式的访谈都是事先约定的。但是书写完之后，我就意识到自己没有理由再去打扰他了，因为我不喜欢把自己硬加入别人的生活中。所以有5年时间，我没有再去找他。但是5年后的一天，霍洛维兹突然打电话给我，说："我听说你在茱莉亚音乐学院教钢琴文献课。哪天过来吃晚饭，一起聊聊天吧。"这之后的3年半时间，我每星期都去看他，我们度过了许多非常愉快的时光。而且除了一次例外，这3年半中，每次见面他都会弹钢琴给我听。

他晚年时，很想教学。就要我带些学生给他，特别是中国学生。他说："中国学生最有才能，也最用功。"（中国旅美钢琴家、当年在茱莉亚音乐学院学习的韦丹文，就是由大卫·杜勃介绍给霍洛维兹的。）

实际上，霍洛维兹是比他自己想象的更优秀的老师，他给了学生们一些极好的课。

霍洛维兹是一个充满智慧的大师，他还常常给我讲，如何构思一套曲目。

**鲍**：您能就这个问题举些例子吗？

**大**：霍洛维兹和鲁宾斯坦都非常注意"平衡"，他们把大曲子和小曲子、

长曲子和短曲子搭配起来。

比如，霍洛维兹用两首斯卡拉蒂奏鸣曲来开场，然后弹一首大的奏鸣曲。后半场他可能弹肖邦的叙事曲、两首练习曲、两首玛祖卡、三四首德彪西的练习曲，再加上李斯特的一些小型作品或《第六首匈牙利狂想曲》。对于返场曲，他也是精心考虑的。他常常弹舒曼的《梦幻曲》，还弹《星条旗永不落》。他弹"星条旗"的时候，几乎每次听众的狂热都要把音乐厅掀翻了。

他的信念是：永远不要使你的听众感到无聊。他弹贝多芬的《奏鸣曲Op.106》很棒，但他说："这首奏鸣曲对听众来说太乏味了。"

**鲍**：有人说霍洛维兹是"成功第一"，您同意吗？

**大**：这种说法真是莫名其妙！他曾两度离开舞台，第一次离开舞台，就是无法忍受听众永远要求他在返场时弹"星条旗"。对一个真正的艺术家来说，金钱、荣耀永远无法取代寂静中的苦苦修行。"金钱第一"的理念会毁掉一个艺术家。霍洛维兹曾一度停止演出长达12年。那段时间，他自己学习克列门蒂、斯克里亚宾的作品。

**鲍：** 听说他有时上台很紧张，甚至是被人推上去的。真的吗？

**大：** 推上台去恐怕倒不是，但他曾对我说过："我感到越来越难做霍洛维兹了。"（笑）

他生活中也有很多怪癖，对生活有恐惧感。这可能跟他童年的经历有关。他是乌克兰的犹太人，而乌克兰犹太人一直受哥萨克的屠杀和驱逐。

霍洛维兹年轻时从来不"练琴"，只是不停地弹他要弹的曲子。但12年前，他说："现在我需要不停地练琴。"以此来克服心理的紧张。

**鲍：** 以前我常常觉得，大师们是不会紧张的。

**大：** 伟大的人往往被"公众形象"惊怕，内心对自己的信心很差。

霍洛维兹如此，鲁宾斯坦也一样。他每次听到别的钢琴家能一个音也不错地弹斯卡拉蒂，就会说："这怎么可能呢?！"

**鲍：** 您讲的这些都非常有意思，可惜现在我们必须去听音乐会了。

2005年10月7日

晚6：05—7：15

访谈于上海音乐学院餐厅

**"一个伟大的传统要像火炬一样传下去。"**

——著名旅澳青年钢琴家陈巍岭访谈录

陈巍岭

陈巍岭，上海音乐学院附中钢琴教授，悉尼音乐学院院长顾问，英国皇家音乐学院院士，纽约茱莉亚音乐院演奏学士/硕士，美国印第安纳大学布鲁明顿音乐院艺术家文凭，厦门大学艺术学院客座教授。

16岁旅居澳大利亚，获得澳大利亚30多个音乐奖项，包括"年度最佳青年音乐家奖"。澳大利亚国家电视台、电台对其音乐会有多次转播。他被授予"悉尼荣誉市民奖"。21岁成为美国印第安纳大学布鲁明顿音乐学院"艺术家文凭"最年轻的获得者。之后获得纽约茱莉亚音乐学院演奏硕士学位及吉娜·巴考尔（Gina Bachauer）钢琴比赛第一名、芝加哥国际钢琴比赛第一名。2002年获英国皇家音乐学院演奏大师文凭（Dip. RAM），英国皇家音乐学院协会（ABRSM）国际奖学金。2009年获英国皇家音乐学院 Associate of RAM 头衔。

---

陈巍岭的名字，早就听说过的。但认识他，是从他的音乐开始的。今年5月，著名作曲家储望华从澳大利亚来中国讲学及演出，赠我一盘他的钢

琴作品的 CD。最后一首，就是由著名旅澳青年钢琴家陈巍岭演奏的储望华的近作《茉莉花》。美丽、熟悉的旋律通过清雅、细腻的演奏风格传达出来，极为动人，深深吸引了我。

数月后，我去上海旁听"第二届国际钢琴大师班"。有一天，一位面貌白皙清秀的年轻人向我走过来，笑意盈盈地伸出手自我介绍："我叫陈巍岭。"他的笑容很阳光，很有亲和力。

在我离开上海的前一天，他整天都在为大卫·杜勃先生的讲座做翻译。晚餐时，又为我对大卫·杜勃先生的访谈做了翻译。这一天的工作量及此前数日为几位讲课大师的翻译，肯定已使他极度疲劳了。但他还是欣然接受了我的访谈要求，在第二天我离开上海前，一早来到了我下榻的宾馆。

**鲍**：我知道你出生在上海，小时候在上海音乐学院附中学习过。后来，又曾在澳大利亚、美国、英国的音乐学院学习过。能不能就你自身的经历，比较一下中外音乐教育的不同呢？

**陈**：我小时候在中国学习，感到中国的老师对学生很关爱，督促也很严格。此外，家长也会很好地配合。

我在西方也学过很多年，但很难进行有关音乐教育体系方面的比较。我感觉像伦敦、纽约等这样的大城市，最重要的是它们良好的音乐环境。比如，茱莉亚音乐学院本身，坐落于庞大的音乐中心之内。如果在校内比赛获胜，就会被推举到林肯中心去开音乐会，包括在最大的 Fischer 内和一个略小的 Tully 厅。我曾在 Tully 厅演出过，音响非常好。

**鲍**：要在这样的音乐厅演出，租金一定很贵吧？

陈：学校承担一切费用，而且固定听众非常多。

从1995年到2000年，我在纽约，音乐会基本上都是满座的，这些音乐会对我有很大的感染力。我听到了几乎所有知名钢琴家的音乐会。

从2000年到2003年，我在伦敦皇家音乐学院攻读研究生后获演奏文凭Post-graduate。对我而言，它的风格在于尊重及鼓励年轻音乐家的独创力和自主力。

学校知名度极高，但你必须靠自己到外面去寻找机会，机会是很多的。如果努力并聪明的话，就可以争取到很多机会。比如，可以到一些音乐节或是小一点的音乐厅去演出。这样，学生们也就可以在不同的社会层面上得到一种成就感，并积极地宣传自己。

鲍：像你说的这些演出，都是靠自己去找吗？

陈：有时是靠别人推荐，或是一些音乐会组织者乐意为你组织音乐会。

纽约与伦敦有很大的不同：在纽约，给人的感觉是要么100分、要么默默无闻。在伦敦，你可以一步一步地发展，在不同程度上获得成功与支持。这恐怕是欧美风格的差异吧。

在伦敦，我去过很多品位高雅的美术馆里的音乐会，伦敦的听众是有极高素质也很喜欢那种"重归古典"的沙龙味道。我自己也觉得，在挂着美丽油画的地方开音乐会，特别能给我艺术灵感。这点澳大利亚与欧洲很接近。

鲍：在美术馆的音乐会，听众是否无须买票自由进入？

陈：买票或不买票的两种情况都是有的，但去那里的听众都认为买票支持青年艺术家是理所当然的好事。

**鲍**：怎样才能在那种地方演出呢？

**陈**：这就要动动脑筋了，比如，去说服一个酒商，如果他能免费提供两箱香槟，那就会使音乐会更有吸引力。（笑）总之，要靠自己去创造自己的事业。不过现在在西方，人们喜欢把一个音乐会变为一次集会。会后大家在一起聊一聊，听众很享受在一次音乐会中发现一个年轻的音乐家的感觉。

有一次，我把我《狂欢节》CD的发布演奏会放在伦敦市中心一个俄罗斯当代艺术馆内。在发布会前一天，我在那儿看到一个年轻人正在搬箱子。原来那是一个青年画家在为自己的画展做准备。在西方就是这样，不是无时无刻有人帮你搬箱子的。很多时候事情都要靠自己来做，努力就会有机会。

当然，也要靠朋友的帮助。澳大利亚驻伦敦的领事馆在我发布《狂欢节》CD时，同意用他们的官方联系网络帮我宣传，又赞助了很多澳大利亚的好酒。这样的音乐会对听众是很有吸引力的。

**鲍**：你是先在澳大利亚学习，再到美国和英国学习的吧？

**陈**：我16岁随父母移居澳大利亚的悉尼。后被悉尼音乐学院附中以全额奖学金录取。大学及后面的深造，是在美国与英国。

**鲍**：我听说你在悉尼的3年中，获得了30多项澳大利亚钢琴比赛的第一名。

**陈**：比赛为我在澳大利亚的事业打下了基础。我中学的老师是悉尼音乐学院的钢琴系主任。她推荐我弹给一位美国钢琴家听,这位钢琴家建议我去布鲁明顿学习。我就寄了录音带给那里的一位大师——匈牙利钢琴家 Gyory Sebok。他曾是巴托克的学生,一本小说《巴黎钢琴店》(*The Piano Shop on the Left Bank*)里还提到他的大师班在欧洲是最出名的。

Sebok 很善于把钢琴演奏中最高深的智慧融入一个又一个传奇式的小故事传递给他的学生。他告诉我,因为他是犹太人,他和另一位犹太大提琴家 Starker 都曾在二战期间被关到集中营过。有次他们两人一起扛一棵大树,Starker 因体弱失手放下了树的一端,Sebok 被大树狠狠地撞到了下巴,他反而从中悟到了弹奏钢琴的杠杆发力原理。他也从牛仔甩鞭子中悟出运力与速度的道理。甚至还把猫从 7 楼上扔下去,体会触键的柔韧及弹性。(笑)

鲍:打死我,我也不会把我的猫从楼上扔下来,更不会从 7 楼!
(笑)
陈:Sebok 那时听了我的录音带后和我联系要收我,他说他很欣赏我。我下决心,怎样也要去美国和他学习,幸运的是,我考到了全额奖学金,两年后,在印第安纳大学布鲁明顿音乐学院以最小的年龄获得"艺术家文凭"。

鲍:获得"艺术家文凭"需要什么样的条件呢?
陈:两年之内要开 4 场音乐会:一场协奏曲、一场室内乐、两场独奏会。

两年后,我又考入了茱莉亚音乐学院,师从罗文塔尔教授。在茱莉亚一共学了 5 年。读完了学士与硕士之后,我获得了英国皇家音乐委员会国际奖学金大奖,在伦敦学了 3 年,不过最后一年是准备一张唱片的录制。

鲍:在伦敦时,又跟了哪些重要的老师?
陈:我在伦敦皇家音乐学院有两位老师:一位是钢琴系主任 Christopher Elton,另一位是皇家音乐学院的名誉教授 Maria Curcio,她是一位老太太,曾是史那贝尔的学生,又教过阿格里奇、拉度·鲁普及道格拉斯等著名钢琴家。

我跟 Maria Curcio 学,是皇家音乐学院推荐的。到她家去上课,先坐地铁,再走一段林荫路,当我走在那条林荫路上时简直觉得自己正在步入过去的世界!她的钢琴放在窗前,外面有树,又下着雨,真是有一种"禅"的味道。(笑)我跟她学琴,就像一种朝圣般的经历。我觉得她就是那个修女。

**鲍:** 特丽莎修女。

**陈:** 对,特丽莎修女。

她的演奏最精髓的是对海顿、莫扎特、贝多芬、舒伯特和肖邦的诠释。我第一次上课弹的是一首海顿的奏鸣曲。光是头 8 个小节,就花了两小时!她对触键、句法、节奏、古典风格的演绎及与此相关的技巧都讲到了。经过这样的教学,用意大利话来说,就是"可以上马了",也就是说你可以自由驰骋了。

像这样的经历,真是很多。还有时,我要在音乐会上弹现代作品,我就对她说:"很抱歉,我有些现代作品,您是否想听一听呢?"她会说:"如果你

弹了会感觉好一些，那你就弹给我听吧。"虽然她不一定纠正什么，但在音乐会前，这总能给我一种精神支持。她就是这样：先让你自己尽可能地去完善自己，再把她的光芒温和地笼罩于你，给你力量。直到今天我还会常常想到她给我的教育，那真是一种很高级的教育，不是随便能忘怀的。

我觉得所有的老师都给了我很多的影响，从演奏技巧到精神的指导。我不再觉得自己是一个人在小房子里精疲力尽地苦苦挣扎，然后勉强做到点儿什么。我感到在我弹奏的音符后面，总有一股伟大的力量在支撑着我，使我逐渐超越了"能不能弹好"的顾虑，达到了一个更高的层次。甚至在比赛、演出时，也能体会到无穷的快乐。而且评委或听众也能从我的音乐中感受到真挚。我自己有了这样的心态去练琴，也觉得非常快乐，更感到仿佛技巧自己就会来。（笑）

现在我在教学中，也希望更多的学生能有这种心态，从而达到一个更高的境界。

**鲍**：你讲得太好了！我想只有很有学问、自己有很高境界的人才能有力量这样去影响自己的学生。

**陈**：是的，首先要有一颗崇高的心。

**鲍**：你回到中国以后，主要是教学。在这方面有什么感受呢？

**陈**：我第一眼就能看出学生在技术方面的问题，第二堂课以后，就能看出学生接受能力、反应的快慢。

在这之间，我还要观察他们的精神状态、性格类型。然后考虑哪些学生需要多激励，哪些需要更严格。如果我不弄清这些，教和学的关系就无法和谐。

再教一段时间后，我就会考虑怎样更好地掌握给他们施加压力的节奏。因为学生的素质不一样，将来的成就也是多元的。教师必须尽早帮助他们更好地全面发展。

**鲍**：但是除了老师的影响之外，他们的父母也会对他们有影响啊。

**陈**：老师要多跟家长沟通。有时家长的做法会跟老师的做法背道而驰。但无论如何，希望把孩子培养成才这个大方向是一致的。成功的孩子背后一定有个好家庭。我就不信总是给孩子负面影响的家庭能培养出优秀的孩子。所以老师要打足精神，对有负面影响的家庭"兵来将挡"。（笑）不断用真心去感化他、影响他，总会有效果吧。

**鲍**：如果有的家长总是自觉或不自觉地在抵制老师的影响怎么办呢？

**陈**：那就用更大的力量去感化。（笑）反正用理论的说服、自身行为的示范，总能使他们信服吧。

**鲍**：你在教学中用些什么教材？

**陈**：我现在最小的一个学生是10岁，我的学生都是从早期的音乐，如拉莫，一直到近现代音乐都要弹。近现代音乐，除了像巴托克这样的作品，还有些爵士乐啊、澳大利亚的现代作品啊，我都让学生弹，我觉得学生尽早接触现代音乐，就会尽早跨过"弹奏切分音的障碍"。还有法国、西班牙、南美的作品都要接触。

当然，像贝多芬、勃拉姆斯、李斯特、肖邦、拉赫玛尼诺夫这些"中心教材"是更要全身心去体会的。

我还提倡学生弹"改编曲"。这类作品把一个手的技术变成了两个手的技

术，对提高学生的技巧是大有好处的。

鲍：看来你给学生的作业量是很大的，一般的学生是否有能力完成呢？

陈：学生的能力是不同的，有人天生能力特别强。我有一个初一学生，普罗科菲耶夫那条三度的练习曲，他一个星期就弹会了。

既要相信学生有能力超越自己，又不要把他们压垮。但本来可以海阔天空的，不要把他弄成只有一杯水的容量。

鲍：你现在学生多吗？

陈：附小两个、附中六个，还有些大的。

鲍：你除了教学，还有很多演出，怎么安排自己的练琴时间呢？

陈：我非常珍惜练琴的时间，总求达到事半功倍的效果，主要是想法减少那种不断重复的单纯肌肉运动，多练脑子，技巧应该是"由内而外"的，要很聪明地在脑子里把主要的问题在瞬间抓住。不要受曲子难易的影响，也不论演出的时间是否已临近，一定要用最精简、最不浪费的方式去掌握乐曲的结构、声部、节奏等主要的东西，对这些都有了透彻的了解，双手自己会有记忆。

有时我在教学中也会悟到一些东西，对我的演奏起到相辅相成的作用；反过来，再把这感受带给学生。总之，我希望能在教学和演出之间找到一个平衡点。

**鲍**：演出合同还多吗？

**陈**：每年在澳大利亚、日本、欧洲都有。我喜欢去一些没去过的地方，那会给我带来新的灵感。

**鲍**：每天练多长时间琴？

**陈**：为了保证在一个演出水准上，每天3小时是必需的。

**鲍**：那你还有没有时间做一些其他的活动呢？

**陈**：那是一定要做的，一个人不能失去活力！如果你失去了活力，演出时观众也会看出来的。所以必须在大自然中、在对艺术品的欣赏中，不断丰富自己的精神世界，并不断使自己体魄更健康。我除了经常读一些文学作品外，还游泳、去健身房锻炼。

**鲍**：太棒了！

你这么年轻就取得了这么高的艺术成就，比如，学生时代就得了全美大学音乐比赛的第一名和芝加哥钢琴比赛的第一名，还有伦敦皇家音乐学院的顶级演奏大师文凭 Dip. RAM 等。你录制的 CD 《狂欢节》（*Carnaval*）早已在《生命的循环》（*Lifecycle*）发行一周后就进入了澳大利亚热门畅销古典 CD 排行榜。

这样的成就是大多数年轻人难以企及的。但你现在选择了回中国，在上海音乐学院附中教学，会不会觉得有点儿可惜呢？

**陈**：没有，我从来不觉得可惜！

Curcio 给了我一个理念：一个伟大的传统要像火炬一样传下去。

从李斯特到列谢蒂斯基再到史那贝尔再到我的老师 Curcio 再传到我，这个火炬要不停地传下去。

舞台上的风光自然是非常令人兴奋的，但我总想寻求更永恒的东西。许多珍贵的东西不要因一个人的逝去而逝去。师生之间的关系，就是通过"给予"，而把许多珍贵的东西延续下去。实际上，艺术家的心中都会有一种"不断将宝贵的东西延续下去"的理念和理想。所以，我觉得教学对我来说，是一个人生的新阶段，是走向成熟的标志。

**鲍**：你的想法对我有很大的启示。有些东西，我自己也是这样想的，但听你讲了以后，就感到更明确了。

时间不早了，最后顺便问一句，你从小去了国外，为什么你的中文这么好呢？昨天你给大卫·杜勃翻译，大家都很佩服，觉得你翻译得不但流利、清晰，还能使听的人感觉到讲课者的语气和一些很细微的东西。

**陈**：我是16岁离开中国的。小时候在国内，我就很喜欢语文课，即使在国外，我也一直喜欢多读中国的唐诗宋词和古典文学。

到了国外以后，也非常喜欢和人沟通，所以我的英文也提高得很快。我觉得一个人的言行应该是优秀、美丽的，这样也能给别人带来享受。我一直在朝这个方向努力！

2005年10月8日

上午9：10—10：40

访谈于上海教育宾馆

尊敬的鲍老师：

  我看着您花那么多时间与精力整理出我们的访谈，字句中又把我们夸得这样，您在字句中对我的关心和爱护真使我不知说什么好。我觉得很幸运，同时也更有了信心，我真的非常感谢您！漫漫音乐与人生道路上有您这样的前辈，我想我就不会在黑暗中栽太多跟头了。

  我阅读了我们的访谈几次，发觉我在前半段讲述我学习过程中有较多因为太口语化了，读上去逻辑不太清楚，我做了相对后半段比较多的整理，不知您看后会觉得怎样？

  大卫的言谈已经有书本子的味道，可能我内心很喜欢这类的言谈，因此翻得顺口，读后也无任何问题。我把访谈的大意，以及您想要照片为出版之用等都以传真发给大卫。

  我再一次感谢您对我的关爱，您更肯定了我想为音乐做点我能做的小事的信念。

敬祝

  福安

学生

陈巍岭

> "听众不是来看杂技的，是要心灵被感动。"

——旅加青年钢琴家王犁访谈录

王犁

王犁，1974年生于北京。自幼随父亲王燕樵（我国著名作曲家，芭蕾舞剧《红色娘子军》、琵琶协奏曲《草原英雄小姐妹》等作曲者之一）学习钢琴。6岁开始师从应诗真、邵丹老师和著名钢琴演奏家鲍蕙荞女士。

1983年，远赴日本，在与父亲学习的同时，跟随日本著名钢琴教授江户之子、新井精先生和黄雅老师等继续学习钢琴演奏。1990年，考入法国巴黎国家音乐学院，投入钢琴大师 Tachino 和 Brigitte Engerer 教授门下。1994年，移居多伦多。后进入皇家音乐学院攻读硕士学位，师从 James Anagnoson。

曾经获得加拿大首届肖邦钢琴大赛金奖、巴西圣保罗自由艺术国际钢琴大赛冠军、爱尔兰都柏林AXA国际钢琴大赛亚军、爱尔兰都柏林AXA国际钢琴大赛最佳协奏曲大奖。《多伦多星报》著名乐评家这样说道："王犁以他无可挑剔的演奏技巧完美结合了轻柔的弹奏，从而创造出最完美的音色效果。"历届匈牙利李斯特国际钢琴比赛评委 Alan Walker 也曾经说："极少有钢琴演奏家能够创造出那种无以言表的，我们称为'气氛'的东西，而王犁真正做到了。他在不知不觉中令观众深深陷入他所创造的神奇意境，将大家带入他的梦想。"

定居加拿大的青年钢琴家王犁出生在中国的一个音乐家庭。他的父亲——著名作曲家王燕樵是我在中央音乐学院附中的同班同学。

王犁9岁时随父母去了日本，后来又去了加拿大。并曾在巴黎音乐学院学习钢琴，获得过许多国际钢琴比赛大奖。

王犁很有一点中国人"尊师"的传统习惯，在音乐会的节目单中，总是把所有教过他的老师都写上。我的名字也位列其中，其实我很惭愧，并没有给他上过很多课。

这次趁他来京演出柴可夫斯基的《第一钢琴协奏曲》的机会，对他进行了一次访谈。

**鲍**：你走上钢琴家这条路，是你根据自己的意愿决定的，还是父母决定的呢？

**王**：父母决定的。我小时候跟您和应诗真老师、邵丹老师上课，肯定不是个好学生。（笑）那时我很贪玩，只是朦朦胧胧认为应该学点钢琴。9岁去日本后，才正式学，每天要练习4小时。这之前，都可以说是"玩琴"吧。（笑）而真正对钢琴、对音乐有些了解，是最近这几年才有的。

我刚去日本的时候，弹得很浅，完整的曲子也就能弹《献给爱丽丝》（笑），也弹了莫扎特一些技术性不强的奏鸣曲。

而这种水平在日本遍地都是，不仅不能在全日本、全东京出头，就是在我就读的小学里，也不突出。在日本，音乐很普及，爸爸去开家长会的时候，学校当场发歌篇，家长们就视谱立即唱合唱。

所以我爸爸认为，如果不想一些有效的方法，按平常的学习进度肯定没有出头之日。所以，到日本后，我爸爸天天给我上课，强化训练。我也跟过一些日本老师，如江户之子、新井精、黄雅。但主要是父亲教。10岁时就弹了李斯特的《第六匈牙利狂想曲》，11岁时弹李斯特的《梅菲斯特圆舞曲》。

**鲍**：真是进步神速！（笑）但那么多八度，你的手够大吗？

王：我练得多啊，钢琴老师就在家嘛！（笑）我那时练得很多，早上去上学，下午3点半回家，4点开始练琴，练到7点。吃完晚饭，从8点练到9点。晚上9点以后才做功课。我的技术底子就是在那个时候打的。

我这个人不灵，学东西不快，但是我父亲的这种强化训练还是有效的。我那时手不够大，他就叫我先用1、3指或1、4指来练八度。一边把手臂落下去，一边"撑"手。练了一段时间，再用1、5指弹八度就觉得松了很多。这种方法不大"常规"，但他是靠琢磨，我是靠自己试验。

鲍：你练琴的时候，父亲都陪着？

王：是的。一天强化4小时，效率很高，但也很累。当然这种方法也因人而异，我那时胆小、听话，所以很有效。（笑）

我16岁时去法国学习，技术已经很好。可能弹琴"干净"的程度比现在还好，至少是不差吧。但那时，音乐才能还没有完全开发出来，可能我比较晚熟吧。后来，慢慢多了些想法，音乐才成熟起来。

鲍：谈谈去法国学习的情况吧。

王：那时中国人去法国学习，要有三个月的等待期，这是政府之间规定的。我就想先去美国学习，但两次都被拒签。第二次，他们直接把我递进去的资料给扔出来了。那时出国真不容易，一看中国人来了就以为非法移民来了。（笑）我父亲一直希望我去欧洲学习，因为他认为那里是有传统的地方。后来我办了去法国的旅游签证，也考上了巴黎音乐学院。

考上了巴黎音乐学院，就不用交学费了。所以，法国经济不好的时候，有些法国人就说："凭什么用我们缴的税培养着这帮外国人？"（笑）入学考试要准备两套节目，以比赛的形式进行。

我第一轮准备的一套是：一首贝多芬奏鸣曲、一首李斯特练习曲《鬼火》、一首梅西安的《圣婴凝视》中的一段和另一首曲子。另一套是练习曲、贝多芬的《"热情"奏鸣曲》等。可他们选了前一套。

第二轮是他们定的两首曲子，过一个月再考。一首是贝多芬《奏鸣曲 Op. 101》，一首是拉威尔的组曲《镜》中的一首。两首我都没弹过。

第三轮考视奏。拿到谱子，当时就要给一位歌唱家伴奏。

我的视奏很差，从来没练过，现在也一般。所以觉得这一项很难。那歌唱家唱的是现代作品，这种风格我不熟悉，一跟不上就停下来不弹了。当时真有点"瞎猫碰死耗子"的感觉。（笑）

正因为考进去就不用花钱，所以入学考真的很难。

**鲍**：那时你怎么练琴呢？

**王**：租琴啊，一天练 8～10 小时。第一轮我抽到了《鬼火》，我倒觉得对我有利。因为那时年纪小，音乐上还差些。

**鲍**：我曾听人说，巴黎音乐学院入学考很难，所以毕业就比较容易；而科尔托音乐学院入学容易，但毕业很难。是这样吗？

**王**：巴黎音乐学院进校后一般学 3～5 年。我在那里时，有一半人都毕不了业。因为毕业考都是校外人当评委，所以毕业也很难。巴黎音乐学院入学、毕业以及这期间所有考试都是以比赛的方式进行。

**鲍**：毕业时要达到怎样的水平呢？

**王**：要弹一个独奏会、一首协奏曲，每年还有一首"课题曲"。有一年是阿尔贝尼斯的《特里雅那》，还有一年是一首现代曲子，弹的时候还要做很多动作的，很怪。幸亏我没碰到。（笑）

**鲍**：你觉得巴黎音乐学院的教学，主要有哪些特点？

**王**：那里每位教师的教学风格都不一样。学生学习的密度很大。一个主科老师班上有七八个学生，每个学生每周都必须听其他学生的演奏。此外，助教每周还要上一次课。主科老师最少一小时，助教最少一小时。上大课都要去，一下午听四五小时的课。另外，还要上室内乐课。音乐理论的比重倒不大。不过节奏训练极难，有些东西我现在都练不出来。那些节奏练习有什么"2对5""9对13"啊，还有空拍、切分，等等。不过，学了确实帮助很大，对各种复杂节奏的感觉打下了基础。

**鲍**：毕业有年龄限制吗？

**王**：不超过21岁。但他们是"实力主义"，如果你13岁弹得好，也能毕业。（笑）所以学生都很有竞争意识。

**鲍**：年纪小的学生学文化课吗？

**王**：可以在外面普通学校学文化课。

**鲍**：那些年纪小的学生毕业后能做什么呢？

**王**：很有才能的，可以进研究生班，再学两年。但研究生班很难，既要开音乐会，还要学很多理论课。因为学生光会弹琴不行，还要全面、均衡地发展。

**鲍**：我觉得在国外学习的人，普遍视谱、背谱都比较快。而中国的钢琴学生虽然技术基础打得比较好，但弹的曲目量较少。你认为在国外学习，这种快速掌握新曲目的能力是怎样获

得的？

**王**：主要是要习惯"高密度"的学习方式。在国外的环境中，要弹很多室内乐，这就逼迫你视谱必须快。

如果你会练琴，那就可以用脑来背谱。背谱有两种方法：一种是用脑，一种是完全靠手弹熟。有些人完全靠第二种方法，如果从乐曲中间弹断了，就完全接不下去了。最好是脑和手结合，合上谱子，脑子里全有，连音响的感觉都有。

**鲍**：在舞台上你是什么感觉呢？

**王**：最好有两个自己：一个陶醉在音乐中，另一个在更高的地方掌控全局。

**鲍**：现在你能做到这种感觉吗？

**王**：我在尽量努力。我从小特别敏感，上台很紧张。在20岁之前，在台上甚至都能听到自己腿发抖的声音。（笑）所以演奏时好时坏，常常从头到尾都无法控制自己，心慌、手抖。有时也问自己：为什么这么紧张？因为总是怕弹错音、怕忘谱。后来就想，好，OK，允许自己错音、忘谱。唯一不能允许自己的是不把音乐表现出来。这样一想，就好多了！反之，越怕错音、忘谱，一紧张就越会错音、忘谱。

**鲍**：在学校有"心理学"课吗？

**王**：在法国的音乐学院没有，加拿大的有。其实学也没用，还是靠自己在台上"滚"。（笑）我第一次参加李斯特比赛，22岁。比赛期间吃不下、睡不着。12天里瘦了14斤。（笑）

**鲍**：比较好的比赛状态怎么调整呢？

**王**：比赛看起来是跟别人比，其实主要是看自己能不能战胜自己。如果战胜了自己的恐惧感,往往就会有好的结果出现。

所以比赛或演出,我尽量不去想有什么人在评论我。我就是想告诉听众:这个曲子有多美、我是多么喜欢。Show everybody how you love this piece.

我们在台上应该是:弹悲伤的曲子,让大家都感到难过;弹快乐的曲子,让大家都快乐。而不是表现我的手指有多快、多干净。听众不是来看杂技的,是要心灵被感动。

**鲍**:你在巴黎音乐学院毕业后,就回加拿大了吧?

**王**:我回加拿大后,从1994年至1999年,为参加加拿大的肖邦比赛,又跟父亲学了几年,后来又进入加拿大皇家音乐学院。我的老师 James Anagonoson 对我帮助很大,甚至在某些方面是"开窍"。因为他总是用"鼓励"的方式来对待学生。只要发现你的演奏有什么优点,他就会马上说"很好"。我有点"人来疯",他这种方法就很能激发我的自信和潜能。一个人如果自己都不自信,怎么能让听众跟着你走呢?我弹得不好的地方,他又会帮我分析:为什么不好,为什么是错的,而同时又找出我的优点来鼓励我。这种尺度是很难拿捏的。

我的父亲是个严父,我每次弹错他都是很紧张的。有时候我弹完了,他会盯着我看上二三十秒,然后就说:"这么弹,怎么能当钢琴家?!"

可能这就是东西方教学方法的区别吧!

不过我觉得总的来说,一个人既不能畏首畏尾,又不能盲目自信。

**鲍**:你现在在加拿大也教学吗?

**王**:星期六、日教。从七八岁到大学程度都有,今年有的考上了美国的伊斯曼音乐学院,有个8岁的孩子得了莫扎特作品比赛第二名。

**鲍**:你用什么方法或教材来给学生打技术底子?

王：我还是觉得"哈农"很重要。有人反对"高抬指"练习，但我用。不过主要是要学会放松。

"哈农"可以让学生升半个音来练习，黑键多些。另外，"哈农"的 51 和 57 条，可以长时间地练习，习惯"八度"的手型。手不够大的人也可以试着练，每天练 10 分钟"八度"。

还有手指的独立性、颗粒性，和弦、八度，以及远距离跳，都是要让学生练的。

我也用加拿大的教材，如十级和艺术家级的教材，都是常常用的。

**鲍**：你自己如练习一首新曲目，会用什么练习步骤呢？

**王**：最好先听一听、看谱分析一下。然后找出难点，定出指法。其实定好了指法，谱子就已经摸得差不多了。当然，还要了解作品的时代背景等。有些曲目练几次，就先放一放。这样拿起来再放下，反复几次后，自己才能感到理解更深一些。同时，也会知道这能不能成为自己的曲目。

**鲍**：现在自己的音乐会还多吗？

**王**：从现在到明年 1 月底，有 20 多场。

2005 年 11 月 6 日
上午 10：00—12：00
访谈于北京世纪远洋宾馆

> "希望有更多的中国钢琴家参加我们的哈恩国际钢琴比赛。"

——西班牙著名钢琴家、哈恩国际钢琴比赛主席格尔莫·冈萨雷斯（Guillermo González）访谈录

格尔莫·冈萨雷斯

格尔莫·冈萨雷斯是当今西班牙最杰出的钢琴家之一。生于特内里费岛，毕业于特内里费的桑塔·克鲁斯音乐学院，1962年在马德里皇家音乐学院钢琴系就读，师从何塞·库维莱斯。后又在巴黎高等音乐学院深造，学习印象派音乐，师从让－保罗·赛维亚与佛拉多·佩尔莱穆尔（作曲家福莱和拉威尔的高足），获优秀毕业生称号。冈萨雷斯多次获得国际钢琴大赛冠军，如1968年特内里费夜总会比赛、1966年米兰比赛和维塞里（维奥蒂）比赛、1967年的哈恩比赛以及1971年的特内里费国际钢琴大奖赛。1972年他在西班牙马拉加音乐学院获教授称号。1975年开始任职马德里皇家高等音乐学院钢琴教授。1992—1994年，冈萨雷斯在纽约开展"西班牙音乐在美国"计划。此外，他还在西班牙多个高等音乐学院以及其他国家的音乐学校讲学，如美国的济恩学院、哥伦比亚中央大学、土耳其比尔·肯特大学、澳大利亚墨尔本大学、荷兰及比利时音乐学院等。他曾受国际钢琴大奖赛邀请当过评委，从1990年至今是西班牙哈恩国际钢琴大赛的评委会主席。冈萨雷斯是特内里费皇家艺术院成员，桑塔·克鲁斯音乐学院名誉教授。1980年获西班牙国家唱片奖，1991年获西班牙音乐最高奖——国家音乐奖，1993

年获阿尼亚温戈奖，1994 年获特内里赞岛金质奖章、1995 年获哈恩国际大赛金质奖章，1996 年获维利亚·德·格拉奇科 500 周年金质奖章，2000 年获西班牙 CEOE 基金会音乐演绎大奖。

---

我一直很喜欢独具魅力的西班牙钢琴音乐。因此，这次西班牙"哈恩国际钢琴比赛"的主席、著名钢琴家格尔莫·冈萨雷斯在中央音乐学院举行独奏会后，我抓住他短暂的休息时间，进行了一次采访。

**鲍**：今天您在音乐会上演奏了索列尔（P. Antonio Soler）和斯卡拉蒂（D. Scarlatti）的作品。听上去，他们的风格很相像。您能对他们作品风格的异同做一些比较吗？

**格**：斯卡拉蒂是索列尔的老师，他是意大利人，但在西班牙生活了很久。他本来的名字是 Scarlatti，但是到西班牙后，他的名字前加了一个 E 字，就是 Escarlatti，这就变成了西班牙名字。他后来的许多作品都用 Escarlatti 来署名。

斯卡拉蒂在西班牙教一位名叫殷方达的公主弹钢琴，并为她写了 550 多首短小的奏鸣曲。许多年后，公主将这些乐谱送给了一个叫 Farinelli 的著名宫中阉音歌唱家。这个人又把这些乐谱带回了意大利，后来就流传在意大利了。现在，还有许多精致的手稿保存在威尼斯的博物馆。

斯卡拉蒂的创作深受西班牙音乐的影响，作品基本上是为古钢琴弹奏的。

而索列尔的作品更钢琴化，演奏时要求音量也更大。

鲍：他们两人的创作年代相隔多长？

格：30 年左右。

鲍：那他们两人所用的乐器是否也变化了？

格：有一点点变化吧。但是索列尔写了许多管风琴的曲子。因为他是一个神父，他的作品大多是在教堂演奏的。而西班牙的教堂很大，他的一些作品是用两架管风琴和一个乐队一起演奏的。

鲍：哦，那一定气势极其宏伟。在演奏他们的钢琴作品时，触键有什么不同吗？

格：弹索列尔的作品，触键要更深一些、更加连一些，具有一点管风琴的效果。

你要知道，斯卡拉蒂是为国王服务的，而索列尔是为上帝服务的。（笑）

鲍：在踏板的运用上，是否弹索列尔的作品时，要踩得多一些、深一些？

格：是的。

鲍：请介绍一下有关格拉那多斯的《戈雅之画》。

格：格拉那多斯的《戈雅之画》，最初是歌剧，曾在美国大都会歌剧院上演过。后来才改编为钢琴曲，结果钢琴曲倒更有名。因为钢琴曲更浪漫，也更具有古老的风格。

这部作品里用了"弗拉门戈"的元素，还用了Tonadilla的元素。Tonadilla是西班牙18世纪的一种歌唱方式，是在马德里的民众中极为流行的一种流行歌曲。后来很多艺术家都喜欢把它移植到自己的作品中。格拉那多斯的作品中，有很多都标了Tonadilla的字样。

鲍：标上这样的记号，是否就是要求模仿这种风格？

格：是的。但是现在已经无法演唱Tonadilla了，只是演奏时要模仿。

格拉那多斯的作品中很多都是反映18世纪戈雅时期的风格，西班牙很多艺术家都喜欢这个时期的风格。

《戈雅之画》反映的就是这个时期的生活氛围。

鲍：那么《戈雅之画》到底是描写戈雅的画还是戈雅时期人民的生活场景呢？

格：是后者。这部作品的每一段，都是和当时的生活场景、氛围、环境联系在一起的。

鲍：那么看来，我们中国翻成《戈雅之画》是不准确的了。

请再介绍一下阿尔贝尼斯。

格：阿尔贝尼斯是西班牙西部地区巴塞罗那人，但听他的作品总会令人感到他是安达露西亚人。这是为什么呢？因为安达露西亚最重要的就是民间音乐，如弗拉门戈。

阿尔贝尼斯的作品里用了很多民间音乐的元素。

如《伊比利亚》里的《特里雅那》（Triana），就是一种很有地方色彩的舞蹈。

Seviccana 也是一种很流行的舞蹈。Albaicin 则是指一个具有阿拉伯风格的地区。

我想你一定还想问德·法雅吧？

鲍：正是。

格：德·法雅是安达露西亚人，出生在 Cadiz。后来移居 La Alanbia。这个地方离阿拉伯皇宫很近。

将来你如果来西班牙，我带你去参观阿拉伯皇宫。你可以在那里听流水的声音、闻青草的味道。那是世界上最漂亮的建筑之一，那里的建筑是有生命的。

德·法雅的作品非常接近弗拉门戈，但是有更深的层次。他总是在寻找文艺复兴时期的旋律，那个时代意大利也属于西班牙，罗马以南是西班牙的意大利，罗马以北才是意大利的意大利。

鲍：在那个时代，西班牙的军事力量很强吧？

**格**：非常强大。当时美洲、欧洲很多地方都属西班牙，连奥匈帝国都属西班牙。西班牙是个很强大的帝国。所以当时有人说："西班牙的太阳永不落。"（笑）

1898年以后，美国人又从西班牙手中"抢"去了古巴和菲律宾。过去是西班牙人去菲律宾赚钱，现在反而是菲律宾人到西班牙来赚钱了。

**鲍**：在西班牙作曲家的作品中，是否节奏非常重要？

**格**：是的。在格拉那多斯和阿尔贝尼斯的作品中，节奏很重要，但还不是最重要。而在德·法雅的作品中，节奏可以说是"重中之重"！

**鲍**：在您编著的阿尔贝尼斯的《伊比利亚》集中，我注意到您写了许多踏板的记号，有些节奏型的段落，甚至一直踩着。但我刚才在您的音乐会上，感到您自己并没有踩那么多踏板。

**格**：我在乐谱上是写了许多踏板记号，但实际上，踩的时候是踩很浅的。踩一点点踏板，是要模仿吉他的音响。吉他即使弹很节奏型的东西，音响上也是有共鸣的。

阿尔贝尼斯的手稿上也写了很多用踏板的记号，但常常是重踩一下，再变成轻踩、浅踩。常常是不间断地用踏板，但是要很有控制。

鲍：乐谱上的踏板记号是阿尔贝尼斯原稿上的，还是您写的？
格：如果是加了引号的，就是我写的，其他是原稿上的。

鲍：您是"哈恩国际钢琴比赛"的主席，这个比赛是您创立的吗？
格：不是，这个比赛已经有50年的历史了。最初是一个富有的建筑师创建的。他会弹钢琴，又愿意提供资金，就创建了这个比赛。现在这个比赛由当地政府出资资助。

鲍：就我们所知，西班牙还有两个大的国际钢琴比赛：一个是在桑坦德，一个是在巴塞罗那的。您能不能就这三个比赛的难度做一个比较？
格：桑坦德的比赛，难度最大。"哈恩国际钢琴比赛"第二，巴塞罗那的比赛比较容易。不过三个比赛中，"哈恩国际钢琴比赛"的评委是层次最高的。

希望有更多的中国钢琴家参加我们的"哈恩国际钢琴比赛"。上一届比赛有4位中国选手参加了，有一位来自慕尼黑的中国选手表现很好。但我们缺少一位来自中国的金奖获得者。

鲍：我注意到每一届比赛都有一位西班牙现代作曲家的作品。这些作品都是专为这个比赛写的吗？
格：是的。这些被委托创作的作曲家，有的是有知名度的、成熟的作曲家,也有一些是很年轻的。

我们在最后数月内指定一首新作品的目的,就是希望大家更多地了解西班牙现代作曲家的作品。而且,这一位作曲家也会被邀请参加评委会。

**鲍**:顺便问一句:我觉得西班牙是一个很热情、很浪漫的国家。西班牙的钢琴作品里,似乎也都在表现这种很热情、很浪漫的爱情。
但是,我又看到一篇文章里说:西班牙男人都是好丈夫。
这个矛盾是怎么统一起来的呢?

**格**:上了年纪的西班牙男人就是好丈夫,比如我。(笑)至于年轻人嘛,那就算了吧。(笑)

西班牙在弗朗哥时代,基督教统治很厉害,那时的男人都是好男人、好丈夫。以前的男女,谈情说爱都要隔着篱笆的。(笑)

**鲍**:据说以前的女孩子用扇子来表达爱情。扇子的开合、拿的角度、扇动的姿势等,都暗示着不同的话语,是这样吗?

**格**:以前确实是这样的。因为男女青年谈话时,中间还要坐着一个人,不可以直接交流。我的父母年轻时出去,甚至不能手牵手呢。我和女朋友也是不能单独出外游玩、旅行的。所以当时的男人都是好丈夫。(笑)

不过现在大逆转了,西班牙是欧洲最自由的国家,年轻女孩子也很随便了。

**鲍**:那扇子的功能就大大减少了!(笑)

2005 年 11 月 11 日
下午 5:55—晚 7:10
访谈于中央音乐学院演奏厅后台

**"取悦专家评委是很没意思的事！"**

——旅法青年钢琴家宋思衡访谈录

宋思衡

宋思衡，20世纪80年代后崛起的青年钢琴家之一。1996年，年仅14岁的宋思衡就在北京的全国钢琴比赛中获得冠军。之后他先后在英国利兹、爱尔兰都柏林、法国巴黎、中国上海等世界主要城市的重大国际比赛中获奖，并创造了这些比赛中华人的最好成绩。值得一提的是，在2004年在法国举行的国际五大赛事之一，第61届玛格丽特·隆-雅克·蒂博国际钢琴大赛中，他历史性地成了60多年来第一位摘取桂冠并获取多项特别奖的中国人。法新社在随后的社论中评论他：完美，激情，辉煌，无可争论的冠军。《费加罗报》等欧洲著名媒体纷纷发表评论，称他为"新一代欧洲古典乐坛的领军人物"。

宋思衡于1981年出生在中国上海，3岁开始接受父亲的钢琴启蒙。1991年他考入上海音乐学院附小，师从李道韫老师；1994年考入上海音乐学院附中，后直升上海音乐学院，在此期间跟随我国著名钢琴教育家盛一奇教授和钢琴演奏家许忠学习钢琴；2002年前往法国，就读于巴黎高等师范音乐学院，跟随马利比茨基教授学习钢琴；2003年由评委一致通过获得最高演奏家文凭，之后他深造于巴黎音乐学院。

2008年1月和4月他分别在环球DG唱片公司和

法国的 PASSAVANT 唱片公司推出了专辑唱片，并获得了极高评价。在 2004 年和 2006 年，他受邀担任在巴黎和摩洛哥举行的两项国际大赛的评委，成为世界级国际音乐大赛最年轻的评委之一。

2009 年 5 月他作为驻院艺术家正式签约上海大剧院，成为上海大剧院有史以来最年轻的签约艺术家。

---

在中国、在北京，宋思衡的知名度可能还远远不如郎朗、李云迪，但从 5 月 18 日晚上他和中国交响乐团在保利剧院合作演出的拉赫玛尼诺夫《第二钢琴协奏曲》的现场气氛来看，他的人气还是很旺的。

1994 年，他 13 岁时，曾获得"第一届珠江钢琴全国比赛"少年组的第一名。当时担任评委的我，至今对他在决赛中演奏的格里格"钢琴协奏曲"留有印象。2001 年，他在"第 12 届波尔多国际钢琴比赛"中获得第二名，同年又在"上海国际青年钢琴比赛"中拿了第二名。他于 2002 年上海音乐学院附中毕业后进入本科。二年级后赴法留学。几年后（2004 年）又在"玛格丽特·隆-雅克·蒂博国际钢琴比赛"中一举夺魁，真的为他的不断进步感到高兴。

他与"国交"合作演出的"拉二"，不仅显示了他在舞台上的洒脱、自信，而且在音乐上有许多与众不同的诠释。所以演出后，我就跟他约定了次日的访谈。

**鲍**：我想先请你介绍一下现在在法国的情况，毕竟你走了许多年了，国内的人还是很关心你的。

**宋**：我现在在巴黎的柯尔托师范音乐学院当老师，但教学工作并不多，就是帮利比茨基教授听听学生。我自己主要的工作还是开音乐会。

**鲍**：我认识利比茨基教授，"第二届中国国际钢琴比赛"的时候，我们都是评委，我还写了一篇对他的访谈录。

宋：我跟他学过两年。近两年来，我一直在跟墨赫莱教授学习。

鲍：哦，现在还在学习。主要学些什么呢？

宋：主要是把自己要开音乐会的曲目跟他上课。他更多是从风格上帮我把握一下，但不会在具体的处理上干涉很多。常常是一起分析谱子，在音乐上达成共识。当然，他偶而也会"干涉"一下。（笑）但他对音色和踏板的运用真是很考究。

鲍：你昨晚演奏的"拉二"，是跟他学过的吗？

宋：没有，这首曲子才恢复练了三星期。

鲍：昨晚听你弹，觉得跟大多数钢琴家弹得很不同。你处理的速度很快。

宋：由于时间仓促可能我还研究得不够深入。但是拉赫玛尼诺夫本人在谱面上写了很多速度突然变化的记号。我认为这是很有意义的。他写的速度突变，实际上就是为了营造气氛。过去的传统弹法应该是这样的。现代的钢琴家把速度弹得很统一，原来我也是这样弹的。现在我有些不同的想法。

我弹的速度变化，实际上是按拉赫玛尼诺夫本人标的记号弹的。当然，这样的处理对乐队来说是有难度的。

鲍：第一乐章的引子，你就弹得非常快。

**宋：**我不明白为什么要弹得慢！引子一开始是钟声，我弹得快照样可以表现钟声啊！我认为引子和后面的音乐是没有什么直接关系的。

**鲍：**但是大多数钢琴家，特别是俄国钢琴家，都会把这首协奏曲弹得比较深沉、厚重，有些悲剧性的感觉。而你的处理似乎更多是表现一种奋进的感觉。

**宋：**作曲家选择了那样的速度，就应该不是表现沉重的感觉，而是亢奋、奋进的。我觉得还是作曲家本人的品位最好。

**鲍：**我记得你在上海音乐学院附中的时候，是跟盛一奇老师学的。能谈谈跟她学习的情况吗？

**宋：**我跟盛老师学了8年，简直就是母子的感情了。她对我性格的影响也是很深远的。盛老师对学生非常无私，不仅教我们钢琴，在我比赛的时候，她甚至能一天10小时看我练琴。而且她会带录音机来，把我弹的当场录下来，马上回放。两个人一起进行讨论和分析，一直到找到最佳的效果为止。当时我家生活较困难，有好的音乐会票，她总要买给我，我们一起去听。

**鲍：**她是只对你一个人好，还是对所有的学生都好？

**宋：**都好。都严格。她的学生，无论碰到学习上、思想上、生活上的难题都会首先想到找盛老师商量，至今都如此。不过，有些学生家里较有钱，她就不用这么帮助他们了。（笑）

当时我对听唱片特别渴望，她就借钱给我买唱片。我记得马勒的全套交响乐,是伯恩斯坦指挥的,全套售 1500 元。当时对我来说简直是个天文数字。(笑)盛老师就说"借"钱给我买,其实——(笑)像这种事太多了。

我跟她学了一年半后,就参加了"第一届珠江钢琴全国比赛"。跟盛老师学之前,在附小是跟李道韫老师学的。

这次比赛得了第一名,盛老师就叫我练了很多东西。像李斯特的《鬼火》练习曲、肖邦练习曲第二首、斯克里亚宾练习曲 Op. 42 No. 5、德彪西练习曲、拉赫玛尼诺夫练习曲 Op. 39 No. 9 等。盛老师说,每个比赛都肯定要弹肖邦、李斯特练习曲的。想在第一轮胜出,其实就胜在这些练习曲上。你从现在就练,别人练了 1 年,而你已经练了 5 年了!10 年后拿出来,比赛就很好了。

我的手很小,勉强弹 9 度,选肖邦第二首练习曲,正好可以避掉非要手大才弹得好的那些练习曲。

**鲍:** 盛老师真是很有远见!

谈谈她的教学特点吧。

**宋:** 她对技术的要求非常讲究,弹音阶也要求用不同的触键法,主要是指尖要有很敏锐的感觉,我跟她上的第一首是莫什科夫斯基第 11 首练习曲。她对不同层次的音色要求,是我根本没接触过的,一下子真有点反应不过来。

跟盛老师学琴如果不适应是很惨的,她会狠狠地说我,每天盯住不放。她骂起人来声音很低,外面的人是听不见的。(我们两人都大笑)记得比赛以后读高一时,弹双三度、双六度音阶,我比较随意,任手指乱转,只要弹过去就行了。她可不放过,把每个调的指法写好要我练。那次上课真惨,我们足足花了两小时弹音阶。反复练到准确顺畅了,她才放我下课。

她对技术要求的"苛刻"至今对我都有影响。

在"珠江"全国比赛得奖后,她突然建议我不要马上参加比赛。因为她认为我还有不少问题,需要好好整理。参加太多的比赛,有时会在竞争过程中丧失个性,其实对自己的前途是不利的。再说从少年组的比赛到青年组的比赛,需要更多质的变化。

盛老师认为暂不比赛对我是很有好处的，我也很认同她的想法。这时她就叫我大量积累曲目。那时，我曾有一个星期弹了10条练习曲，还有一个学期弹了5首协奏曲，她还帮找到外地合乐队。有时同时弹3首完整的贝多芬奏鸣曲。

  **鲍**：太厉害了！

  **宋**：有人二三十岁了，手上只有一套曲目，比来比去还是这些。这种做法是毁灭性的，能力就会越来越低。

  盛老师常常叫我同时弹不同风格的曲目。这样不但扩大了曲目量，而且提高了适应力。我很多曲目都是在高中三年期间积累的。就这样，大量弹曲目。有些曲目过一年再捡回来弹，这时候看问题会更成熟些，有些曲子就弹得更好了。

  **鲍**：你说的这些对我启发很大。

  再谈谈你去法国学习的体会吧。

  **宋**：法国对视谱的训练非常重视，有专门的课来加以训练。他们把"总

谱读法"和"视奏"结合起来。学校里有一个教这门课的老师，他竟然可以把总谱移调来弹，而且是现代作品。

鲍：太厉害了！那一开始怎样训练呢？

宋：先视一行谱，再视两行、四行、六行……再视总谱。

鲍：我们中国还缺乏这方面的训练。
你在法国学习钢琴的情况呢？

宋：留学前我去日本浜松参加比赛时，在半决赛就被刷下来了。利比茨基就来找我。他很有意思，专门找一些比赛被刷下来的人。他自己还组织了其他一些比赛，如摩洛哥的国际比赛、巴黎的 Animato 比赛等。他凭直觉和经验去挖掘那些在比赛中被刷下来的"失落青年"，而且看得出将来一定会更好。果然，被他挖掘的不少人，先在他推荐的一些小比赛中获奖，后来都在别的大比赛中得奖。比如，科普林后来得了"克莱本比赛"第一，俄尔加·科恩也在"克莱本比赛"得了第一，巴克斯在利兹比赛得了第一。我在他推荐后，在摩洛国际比赛和法国的 Animato 比赛中都得了第一，后来又得了玛格丽特·隆-雅克·蒂博第一。

鲍：利比茨基真是独具慧眼，伯乐一个啊！不过你们是否因为他推荐参加一些较小的比赛得奖后，自信心增强了呢？

宋：也说不清，但总之是带来了运气。（笑）

不过，利比茨基是我到法国后"过渡性"的老师，因为跟他学了两年后，我从柯尔托音乐学院毕业了。

这时，我考了巴黎市立音乐学院，师从 Olivier Gardon。他本人得过玛格丽特·隆-雅克·蒂博比赛的第二名，那届第一名空缺。但他是一位典型的法国老师。

鲍：什么叫"法国老师"？

宋：就是那种不太严厉、管学生不是很多的老师。

后来我就跟墨赫莱学习，他就不属于"法国老师"。（笑）他教学非常认真、非常规范，对作品的风格、触键、句法、踏板等，要求非常细致。而且他总是对照很多不同版本，并研究它们为什么不同。他的家里书架上的书多得不得了，堆得像书库一样。

他对踏板特别有研究，经他一弄，有时造成的感觉好像连句法都改变了。

他在课上讲的东西，有时就像教科书一样。他的大师班又特别有感染力。有一次听他讲德彪西那首前奏曲《沉没的教堂》，他一到课堂就拿出了许多张小画。那是莫奈画的巴黎一个教堂在不同时间、不同光线下不同色彩的画。法国人对"光"和"色"是特别有研究的。

墨赫莱先生的这种做法，对学生有着很直观的感染力，在感官上很有启发。他从感性上的渲染，让你对整个法国文化有感觉。

还有，比如，他让学生学李斯特，往往有三个级：《奥伯曼山谷》，《但丁奏鸣曲》，最后是李斯特的奏鸣曲。

墨赫莱真是了不起的老师！

鲍：那你是怎么想到去法国学习的呢？

宋：我17岁时认识了许忠，他当时在南京上大师课，盛老师带我去上他的课。盛老师很开明，常和许忠讨论我的问题。也是她请许忠帮我安排去法国的事。所以我在去法国留学前,就已经两次去法国"枫丹白露音乐节"。墨赫莱教授和菲力浦·昂得蒙特(Fhillipe Ertroment)教授都在那里讲课,对我帮助很大。

正好我在2001年"上海国际钢琴比赛"中得了第二名,不但拿到奖金,还有"亚欧基金奖"。有了点钱,就可以出去学习了。(笑)

鲍:对比在"上音"的学习,你觉得中外音乐教育最大的不同在哪里?
宋:我觉得最大的不同是社会环境的不同。

法国的人文环境,保留了很多拉丁文化的特点,又有南欧地中海人的那种悠闲感。在法国,人们常去博物馆和音乐厅,也特别讲究音乐的品位和线条。法国人会很自然地听线条的走向。他们不喜欢美国学派,而有些学生从美国来到法国,也很不适应。法国人的音色不要求太亮,是比较"包住"的那种。我觉得欧洲的音乐更贴近传统。

不过,法国人对俄国音乐的宏大,也是受不了的。

我在法国学到很多东西,但我不是法国人,完全的"法国"我受不了,也做不到。我觉得不少音乐还是应更有激情的。

鲍:你现在有很多演出合同,但同时又参加了很多比赛,你觉得这二者之间有矛盾吗?
宋:(笑)哈!这个问题很敏感。说多了,肯定要挨骂的!

不过,比赛往往要求比较"中性"。
太多的比赛,有时会扼杀个性,取悦专家评委是很没意思的事!

2007年5月19日
中午12:45—下午2:00
访谈于北京亚洲大酒店

> **“每个画家都有自己的色彩,每个演奏家也一样需要有自己的色彩!”**
>
> ——意大利著名钢琴家安德列亚·伯纳塔(Andrea Bonatta)访谈录

安德列亚·伯纳塔

出生于意大利博尔查诺的安德列亚·伯纳塔从5岁起就跟随母亲——一位杰出的钢琴家学习钢琴。他在维也纳的保罗·巴杜拉-斯科达、日内瓦的尼基塔·马加洛夫、波恩的斯蒂芬·阿什肯纳奇和波西塔诺的威廉·肯普夫门下学习钢琴的经历对他后来在音乐上的发展产生了主要的影响。

在获得各项国际大奖,如西班牙巴塞罗那的国际钢琴大赛,特尔尼的卡萨格兰德大赛大奖之后,安德列亚·伯纳塔开始了他的国际演出生涯,并在几乎全欧洲(罗马、米兰、巴黎、维也纳、萨尔茨堡、慕尼黑、汉堡、乌特勒支)及澳大利亚、南北美洲各大剧院举办了他的钢琴音乐会。他的音乐会已经被众多国家的广播电台、电视频道播出。此外,他还与法国Astree – Auvi唱片公司合作,成功地录制了多张CD唱片,包括勃拉姆斯钢琴全集(5CD)、李斯特的圣乐改编曲(2CD)。

近期,他还出版了著作《约翰内斯·勃拉姆斯》,受到了广泛的好评,被公认为这一领域的代表作,并已被翻译成德文发行。此外,他还在伦敦、魏玛、布拉格、梅芮农、乌特勒支、首尔、墨尔本和阿德雷德大学教授大师班。安

> 德列亚·伯纳塔已应邀在世界上众多著名国际钢琴比赛中担任评委，如魏玛李斯特钢琴比赛、意大利布佐尼钢琴比赛、荷兰李斯特钢琴比赛、维切利维奥蒂钢琴比赛。他在博尔查诺音乐学院常年担任钢琴教授，现任"布佐尼国际钢琴比赛"的艺术总监。

"布佐尼国际钢琴比赛"艺术总监伯纳塔教授是我在"第4届中国国际钢琴比赛"期间访谈的第一位评委。

由于评委们下榻的悦华酒店院子里有一个风景很美的湖，所以我邀请伯纳塔教授在湖旁树荫下的石桌旁接受我的访谈。

在前往湖边的路上，我们碰到了这届比赛特邀的乐评人、旅居加拿大的钢琴家朱贤杰，我就邀请他一起参加了对伯纳塔的访谈。

**鲍**：从您的介绍中可以了解到，您曾跟许多大师学过，如巴杜拉-斯科达、肯普夫、马加洛夫、阿什肯纳奇等。您真是一个幸运的人。

请谈谈跟这些大师学习的体会。

**伯**：我第一个师从的大师是巴杜拉-斯科达。那时我很年轻，才21岁。我就像一个家庭成员一样住在他家，而且从来没有交过学费。

我在小镇上的第一位老师并不是一位特别好的老师。但是在维也纳，我的眼光完全打开了。

我跟巴杜拉-斯科达常常在一起弹四手联弹，他从不用看谱。我还跟他学了贝多芬奏鸣曲和勃拉姆斯的许多作品。

第二位大师是肯普夫。他在意大利靠近拿波里的一个叫波西塔诺（POSITANO）的地方有一栋很好的别墅。每年在上过大师班后，他总会邀请三四个青年钢琴家去那里。我也没交过学费。

我跟他学了全部贝多芬协奏曲。他是一个真正的钢琴诗人，永远在钢琴上歌唱。而且他像一个牧师一样，永远在为音乐祈祷，非常虔诚。钢琴家的个性虽然很重要，但是要为作曲家服务。他就像一个牧师一样在传递着作曲家的意图。

当时他已经 81 岁了，但每个学生弹完之后，他再背谱全都演奏一遍。而且第二钢琴部分，他也全部背谱弹。

最后每个学生要演出 8 首贝多芬奏鸣曲及一首或两首协奏曲。

他从来不用节拍器来弹琴。而且弹贝多芬的奏鸣曲也不能用节拍器。包括贝多芬的交响乐、室内乐作品，如果用节拍器，就会失去意义了。

后来我在日内瓦的大师班，还跟马加洛夫上过拉威尔的全套《夜之幽灵》。他要求的是"NUANCE"，也就是音色和感情等的细微差别和有品位的表情。

跟他学习使我懂得了演奏者重要的不是表现，而是发信号、发邀请给听众，让听众自己在头脑中反映出画面，在心灵里跟随你的音乐。就像法国印象派的画，是景物在人的脑子里的反映。

**鲍**：您是意大利人，又学习了德国、法国学派，您自己怎样把这些学派结合起来呢？

**伯**：我并没有刻意去结合。我只是把跟每个人学到的最好的东西挑出来，使其变为自己的东西。然后根据自己的感觉去演奏不同作曲家的作品。

每个作曲家都有不同的文化背景，弹李斯特的要和弹勃拉姆斯的完全不一样。这次比赛中听到有的选手用弹德彪西的音色和感觉来弹贝多芬奏鸣曲，这是不对的。每个作曲家的作品都应该用不同的音色来弹。

每个画家都有自己的色彩，每个演奏家也一样需要有自己的色彩！

**鲍**：请介绍一下"布佐尼比赛"。

**伯**："费鲁措·布佐尼国际钢琴比赛"（"Bolzano the Feruceio Busoni International Piano Competition"）是1949年，由意大利的"克劳迪奥·蒙特维尔第"音乐学院（"Conservatorio Claudio Monteverdi"）发起的。米开朗哲里可以算是发起人。

当时邀请了欧洲最有名的钢琴大师。除米开朗哲里外还有里帕蒂、吉塞金、马加洛夫等。在欧洲产生了极大的影响。因为比赛的起点很高，所以马上就成了世界级的重要比赛。

德莫斯、阿格里齐、奥尔松等都得过这个比赛的第一。第一届时，布兰德尔还很年轻，他得了第四。

我从2000年开始当艺术总监。我的工作很努力，当然也很辛苦。（笑）

"布佐尼比赛"是第一年比赛、第二年音乐节。明年的音乐节，我们会邀请布兰德尔、索科洛夫等人来演奏。除了这些大师外，还会邀请新获奖的选手来音乐节演出。

每届比赛，都有电视的实况转播。这届比赛，第一天就有15000人看转播。这在欧洲是很大的数目啦！

以后我们也准备在中国设点预赛。

**鲍：** 听说您已经写了一本关于勃拉姆斯的书。是否您特别喜欢勃拉姆斯的作品？

**伯：** 1990年我录制了勃拉姆斯的全部钢琴作品。共出了5张CD，这些CD也获了很多奖。

但是录音这些事做完之后，我内心感到很失落。因为好像事情都做完了。（笑）于是我就写了一些文章来作为这些CD的说明。后来慢慢就写成了一本书。

在演奏勃拉姆斯的过程中，当然要了解他所处的时代背景。比如说，当时有没有战争。还有，当时的文学、艺术、建筑的情况，这些都会对音乐有影响，不了解这些是无法弹好他的作品的。

还有，勃拉姆斯曾受过舒曼及舒曼夫人克拉拉的很多影响，甚至连主题都有关联，这也是必须了解的。

还有，他自己的交响乐、室内乐、艺术歌曲与他的钢琴作品也是有联系的。比如，他的"第四交响乐"和他的4首"间奏曲"就有联系。听了他的交响乐，你就会更了解这些间奏曲。它们都表现了他晚年内心的忧郁。所以，作曲家的每一首作品有很多要表达的东西，我们应该尽量去发掘它们的深层含义。

现在这本书已经有了德文译本，英译本也快出版了。

**鲍：** 我们希望也能有中文的译本。

**伯：** 所有好的文化之间都是有联系的。我也希望这本书能在中国出版。

**鲍：** 您知道吗？现在中国很多父母都想让自己的孩

子成为郎朗、李云迪,但他们并不知道当钢琴家需要具备哪些条件。

**伯:** 确实,在人们的思想里有一个很大的误区。很多人的演奏里只有飞快的手指,没有音乐。

音乐需要有很深的文化底蕴。如果你对文学、艺术、建筑这些东西一窍不通,你是不可能成为音乐家的。

你不懂19世纪的历史背景,你就无法演奏19世纪的音乐。

有人弹李斯特的《梅菲斯特圆舞曲》,可是既不知道什么是圆舞曲,也不知道谁是梅菲斯特,甚至连李斯特也不清楚。(笑)这就会毁了音乐!

**朱贤杰:** 上海音乐学院一个大三学生说:"我不喜欢舒伯特,因为他是法国人。(众大笑)

**伯:** 我也听上海音乐学院的一个女孩说过:"梅菲斯特是个漂亮女孩!"(笑)

我所有14岁以下的学生都要上其他学校。他们不必练太多钢琴,一天两小时就行了。因为他们还要上很多课。

我认为，如何教育孩子、教他们些什么，这是最重要的！不要让他们期待：成功即将到来。

2007 年 10 月 16 日
上午 10：20—11：50
访谈于厦门悦华酒店

> "一个国际比赛最重要的就是获奖者在赛后能获得演出机会。"
>
> ——"悉尼国际钢琴比赛"艺术总监沃伦·汤普逊（Warren Thomson）访谈录

沃伦·汤普逊

　　沃伦·汤普逊教授毕业于墨尔本大学，师从著名钢琴家及教育家科托的学生罗伊·谢菲尔德教授。随后，他担任了三一格莱马学院的第一任音乐总监，并将其发展成为澳大利亚一流的音乐学校。他在1972年成为澳大利亚音乐考级委员会的教学总监，并从澳大利亚国际钢琴比赛创始时期开始就一直积极地参与工作，后成为这一重要赛事的艺术总监及评委会主席。1974年至1995年期间，他担任了悉尼音乐学院附属继续教育学院基金会主席。曾任澳大利亚新南威尔士的音乐考级委员会主席、悉尼城市文化理事会的总监兼音乐委员会的主席。

　　此外，他在美国、乌克兰、中国香港以及新加坡举办了大师班课程。他担任过许多国际钢琴比赛的评委，其中包括：悉尼国际钢琴比赛；莫斯科的柴可夫斯基国际钢琴比赛；盐湖城的吉娜·巴考尔国际钢琴比赛；辛辛那提国际钢琴比赛；新西兰克莱斯特彻奇全国协奏曲比赛；南非比勒陀利亚的UNISA前斯耐特国际音乐比赛；日本滨松国际钢琴比赛；乌克兰的霍洛维兹国际钢琴比赛、克莱涅夫国际钢琴比赛；西班牙巴伦西亚的何塞·伊特尔比国际钢琴比赛；德国科隆国际钢琴比赛；德国多特蒙德舒伯特国际钢琴比赛；意大利特拉尼国际钢琴比

赛；第三届上海国际钢琴比赛；格鲁吉亚第三届第比利斯国际钢琴比赛等。他从雅马哈澳大利亚青年钢琴比赛1994年创始起先后担任过赛事的艺术总监。

在1987年，澳大利亚政府因他在音乐事业方面杰出的贡献而授予他荣誉奖章，并且在1995年成为俄罗斯柴可夫斯基协会的荣誉成员。2001年，他成为澳大利亚音乐教师学院的荣誉成员以及乌克兰霍洛维兹国际钢琴比赛的组委会成员。2005年11月成为上海音乐学院的名誉教授。

---

"悉尼国际钢琴比赛"是众所周知的一个难度很大的比赛，令我没想到的却是它的艺术总监沃伦·汤普逊先生在生活里是一个极其谦和的"好好先生"。

一谈起悉尼比赛，他就滔滔不绝，如数家珍。在我对他的访谈中和后来我们邀请几位重大国际钢琴比赛的主席或艺术总监参加的"征询会"上，他都极诚恳地介绍了悉尼比赛的经验和对中国国际钢琴比赛的建议。

**鲍**：沃伦·汤普逊先生，我们都知道，"悉尼国际钢琴比赛"是一个很大型、难度很高的国际比赛，请您再详细介绍一下悉尼比赛好吗？

**汤**：悉尼比赛最重要的一点就是赛后为获奖者安排了许多演出。而对一个比赛来说，这也是最重要的。2004年悉尼比赛的第一名获得者是一个19岁的男孩约翰·陈。在比赛后，我们为他安排了31场音乐会。前三名获奖者一共有51场音乐会。

约翰·陈有着惊人的记忆力。在悉尼比赛第4轮时，要比赛室内乐，他选的是拉威尔的三重奏。他不仅自己完全背谱，而且因为小提琴没拉过这个三重奏，很多地方都不熟，约翰·陈就在钢琴上替他把小提琴部分弹出来。（笑）后来他除了第一名，还拿了室内乐奖。

悉尼比赛后，约翰·陈到澳大利亚来演出，他头一天在里斯本弹了李斯特"第一钢琴协奏曲"，第二天到澳大利亚墨尔本弹拉赫玛尼诺夫《第二钢琴协奏曲》，然后又去悉尼弹巴托克《第一钢琴协奏曲》，那是他在一个星期内学的。他在墨尔本和悉尼还演了拉赫玛尼诺夫《第一钢琴协奏曲》、莫扎特《钢琴协奏曲533》及肖邦《第一钢琴协奏曲》。

悉尼比赛的获奖者与澳大利亚国家广播电台ABC自动签约。从2000年开始，悉尼比赛向全世界现场直播。

约翰·陈现在已经有了非常多的演出活动。他在德国的音乐节演出后，全场听众起立鼓掌。在新加坡的音乐节，他获得"最佳音乐表演"奖。他和拿索斯唱片公司已经录了德彪西和拉威尔的全部作品，还在美国录了两张唱片，被评为"历史最优唱片奖"。他还在日本演出了6场，都受到广泛好评。但他一直非常谦虚，总是自我挑剔。

我们悉尼的比赛从1982年开始实行"投票制"。因为我在莫斯科和滨松的比赛中都看到了"打分制"的弊端：评委私下互相交易。所以悉尼的比赛，我们决定不打分、不讨论。在每一轮计算票数以后，会把评委所投的票完全销毁。在宣布下一轮名单时，评委根本不知道谁会上。

评委也完全不必讨论本届比赛是否第一名空缺，都由组委会说了算。因为每次都让评委讨论来讨论去，会很浪费时间的。

**鲍**：您刚才说，宣布每一轮名单时，评委完全不知道谁能上到下一轮。那这样做评委们会有意见吗？

**汤**：也不是完全不知道谁能上到下一轮，只是投完票后就不再讨论了。

悉尼比赛还在每一轮发"问卷"给观众，最后由观众评出他们心目中的第一名。观众评出的第一名也很重要，因为赛后也会有演出合同。

**鲍**：听众有可能会把票投给比赛中的帅哥靓女。（笑）

**汤**：听众选的第一名往往是比赛最后评委评出的第二名，像2004年的"悉尼国际钢琴比赛"的第二名，就是听众选的第一名。这个小伙子很漂亮，有着深色的卷发，长得简直就像是肖邦的双胞胎兄弟！（笑）

（后来，汤普逊先生送我一盒"2004年悉尼国际钢琴比赛"优秀选手的CD。在众多男女照片中，我一眼就猜出了那位"肖邦的孪生兄弟"！）

当然，也有人怀疑观众投票这种做法会不会有损评委会的威信，其实不会的。因为评委会评出的第一名奖金最高嘛！（笑）

**鲍**：您对我们"中国国际钢琴比赛"有什么建议呢？您知道，我们这个比赛很年轻，今年才第4届，我本人也是第一次担任比赛的评委会主席，真是希望听到来自各个大国际比赛的经验和建议。

**汤**：一个国际比赛最重要的就是获奖者在赛后能获得演出机会。

**鲍**：这方面我们是最欠缺的。中国在很多方面和国际不接轨。中国国内的演出公司安排外国音乐家来也有一定困难。如果特别有名的可以卖很高票价，比较年轻的，宣传包装上就不那么容易。

而且中国还不像西方，有那么多成熟的音乐会听众。在中国，听钢琴音乐会的往往是琴童。他们的家长有时没有能力花更多的钱买票，就买一张票给孩子进去听，自己则在外面等一个晚上。

**汤**：这个我理解。

孔祥东曾让我安排两个获奖者到中国演出,其中一个15岁的男孩已经在日本浜松和鲁宾斯坦国际钢琴比赛都获了奖。但他们在中国演了6场,一共只得到200美元演出费。他们在上海、苏州、杭州演出,还经常要自己买机票、找酒店,还自己带着吃的到处走。(笑)

鲍:(笑)这种情况倒不多见!那也安排得太差了!一般是不会这样的。

不过,国情不同,有些事在中国是有一定困难的。

汤:在澳大利亚,我有100个音乐厅联系人,每届比赛我都可以把获奖者名单提供给他们,赛后由他们安排演出,哪怕其中有50个音乐厅给我们安排演出也好,这对选手来说实在是太重要了。

在有些城市,如果获奖者和当地乐团合作,那个乐团还会交给比赛委员会100澳元。

鲍:是吗?在中国,是反过来的,要付钱给乐团。

汤:ABC广播电台也会帮助转播这些音乐会。此外,ABC自己也每年组织比赛。他们先调查听众喜欢什么曲子,然后从听众反馈回来的信息里选出100首曲子。之后,再请不同的人来弹这些曲子。播出后,听众并不知道他们听到的是谁演奏的，但根据自己喜欢的演奏，选出前 3 名。上次，也选了约翰·陈来演奏一些曲子，听众并不知道是谁弹的，结果还是选了他第一。

**鲍**：这说明澳大利亚的听众已经有很高的鉴赏力了。

**汤**：还有一点，"悉尼国际钢琴比赛"的预选，都是现场听的。除了南非和南美，我们在全世界很多地方都设了点，现场选拔。从 CD 来选拔，有时很难听出好坏。

现场预选时，除了我之外，还有两名当地评委。对每个选手，必须三人都通过的才行。如果只有两个人通过，那就要讨论。上届从 250 个报名者里最后选出 36 人，水平都很高。

**鲍**：我们这次比赛，有 118 人报名，开始选出 45 人。后来怕有人不来，又增加了 3 人，共 48 名有参赛资格。

从比赛情况来看，确实现场选拔跟看 DVD 预选有很大不同。有些看 DVD 时感觉不错的选手，在现场却有点令人失望。

**汤**：我们在现场预选时，只让选手带曲目和照片，其他什么都不要带。评委完全根据现场的演奏表现来打分。评委可以给自己的学生打分，因为有些学生可能他已经教了四五年了，如果老师说这个学生"已经准备好了"，那总会是有道理的。但是曾经有过一次，那位评委说自己的学生已经准备好了，但那个学生完全没有练过室内乐。不过，这样的情况只发生过一次。

你们的"中国国际钢琴比赛"，这次的比赛册子上除了选手年龄、国籍和曲目，什么背景材料都没写，我觉得这样非常好。评委完全根据现场表现打分，这样很好！

2007 年 10 月 17 日
上午 10：00—11：40
访谈于厦门悦华酒店

# "必须从心灵深处发现自己的东西!"

——著名越南裔钢琴家邓泰山(Thai son Dang)访谈录

邓泰山

越南钢琴家邓泰山是活跃于欧美乐坛的著名钢琴演奏家，世界多项重要音乐大赛的评委，钢琴教育家。他是1980年第十届华沙肖邦国际钢琴大赛首奖得主，也是第一位获此殊荣的亚洲钢琴家。当年其不仅夺得首奖，更获得玛祖卡特别奖、波兰舞曲特别奖、协奏曲特别奖，至今仍是令人赞叹的纪录。

邓泰山由母亲启蒙，幼时为躲避战乱，曾举家搬往深山防空洞练琴。后由俄国钢琴家卡兹发掘并推荐前往莫斯科音乐院就读，与普列特涅夫、波格莱里奇成为校友，受教于那塔松及巴什基洛夫。自获肖邦钢琴大赛首奖后，邓泰山先后受邀至超过40个国家演出，亦曾以独奏家身份受邀与许多世界级乐团合作，包括圣彼得堡爱乐、BBC爱乐、巴黎管弦乐团、NHK交响乐团、俄罗斯国家交响乐团等。这些演出也为其祖国越南带来了更多的关注。

邓泰山演绎肖邦的作品自成一格，深得神韵，风格自然不造作，音色掌控得当，诗意盎然，得到舆论及行内人士高度赞赏。1999年"肖邦年"及肖邦200岁冥诞，邓泰山均受邀作为重要嘉宾演出。2005年邓泰山不仅受邀担任第15届华沙肖邦国际钢琴大赛评审，更获邀于大赛开幕音乐会担纲唯一演出嘉宾；2015年邓泰山再次受邀担任肖邦大赛评

审,其两名学生亦荣获比赛大奖。邓泰山曾获波兰Bydgoczsz音乐院颁发的荣誉博士学位。

自2001年起,邓泰山担任加拿大蒙特利尔大学客座教授。2012—2013乐季,邓泰山以贝多芬五首钢琴协奏曲展开世界巡演。2014—2015乐季,邓泰山展开亚洲和欧美大陆巡演。

---

邓泰山是第一个在"肖邦国际钢琴比赛"中获得冠军的亚洲人。在我们中国人的心目中,他不仅是个传奇人物,而且有着一种特殊的亲切感。

几年前,有一次邓泰山在北京开独奏会,演出后,我到后台去向他表示祝贺。陪同他的几位越南女士不断问我是不是叫鲍蕙荞,得到确认后,其中一位女士就说她是邓泰山的姐姐,曾跟我学过钢琴。我这才想起,"文化大革命"前我在当研究生的时候,音乐学院领导曾让我教过几个留学生,其中有两个十六七岁的越南女孩子。原来其中的一个就是邓泰山的姐姐,在退休前,她已经担任越南河内音乐学院的院长了。一晃已经40年了呀!

这届"中国国际钢琴比赛",邓泰山也是评委之一。他每次见到我,总是面带微笑,用语速很慢但极清晰的中国话叫我"老师"。

我对邓泰山的采访就很自然地在一种很亲切的氛围中开始了。

日本有名的音乐记者森岗叶女士(曾在中国学习,中文讲得很好,是个"中国钢琴通")知道我要采访邓泰山,也很高兴地参加了我们的访谈,我们三个亚洲人就这样像聊天一样地进行了一次极好的访谈。

**森**:日本有一位有名的女乐评家写过一本关于邓泰山的书,非常有意思,还有一本日本的杂志把邓泰山称为"肖邦所钟爱的钢琴家"。

**鲍**:在中国,邓泰山也是一位传奇人物。听众对你的故事非常感兴趣,昨天吃饭的时候我问你,你姐姐在北京跟我学习的时候你在做什么？你说"在山里"。（笑）就先从你的童年谈起吧。

邓：1965年4月，越南北方几乎被炸光了，政治局势非常紧张，所以很多单位、学校都搬到山里去了。河内音乐学院也搬到了山里。我母亲是河内音乐学院的钢琴老师、钢琴系主任，当然也带着我搬到了山里。后来我姐姐也从中国回来了。她回来时，完全像个中国女孩，穿中国衣服，戴毛主席像章，每天学"毛选"（"毛选"这两个字，邓泰山也是用中文说的），还唱《东方红》（此时，我们三人都哈哈大笑起来）。我姐姐告诉我，她离开北京时，你骑着自行车到一个小车站去送她。

鲍：哦，我已经不记得了。你们搬到山里时，有房子住吗？还是住在山洞里？

邓：我们住在村子里，村民帮我们建了临时的土房，老师可以有一间房住。当时我妈妈、哥哥、姐姐和我都睡在一张床上，而且睡觉、吃饭都在这张床上。小朋友来了也在这张床上玩。（笑）后来，有一架钢琴搬来了，我妈妈的学生们也就在这间屋上课。我当时7岁，每天被允许练20分钟琴。

我们的床边挖了一条隧道，飞机来扔炸弹，我们就赶快钻进去。

鲍：你学钢琴是自己想弹还是母亲让你学的？

邓：我的姐姐、哥哥都学钢琴，还有一个哥哥拉大提琴。家里人都让

我不要再学钢琴了,因为家里已有太多的"噪声"。(笑)但我是自己想学。小孩子就是这样,永远要跟父母"唱反调"。(笑)

我那时觉得钢琴是一个玩具,可以在上面试着弹出不同的音,弹出小旋律。我的父亲是一个诗人,但非常喜欢音乐。他发现我对音乐有兴趣,就给我听音,发现我的听觉很好,他总是让我自由地弹,想弹什么就弹什么。我7岁正式跟母亲学琴,但对我影响最大的还是父亲,他对音乐不但非常敏感,而且还有见解。

我姐姐和我是同母异父的姐弟。我母亲曾结过4次婚,我姐姐的生父是母亲的第三任丈夫。他是共产党员。我的伯父是共产党的高级领导,1930年越共成立时曾任党的书记。伯父和父亲在越法战争中,都曾坐牢7年。

我哥哥、姐姐的生父去世后,他们因有好的家庭背景,从中学时就有奖学金,还可以到苏联、中国去留学,我却什么都没有。新年的时候,他们会被邀请去参加party,我则只能待在家里。所以我和我的哥哥、姐姐们是在完全不同的环境里长大的。

**鲍**:刚才你说河内音乐学院整个搬到山里去了,一共有多少人呢?

**邓**:大中小学一共有几百人。大学3年,中学4年,小学7年。我入附小那一年,共有8个钢琴学生。

当时,所有的学校都在山里上课。我们的音乐课也都是在地下上的。甚至在地下还建了一个音乐厅。(笑)

**鲍**:所有的学校,包括河内音乐学院都到山里去了,那怎么招生呢?学生们怎么知道到哪里去报名、考试?

**邓**:招生是由政府组织、安排的,当然有人不知道,但知道的家庭会来报名。此外,各专业还会组织招生团到全国各地去招生、考试。

学校搬到山里去的时候，所有的桥都被炸坏了。从河内到山里共有4条河，所有的东西都是用水牛拉着竹排运的。

山里非常多雨，钢琴很难保管，都损坏了。不仅许多琴弦断了，有的几乎都看不出是钢琴了，根本没法弹。所以一到了出太阳的天，我们就把琴胆取出来，搬到太阳下面去晒。而且每天学生们练完琴，就要用纸塞到踏板的缝隙里去，不然耗子就会在里面安家！（笑）

当地村民也不喜欢我们练琴，因为我们一练琴他们就听不到飞机来轰炸的声音了。所以他们就趁我们不注意的时候让小孩在琴键上拉屎！（苦笑）那时飞机来得很多，飞机一来我们就停下来不弹了。有一次考试的时候，一个女孩子正在弹肖邦的《幻想波兰舞曲》。飞机来了，她不得不弹一下停一下。（笑）不过，后来我们都学会了分辨飞机的声音，如果是美国的飞机来了，就赶快停下来不弹；如果是苏联的飞机来了，我们就继续弹。（笑）

**鲍**：因为你们都是学音乐的，耳朵好嘛！（笑）

**邓**：我们用的琴谱也都要自己用手抄，有时一个谱子抄过三四次，是什么音都看不清楚了。

我那时每天只有20分钟弹琴，实在过得太快了。没有琴练的时候，就在纸画的键盘上弹。

**鲍**："文化大革命"的时候，我在一个解放军农场种水稻，解放军也叫我们画一个纸键盘来练，或者在床板上练。不过我不愿意这样做，索性就不练了。

**邓**：当时我哪里像个学钢琴的学生呀，完全像一个乡下男孩一样，喂牛、抓鱼，什么都做。（笑）

**鲍**：在农场的时候，我也是抓青蛙、鳝鱼和螃蟹的能手呢！（笑）

后来你又是怎样被发现送到苏联去学习的呢？

**邓**：1973 年，战争快结束了，学校搬回了河内。1974 年，有一位苏联钢琴家到越南访问，在河内音乐学院听了一些大学生演奏。当时我也弹了一些像车尔尼、卡巴列夫斯基之类的简单小曲子，但那位苏联钢琴家很喜欢我。他要在我们学校教课 6 个月，当时就留了拉赫玛尼诺夫的《第二钢琴协奏曲》和肖邦的《第四谐谑曲》叫我练。我当时程度那么浅，简直觉得不可思议。但我的父亲一直在鼓励我。两个月后，我在考试中弹了整个三个乐章的"拉二"，是那位苏联专家给我弹的伴奏，在学校里引起了轰动。那位苏联专家又建议越南政府送我到苏联去学习，但由于我父亲的政治态度太"右"，所以我不被允许出国学习。

到了 1975 年战争结束后，越南和苏联的关系非常好。苏联方面又提出要我赴苏学习，并给政府一些压力。越南政府终于想出了一个办法，那就是我的母亲必须和父亲离婚，而且我判给母亲抚养，这样我才得以去苏联留学。

**鲍**：你母亲跟你一起去了苏联吗？

**邓**：我自己去的。我很幸运，得到了奖学金。1975 年，我乘火车去苏联，中间必须经过中国，还要做检疫。到达苏联伊尔库茨克的时候，我已经 10 天没练琴了。但是要分到哪里去，需经过一个考试，我弹了一首拉赫玛尼诺夫的练习曲。管分配的那位女士不是音乐家，但是她能感到我的才华。听我弹了之后，她就把我叫到办公室去。她问我："你想去莫斯科吗？"我回答："那是我的梦想！"

就这样，我去了莫斯科。

入学考试时，我弹了肖邦的练习曲，莫扎特的《$^\flat$B 大调奏鸣曲》，巴赫的《$^\flat$B 小调前奏与赋格》和肖邦的《第四叙事曲》。所有的老师都认为我有才华，但同时又认为我的技术很差，所以没有人愿意教我。（笑）后来有一位年纪很老的教授那塔松肯教我，因为他年纪大了，已经不开音乐会了，所以有时间来帮我弄技术。他说："从越南来的小孩水平都很差，看你的手还不错，先练练看吧。"

那时，我的手指确实很软、不够有力，老师就叫我练习斯卡拉蒂的奏鸣曲和海顿的奏鸣曲，还有一些普罗科菲耶夫的作品，每周他都给我上两三次课，每次3小时，我真的是很幸运。

那一年招了60个钢琴学生。8个月后再考试的时候，我已经成为第一名了。没有一个老师相信我会有这么大的变化。钢琴系主任塔姬雅娜·尼古拉耶娃还写了称赞我的文章。

第二年考试，我弹了拉赫玛尼诺夫的《第三钢琴协奏曲》。

第三年，我参加了"肖邦国际钢琴比赛"。

**鲍**：哇，真是不可思议！

**邓**：我以前从来没有参加过比赛。这时，我参加了全苏的肖邦选拔赛，结果得了第一。这样，我就决定去参加"肖邦国际钢琴比赛"。莫斯科音乐学院也给我写了比赛所要求的推荐信。

**鲍**：真是一个传奇！

**邓**：我以前不仅没参加过比赛，而且没有开过独奏会，也没合过乐队。

那时我很穷，根本没有演出服，就穿着平常的衣服上台去比赛。弹到第二轮的时候，我心里感到我能弹进决赛。所以我就到越南使馆去借钱，但他们不借给我。当时我22岁，非常瘦，只有92斤。（笑）所以也没有合适的衣服可借或买。等我弹到第三轮的时候，我们使馆又说可以借钱给我，我得了奖再还他们。（笑）不过，进决赛前，组委会找了一个裁缝给我量了身，连夜赶制了一套演出服给我。

我去比赛前，从苏联坐火车到波兰。到了华沙之后，也从来没钱坐出租车，都是走路的。我在波兰，到哪里都是自己一个人，没有亲人、没有老师、没有朋友，连越南使馆也不理我。我完全觉得自己是一个被抛弃的人！

而且我不会说英文，只会说俄文。但是当时苏波关系不好，波兰人很讨厌苏联人。所以我除了跟组委会可以讲俄文之外，在街上完全不敢说俄文。只能用手指来指去。（笑）

**鲍**：你进了决赛后，是否预感到自己会得第一？

**邓**：从来没有！公布比赛结果的时候，我一个人待在旅馆里。整个比赛我也从来没有去听过别人的演奏。除了比赛、练琴，就是待在旅馆里。

我得第一的消息是日本的NHK电台打电话告诉我的，我一点思想准备都没有。

知道自己得了第一之后，我也一点都没感到高兴。

**鲍**：为什么呢？

**邓**：因为觉得有一个很重大的责任放在自己肩上了，心里感到很害怕，就像一个乡下男孩一下被推到前线去了。

**鲍**：我记得那届比赛你一个人把所有的奖都拿了。

**邓**：是的，一个第一名及"玛祖卡""波兰舞曲""协奏曲"三个特别奖。

**鲍**：你觉得亚洲人演奏欧洲音乐与西方人相比，有哪些优势哪些劣势？

**邓**：你提了一个非常好的问题。

我们亚洲人很勤奋，表现音乐也很细致。但有时我们能像西方人一样说这种语言，却又不知道自己在说什么。我们常常可以弹得很完整，却不明白每一个音符的深刻含义。

亚洲人往往对乐曲的细部做得很好，但是对大结构、大线条做得不好，有时候演奏就会表面化。音乐应该是像教堂一样，有着宏伟的建筑结构。

亚洲人对节奏的掌握也不太好，总是想弹得非常准确，但对其中的意义不很清楚。比如，休止一拍，这里面有多长的呼吸？

还有，我们有时不能使心里的感情和脑子的理性更加平衡。往往更重视心的感受，而忽视了头脑的理智。比如，这次比赛我可以举许多这方面的例子，不过现在还为时过早。（笑）

**鲍**：如果我们亚洲人没有到国外去而只在本国学习，你认为应该怎样学呢？

**邓**：并不一定非要到国外去学，现在情况和以前不一样了，在本国学也可以听CD、上网，也可以邀请国外的大师来讲学，等等。

我认为亚洲学生可以凭借自己的才能、想象力和直觉去感受音乐。必须走自己的路，并且表现自己的个性。我们亚洲人生理上瘦弱，肌肉也不能跟欧美人相比，但是我们必须从心灵深处去挖掘自己的东西！就好像我们亚洲人可以练瑜伽、练功夫，而不一定非要去练健美。

我们一定要非常理性地去分析自己的优势和劣势。

**鲍**：最后想问，年轻人在比赛得奖后，后面的路该怎么走呢？

**邓**：一个比赛的成功不能保证你以后的路。有人在比赛后享受自己的名声；另一种是赛后继续追求自己艺术的价值。有些人在比赛里很"中性"，不激怒任何人，但赛后评委会说："我不想再听他了。"所以后面的路还是靠自己走。

2007 年 10 月 20 日

上午 10：15—12：00

访谈于厦门悦华酒店咖啡厅

> 年轻人千万不要对自己满足，应该设法去开启另一扇门，寻找更好的东西。

——著名英国钢琴教授克里斯托弗·埃尔顿（Christopher Elton）访谈录

克里斯托弗·
埃尔顿

克里斯托弗·埃尔顿先生生于英国爱丁堡市。他毕业于英国伦敦皇家音乐学院，学习期间，他获得了钢琴和大提琴演奏的学院最高表演大奖"The Dip RAM"。

他在英国以及国际钢琴比赛上屡获大奖，并经常性地参与钢琴独奏或室内乐合奏的表演和电台录播。同时，他也是个自由大提琴家，并与伦敦各主要交响乐团合作。

克里斯托弗·埃尔顿先生的国际声誉，来自他在皇家音乐学院教授出许多很有成就的学生。这些学生屡次在国际比赛中获得大奖，包括在范·克莱本、伦敦、哈恩、纽帕特、戴德利和新奥尔良国际钢琴比赛中均获得过一等奖，以及在利兹、莫斯科、上海、都柏林等地举行的比赛中获得过主要奖项。很多他的学生已经发行了自己的演奏专辑，并已建立了非常显著的表演事业。

除了完成在伦敦皇家音乐学院的教学任务外（1987年至2011年为英国皇家音乐学院键盘系主任），克里斯托弗·埃尔顿先生的优秀教学方法也享誉海内外，他曾多次被邀请出国教学和担任各大国际赛事的评委，如莫斯科柴可夫斯基钢琴比赛、博尔查诺布佐尼国际钢琴比赛、都柏林国际钢琴比赛、

维也纳贝多芬国际钢琴比赛、中国国际钢琴比赛等。

最近的几年中，埃尔顿先生于美国、日本、以色列、韩国、澳大利亚、中国台北和香港、西班牙、德国、爱尔兰、越南等地都有大师班的讲授，并在世界各地举办了多场独奏音乐会，他的琴声响彻英国、美国、爱尔兰、西班牙、澳大利亚以及越南。

1983年克里斯托弗·埃尔顿先生被选举为英国皇家音乐学院院士至今，育人无数，桃李满天下。2002年，他被授予伦敦大学教授的头衔。

---

克里斯托弗·埃尔顿是姚岚（本届"中国国际钢琴比赛"评委会秘书、中央音乐学院钢琴系教师）在英国皇家音乐学院留学时的老师，所以我自然在访谈时请姚岚担任翻译。并且因此在访谈过程中有种更轻松、随意的感觉。但同时埃尔顿教授对教学的一些看法又是十分令人深思的。

鲍：从您的简历介绍中看，您有那么多学生在重大国际比赛中获奖。请介绍一下您教学的"秘诀"。

埃：我在学生面前，常常会感到很多学生都比我弹得好。所以我总是保持着很谦虚的心态。

在教学中，我并不教学生怎样在比赛中得第一，而是帮助他们发展自己的音乐个性。我的学生并不都是有音乐天赋的，我也需要教他们很基础的技术及对音乐的理解。

当然，也有一些学生是非常有天分的。比如有一个，弹琴非常有意思，现在已经有了很多演出合同。听众对他的演奏反响极好，而且他的个人发展也是非常好的。他并不是从比赛中走出来的，而是自然成长的，我觉得这是最理想的。

**鲍**：但是如果一个年轻钢琴家从没参加过比赛，听众怎样认识他？经济人怎样发现他呢？

**埃**：他在"皇家节日大厅"大师班演奏时，听众就觉得他的演奏很有意思。后来被更多的人知道，是在一个名叫"Wigmore"的音乐厅。这是一个开独奏会的音乐厅，很多音乐家在这里开始自己的艺术生涯，其中也包括内田光子。

**鲍**：这种方式只能在那些有很好的音乐传统、很好的音乐厅和很高水平的听众的地方才可能出现。

**埃**：我们学院的院长曾表扬我有许多出色的学生。我很喜欢他称赞我的话。他说："我无法分辨出哪个是你的学生。"这个话的意思是，这些学生的音乐个性、特点都很鲜明，每个学生之间没有雷同之处。

我认为一个教师应该承认每个学生自己的个性、特性，永远不要去破坏他们自身的感觉和音乐个性。当然，作为教师，很重要的一点是告诉学生他绝对不能做的事。但是要保护和发展学生的个性。不要认为自己一定是对的，把这些强加于学生身上。

师生关系也不是一成不变的，在教学过程中是会产生变化的。在学生逐渐成熟的时候，就要帮助他们自己去寻找自己的发展方向。

有一位老师，他常常会对学生施加不好的影响。有些学生本来已经弹得很好，但他总是要让他们重新起步，总是想按自己的想法改变他们。比如我太太，她本来是个很好的演奏家，15岁就在Wigmore Hall开了独奏会，而且听众反响特别好。但是有一次她去了这位老师那儿上课,他强加给她许多东西,必须怎样怎样弹。本来我夫人是很有个性的演奏家,但两年后,被这个老师整个改变了。其实这位老师很认真,也很慷慨,每次上课都要上四五小时,但他的做法不能说是个好方法。

**鲍**:您讲的非常重要,对我有很大启发。

那您觉得,是否有些学生在比赛中为了不激怒或取悦评委,就会慢慢使自己的演奏越来越没个性?

**埃**:音乐的个性是非常重要的。

我现在有一个15岁的学生,他从10岁跟我学的。他的技术并不是特别的好,但他的内心有一种特别深的东西。他十一二岁时弹的肖邦的《夜曲》特别动人。我不知他将来的发展会怎样,但他那种很特殊、与众不同的、和别的神童不一样的东西,是必须保护的。这星期他正在美国演出。

**鲍**:这次比赛中有一个选手,小时候也是个惊人的神童。但这次没能进入第三轮决赛。

**埃**:你是否指的是在初赛时弹贝多芬的《"热情"奏鸣曲》的那个选手?我从前不知道他,也没听他弹过。这次你们的比赛册子做得很好,除了国籍、年龄,什么简历都没有。我是在他第二轮被淘汰后才知道,原来他在16时就在布鲁塞尔比赛中得了奖。

其实,在第一轮的时候我就不喜欢他的演奏。但我觉得他有天赋,只听初赛的30分钟是不够的。所以就投票让他进二轮。

但在二轮比赛中,我感到他的演奏是没有品位的,对作曲家是不尊重的。我感到已经不再想听他了。

我有一个学生,六七年前也是极有天赋的,但他除了相信自己谁也不相信。曾经有一位钢琴家对他说:"你没有两年前弹得好。"他从此再也不理这位钢琴家，我觉得年轻人是不能太骄傲的。

**鲍**：对于状态下滑又带有一些偏执性的神童，怎样更好地帮助他们呢？

**埃**：当然首先是不能跟他们说他们怎样不好，因为在演奏中"自信"是最重要的。但是一定要告诉他们去接触音乐中更深处、更灵魂的东西。而且一定要尊重作曲家，相信作曲家比自己更天才。

如果在教学中，碰到学生很偏执地弹，也可以打断他，让他自己说说这样弹的理由。比如，在比赛中，那位选手弹《热情》第二乐章时，多次变换速度，我真是很想问问他为什么要这样变速度。

一个作品的完美，它的节奏和结构是重要因素。因此，乱变速度的做法是很糟的。在教学中，我不会让学生用节拍器，但我一定会用其他的方法让学生注意作品要求的速度。

在这次比赛中得奖的选手，将来有的人会更好，但也有的人可能更差。在一个比赛中得奖，或是一个人成名，这并不意味着"到头"了。我常常鼓励自己的学生到一定时候一定要弹给更多的人听。给别的钢琴家听也行，或弹给指挥、乐评人听也行。

**鲍**：您这种做法要有很宽阔的胸怀啊！

**埃**：当然是要弹给"会听"的人听。（笑）当然，如果他们要弹给"不会听"的人听，我也会提前告诉他们。（笑）

**鲍**：现在中国的许多父母都希望自己的孩子成为郎朗，您认为要想成为钢琴家，需要具备什么条件？

**埃**：在西方也一样，父母都希望孩子成"吉辛"！（笑）

年轻人千万不要对自己满足，应该设法去开启另一扇门，寻找更好的东西。音乐和其他艺术，和文化、哲学、生活都是紧紧联系在一起的，要懂得更多的东西。

年轻人应该自信。"自信"和"骄傲"有时看来区别很小、容易混淆。其实是很不同的。一个人应该相信自己，但是如果认为自己对一切事物都知道，那就会没有勇气听别人说自己的不足之处了！

一个好的钢琴家必须从生理到心理都是非常健康的！

2007 年 10 月 23 日
上午 10：20—12：00
访谈于厦门悦华酒店

> **"如果他们学成归国，对国家将是大有好处的。"**
>
> ——著名美国钢琴教授、钢琴演奏家加里·格拉夫曼（Gary Graffman）访谈录

加里·格拉夫曼

著名钢琴家加里·格拉夫曼自1949年赢得世界闻名的利文特里特音乐大奖之后就成为音乐界叱咤风云的人物。在此之后的30年他不间断地开展巡回演出，在独奏会和与世界优秀的管弦乐团合作中演奏钢琴文献中的经典作品。他还与多个管弦乐团及指挥家合作为哥伦比亚唱片公司（哥伦比亚广播公司）和RCA唱片公司录制了一系列备受欢迎的专辑，包括柴可夫斯基、拉赫玛尼诺夫、普罗科菲耶夫、勃拉姆斯、肖邦和贝多芬的协奏曲；这些交响乐团包括纽约交响乐团、费城交响乐团、克里夫兰交响乐团、芝加哥交响乐团和波士顿交响乐团；而指挥家则有莱昂纳德·伯恩斯坦、祖宾·梅塔、尤金·奥曼蒂和乔治·塞尔等。

格拉夫曼先生的演奏事业于1979年因为右手受伤而减弱。如今他的演出只限于专为左手而作的小型但优秀的协奏曲等曲目。除了著名的拉威尔协奏曲外，还包括普罗科菲耶夫、布里顿、理查德·施特劳斯、弗朗茨·施密特和埃里奇·沃夫冈·科恩格德的主要作品。格拉夫曼先生于1985年和祖宾·梅塔及纽约爱乐乐团一起初次演奏了北美近代协奏曲，并且和安德烈·普列文指挥的维也纳爱乐乐团一起为德国唱片公司录制了施特劳斯的《家庭

交响曲补遗》。同时，他还首演了多部现代作曲家的左手钢琴协奏曲。

格拉夫曼先生成为学院总监。他于 1995 年至 2006 年 5 月担任柯蒂斯音乐学院院长。加里·格拉夫曼于 2005 年夏应邀担任中国广东国际音乐夏季学院的钢琴部负责人，这使他能够有机会发现自己对教育、室内乐以及中国文化的热爱。

加里·格拉夫曼是广受赞赏的论文集《我确实应该在练习》的作者，该回忆录于 1981 年由 Doubleday 出版社发行，并于次年由 Avon 出版社制书。他还撰写了许多非音乐题材但也极其受欢迎的文章，并腾出时间发展对他收集的亚洲艺术品和摄影的兴趣。他获得了费城大学和茱莉亚音乐学院颁发的荣誉博士学位，纽约市授予他亨德尔大奖章，费城授予他星光大道奖，同时，他也由于其多方面的成就，包括其"对柯蒂斯音乐学院的领导"而获得宾夕法尼亚联邦州长艺术奖。

俄罗斯裔的加里·格拉夫曼出生于纽约，3 岁开始学习钢琴。其父亲是一名小提琴家，曾给了他一把很小的小提琴，但他不久就发觉乐器过于沉重，并开始学习钢琴。尽管他当时计划重新投入小提琴学习，但是年轻的格拉夫曼对钢琴的热爱很快就显现出来。他 7 岁时被柯蒂斯音乐学院录取，随名师伊莎贝尔·温格若娃学习——而碰巧在 50 年后他便成为学院院长。在柯蒂斯音乐学院毕业后，他和弗拉基米尔·霍洛维兹一起合作了 7 年，而每年夏季则是和鲁道夫·赛尔金一起在万宝路音乐节演出。

加里·格拉夫曼教授在中国名气很大，因为他是郎朗在美国柯蒂斯音乐学院的老师！

在中国，大多数人对他的了解还停留在"郎朗的老师"（当然，后来还包括王羽佳和张昊辰这另外两位中国钢琴神童的老师）这一概念上，其实，格拉夫曼本人也是一位著名的钢琴演奏家。很多年前，不知什么原因，他的右手出了毛病，后来就一直只用左手演奏，我在香港曾听过他全部用左手演奏的音乐会，相当令人佩服！

这次"第4届中国国际钢琴比赛"，他在复赛前才出现，就是因为前面有演奏会。

如今，年近八十的格拉夫曼教授仍练琴不辍。有一个赛间休息日，中午文化局宴请评委，下午可继续参观、游览，但格拉夫曼教授午饭后即马上返回宾馆练琴。

对格拉夫曼教授的访谈十分困难，一是因为只有决赛前的短短半小时，二是因为他的语言太简洁了！

鲍：您本人小时候是神童，现在又教了许多神童，您认为怎样帮助神童成长呢？

格：我在北京、上海或许还有深圳、成都，都看到了许多一流的中国学生。最近10年来，有许多中国、韩国的好学生在美国学习。如果他们学成归国，对国家是大有好处的。

神童需要尽量得到一流的教育，美国的柯蒂斯、茱莉亚和新英格兰等音乐学院都设有奖学金。

在柯蒂斯，美国学生一周有一小时主科，但中国学生往往上二三小时。

亚洲学生比较差的是室内乐，昨天晚上决赛中第一个演奏的选手（指我的学生日籍选手野木成也），可以听出他的才能，但也可以听出他很少弹室内乐。

美国不是个很注重古典音乐的国家，却有很多交响乐队，所以学提琴的

学生会有很多机会。但是对钢琴独奏家的需求很少,第二次世界大战后,很多俄国人到美国来,其中有很多挺棒的钢琴家,但现在大多数都在弹室内乐,只有很少人能成为独奏家。

韩国有一位小提琴家,她到柯蒂斯来学习时,人们都知道她早就是个"大明星"了。但她在柯蒂斯的乐队里,也必须坐在最后一排的位置,每个人都受到同等的对待。还有一个很有才能的14岁韩国男孩,因为16岁以下的学生都要上文化课,所以他功课很多。当时罗斯特罗波维奇是学校乐队的指挥,他就跟那男孩说他必须参加学校的乐队。

这就是一个概念问题,每个人都要拉乐队、弹伴奏,这也就没有什么奇怪的了。我认为这一点对中国也是特别重要的。

有些中国学生出来留学,是由父母陪同的。有时,年轻人自己愿意弹室内乐、弹伴奏,但他们的父母不愿意他们弹,总是说:"你应该多练新的协奏曲、独奏曲呀!"(笑)

在中国,人们很在乎谁"第一",在美国却不太在意这个。郎朗在柯蒂斯上学的时候,不是明星,只是一个普通学生。

柯蒂斯160个学生,每人每年都有一场音乐会。每周有4次音乐会,春季里每周5次。

鲍:在柯蒂斯,室内乐课是自由组合还是学校安排?

格:新学生进来,由学校安排,往往是较年轻的和较年长的组合,有时教师也参与进来。一段时间以后,大家都熟悉成为朋友后,就可以自由组合了。

鲍：在您教过的学生里，有没有小时候很聪明，后来越学越差的？

格：师生的合作是要有缘分的，这种情况有时就是师生没缘分。

鲍：有时是否家长过分严厉，孩子也就缺乏个性了？

格：王羽佳、张昊辰他们都是十几岁就到柯蒂斯学习，他们都一直没有家长陪同，而自己发展得很好。

鲍：我曾经采访过郎朗，他说他弹一个新曲子的时候，您会告诉他许多不同的处理办法。请谈谈这方面的做法吧！

格：以前郎朗跟我说过，在中国，老师往往会告诉学生你得这样弹。我记得以前的钢琴家霍夫曼、鲁宾斯坦、塞金·鲁道夫、霍洛维兹，他们每个人都有自己的个性、不同的处理，但每个人的演奏都令人信服。

我跟霍夫曼学的时候，他从不在钢琴上弹给我听，而是让我自己找到令他信服的音乐处理。

现在我教学也是这样，郎朗和王羽佳会弹得完全不同。

郎朗现在25岁了，完全可以自己独立了，别人如果像他那样一年弹200场音乐会，就会累得崩溃了，而郎朗完全没事！张昊辰把《彼得鲁什卡》弹得非常完美，这你也在比赛中听到了。中国学生如果学习这首曲子，一定就是在钢琴上弹。而张昊辰和其他美国学生就可以先去听乐队的演奏或者看芭蕾舞的《彼得鲁什卡》，之后再在钢琴上弹，所以他弹出来会更有意思。

2007年10月24日<br>下午4：30—5：00<br>访谈于厦门悦华酒店咖啡厅

> **有了好的技术并不等于有了好的音乐，内心的情感是最重要的。**

——著名波兰钢琴教授、肖邦国际钢琴比赛主席
安德烈亚·雅辛斯基（Andrzej Jasinski）访谈录

安德烈亚·
雅辛斯基

安德烈亚·雅辛斯基教授曾在卡托维茨高等音乐学院学习，师从伏拉迪斯拉伐·马尔基维茨教授，1959年以优异成绩毕业。1960年至1961年在巴黎学习，师从马格达·塔格里亚菲罗。1960年获巴塞罗那卡纳斯国际钢琴比赛一等奖。在都灵与卡尔洛·泽齐执棒的意大利广播交响乐团合作演出后声名大噪，从而建立了他的国际声誉。随后，他在波兰、苏联、德国以及其他欧洲国家举办了多场音乐会。他还曾到南美和日本演出，并与波兰广播电视交响乐团合作录制了一系列音乐作品。

自1961年起在卡托维茨音乐学院从事教学工作，1973年至1996年担任钢琴系主任。1976年他接受了德国斯图加特音乐学院的教授头衔并于1979年至1982年在那里授课。他培养出了许多著名的钢琴演奏家，其中包括克里斯蒂安·齐麦曼。

他在许多国家开设过钢琴演奏大师班，如在萨尔斯堡"莫扎特音乐学院"的夏季学院，意大利伊莫拉"与大师面对面"钢琴学校。他曾担任过许多重要的国际钢琴比赛的评委，如布鲁塞尔、巴黎、莫斯科、特拉维夫、东京、沃斯堡，并曾担任华沙第14届肖邦国际钢琴比赛评委会主席。

在没有接触雅辛斯基之前，很难想象世界最著名的"肖邦国际钢琴比赛"的评委主席竟是这么谦和的一位老者。

按照比赛组委会规定，每位评委可以乘坐公务舱往返，但雅辛斯基只为自己买了经济舱的往返机票。他说："公务舱太贵了。"实际上他知道往返票是可以报销的呀！

其实雅辛斯基又是一个非常风趣的人。在比赛期间，恰逢他的71岁生日。我们偷偷地在晚上的比赛结束后，在宾馆为他安排了一个生日party。当一个大大的方形生日蛋糕端上来时，老人非常激动。他在致辞中说："今天一整天，在此之前，我都不知道今天是我的生日！"

比赛的最后一天，我们做了一次有趣的访谈。

**鲍**：我们都知道，您教出了许多学生。齐麦曼就是其中的一个。

**雅**：有了好的技术并不等于有了音乐，内心的情感是最重要的。

一个人要和别人接触，还要和大自然接触，和一切美好的事物融合在一起，内心才会有音乐。齐麦曼跟我学的时候，我还教他游泳、潜水，平时他只是一个普通的男孩。

我常告诉我的学生：你必须自己教自己，不要指望我告诉你一切，如果学生年纪小，老师可以多教他们；但是学生年纪大起来，老师就不应该再去教许多细节。每个学生都应该有自己的个性、特点，每个人在弹琴时，都可以有自己不同的Rubato（弹性节奏）。

一个好的钢琴家应该学会让钢琴歌唱。歌唱家、小提琴家都可以把一个音延长，但在钢琴上，一个音弹下去就没有了。所以让钢琴歌唱是最困难的事。钢琴常常会变成一台机器或一台电脑。

我的嗓子不好，但我永远在

内心歌唱。在弹琴的时候，我会马上感到自己是个歌唱家或小提琴家。

在舞台上，我们常常听到的只是音响。我们应该有从心到心的感受。齐麦曼开第一个独奏会时很紧张，但是他演奏完后观众长时间鼓掌，然后寂静无声，没有人动，也没有人走。

所以，钢琴家要有丰富的想象力，并且要把自己和作曲家结合起来，想象作曲家是自己的老师或朋友，想象作曲家是怎么创作这个作品的，当然，这只是那些非常敏感的钢琴家才能做到的。

鲍：这次您听到了许多年轻的中国选手的演奏，能谈谈您的印象和意见吗？

雅：中国的学派非常好，很美也很有内涵。我看到，中国选手在台上都很集中，能很好地控制自己。我想这和中国"功夫"有关系。（笑）

中国人弹琴非常认真，但有时候演奏过于夸张。其实可以更自然，不需要做太多。但有时他们对谱上的东西又不注意，比如，作曲家写了 P，他们却弹得很响。作曲家写了 rit.，他们又弹成了慢得停顿了。

中国选手有时弹得太"甜"，特别是演奏莫扎特的慢乐章，他们常会把 Andente 弹成 Adajo。这次有一个中国选手把贝多芬的《奏鸣曲 Op. 109》弹得非常慢。

大提琴家卡扎尔斯曾说过："一个乐句应该像一条项链，不是一颗颗单独的珠子，而是一颗颗穿起来的。"所以说，乐句必须有方向感，你在弹一个句子时，必须"听到"后面的东西。

鲍：慢乐章是非常难演奏的，往往能反映出一个人的修养。

雅：一个人如果内心真的有很多东西要说、要表达，慢就会慢得很有意思。

弹不同作曲家的作品要有不同的弹法。我刚才说了，贝多芬不是那么

"甜"的。还有人把莫扎特也弹成了德彪西。

俄国作曲家的作品应该是充满了力量去推向高潮,比如,弹拉赫玛尼诺夫、柴可夫斯基的作品,必须非常重视低音。俄国作品里有很多低音如宏大的钟声。俄国有很多教堂,到了星期日,连穷人走进教堂时都会感到一种自尊。所以弹这些作品不光是要"美"。

这次比赛中,那位以色列选手有很好的音乐想象力。但是他演奏的《幻想波兰舞曲》,没有必要做那么多的 Rubato。应该像更宁静、更遥远的回忆,肖邦的祖国被沙皇俄国占领了,他的内心是极其悲伤的。他为自己祖国的未来感到深深的忧虑。这个曲子是悲剧,不是光辉的结尾,但那位选手弹得像骑马、打枪一样。他弹的声音层次非常好,但是可以弹得更朴素一些。鲁宾斯坦弹琴就不会有那么多的"细节"。

中国钢琴选手弹巴赫,风格都不够好。巴赫应该做"阶梯式"的渐强渐弱,而不应该做"波浪式"的。应该对层次更清晰些做出来。

还有贝多芬奏的鸣曲,要弹得像乐队。《"热情"奏鸣曲》第一乐章和第三乐章都不要太快,第一乐章的三连音一定要平均不要有重音,就像打木琴,两个手的槌子要打得均匀。第二乐章要有神秘感。

**鲍**:这次每个选手都必弹肖邦的练习曲,请谈谈您的印象。

著名波兰钢琴教授、肖邦国际钢琴比赛主席安德烈亚·雅辛斯基(Andrzej Jasinski)访谈录雅：练习曲的技术都很好。

Op. 25 No. 11，左手的旋律不应该按 $\frac{4}{4}$ 拍的感觉去弹，而应该按两大拍的感觉弹。这样会把旋律弹得更豪气。同时，右手不要做渐弱。

Op. 10 No. 4，也同样不要弹成每小节四拍的感觉，而要两大拍的感觉。

Op. 10 No. 8，不要弹成进行曲。其实肖邦有些方面是很像莫扎特的。

Op. 10 No. 5，（"黑键"）左手要像舞蹈一样，把每个切分节奏都认真做好。右手一定要很有力，可以当成旋律来弹。也可以考虑用别的指法来弹，右手的音就像一串项链一样，有几个音不好就整串都不好。所以如果你想弹得好，整个曲子不要太快。

Op. 10 No. 10，很多人的分句都不够好。

Op. 25 No. 6，（"双三"）大部分人对左手都不注意，左手一定要多注意。

Op. 10 No. 11，（"革命"）也一样，左手的旋律是最重要的。

Op. 10 No. 1，有个别地方指法可以用 2414241。

鲍：作为肖邦比赛的主席，您有没有什么可以提醒想参加肖邦比赛的年轻人的呢？

雅：肖邦比赛不是为了炫技的人，而是为了敏感的人设置的。不是每一个好钢琴家都能弹好肖邦。肖邦是敏感的，但又不能过分。决赛中有一位中国选手弹了肖邦的《第二钢琴协奏曲》，第一乐章太快了。

很多人没有认真按谱子弹，比如波哥雷里奇，他是个好钢琴家，但不适合肖邦。（笑）他弹的"玛祖卡"，只有舞曲，没有内心感觉。

有很多中国钢琴家演奏肖邦

时，动作太多了，肖邦的音乐是非常朴素的，就像古典音乐一样。上届肖邦的冠军，他弹肖邦非常自然，一点也不做作，我相信他过几年会更深刻、更成熟。

下次我来中国做大师班讲座时，我会讲如何演奏肖邦的玛祖卡和波兰舞曲。

**鲍**：太好了！

**雅**：还有太多的人用臂和肘部来弹肖邦，这是错误的。

其实指尖是特别重要的，手指本身就像一个个榔头。

（这时，雅辛斯基教授摊开了翻转的双手，并让我看他指尖上的"肉垫"。）

我是一个热爱钓鱼的人。钢琴家的指尖就要像鱼钩一样。身体的其他部位也不是绝对放松的，也要有一点紧张度。你看，像这样，一钓鱼就马上提起来。

护士打针也是一样，要一下子扎进去。发音要有一个点，很敏锐，但不要压死。

还有你看鸟儿在天空中飞翔，它不是不停地扇动翅膀，它扇完后有滑翔的时间。

（雅辛斯基教授不停地用各种动作来辅助他生动的讲解。）

鲁宾斯坦曾说过："音乐家要每时每刻都生活在音乐里。"

**鲍**：我明白了，您是说，一个音乐家要随时随地观察生活，琢磨与音乐、与弹琴相通的道理！

2007 年 10 月 25 日

上午 10：30—12：00

访谈于厦门悦华酒店

> **"真正的艺术是真理的表态!"**
>
> ——著名钢琴演奏家、教授、
> 上海音乐学院钢琴系主任陈宏宽访谈录

陈宏宽

陈宏宽，著名美籍华裔钢琴家，1958年出生于台湾，长于德国。曾在肖邦国际钢琴比赛、吉萨·安达、蒙特利尔及伊丽莎白皇太后国际钢琴比赛中获奖；在阿瑟·鲁宾斯坦和布佐尼比赛中获得金奖；1991年获菲雪尔奖。与休斯敦交响乐团、巴尔的摩交响乐团、以色列交响乐团、苏黎世音乐厅乐队、蒙特利尔交响乐团、毕兹堡交响乐团、比利时皇家乐团、旧金山莫扎特艺术节乐团等合作演出。和他合作过的指挥家有Hans Graf、Christoph Eschenbach、George Cleve、Josef Silverstein、Andrew Parret及水蓝。和他合作过的艺术家有Laurence Lesser、马友友、林昭亮、Roman Totenberg、Denes Zsigmondy、Leslie Parnas、章雨亭、Anthony Gigliotti、David Shifrin。还曾与Tema Blackstone及其姐姐陈必先合作钢琴二重奏表演。他在一些著名的音乐厅中举办个人独奏会，BMG公司出版了他演奏的肖邦前奏曲集，获得广泛的好评。1989年陈宏宽成功地演出了贝多芬32首奏鸣曲，他对贝多芬作品的诠释获得了很高的评价。

1992年他的右手因一次事故造成了严重的神经损伤，被一再告知将不能再演奏，然而他自己通过练气功而得以再次公开演出。1998年3月他痊愈后

的第一次个人独奏会获得了热情的赞扬。Richard Dyer 在《波士顿环球报》上写道:"回顾他(20 世纪)80 年代的演奏,就如太阳神与酒神,弗洛雷斯坦与欧赛贝乌斯般,充满强烈对比的演奏个性在陈的内心战斗,他能够发自内心如诗般的演奏,也能够爆发惊心动魄的效果。然而如今,安详宁静与气势磅礴的演奏却达到如此和谐完整的融合。"

陈宏宽曾任上海音乐学院钢琴系主任。1984 年加入波士顿大学任教,1993 年加入新英格兰音乐学院。其后移居加拿大,并在皇家山音乐学院获得"驻校最杰出艺术家"的称号。

---

陈宏宽是我在这届比赛的间隙中采访的最后一位评委。

以前曾不止一次听过他的演奏,也看过别人对他的访谈,给我的印象是同样的严谨而充满哲理性。

我自知不善于做非常严谨并富含哲理的事,所以暗自希望这次的访谈能更轻松、随意些。

**鲍**:大家都知道,您参加过许多国际比赛,并得过许多奖。对青年人参加国际比赛,始终存在两种不同意见。从您个人的体会来看,您对青年人参加国际比赛的看法是怎样的呢?

**陈**:像郎朗这样的人就没有必要参加比赛了。(笑)因为他从小就显现了突出的才能。而我是台湾的,没有人认识,也没有人认可我。唯一能让人来听我演奏的途径,就是参加比赛。

现在祖国大陆很强大,在世界上有人来"巴结"(笑),而台湾就不行了。我 1980 年参加"肖邦国际钢琴比赛"的时候,甚至有人拿着世界地图

来，要我指出台湾在哪里。（笑）

我认为，参加比赛首先要自己准备好。这次"中国国际钢琴比赛"，我听到好几位选手第一轮都弹得很不错，但第二轮就没准备好。从这可以看出，他们还没有足够的准备可以担当比赛后的演出。

我在1982年参加过"吉萨·安达比赛"。这个比赛一共要准备6小时的曲目。第一轮是评委随意挑曲目让你弹，可以是一段独奏曲，也可以是一段协奏曲。第二轮，是一个独奏会。这样的曲目量，每个选手都无法逃避。不论你认为比赛是否公平，这样的准备是你必须做的。

我在28岁时参加了比利时布鲁赛尔的"伊丽莎白皇太后国际钢琴比赛"。第二轮后，媒体把我排在前三位。当时我每天挺自在地看书、散步，两天就把新作品背下来了。但是后来的比赛，由于组织工作的问题，一会儿让你上台，一会儿又不让你上台，搞得我精神都混乱了。最后我只得了第11名。当时我很抱怨组织工作的混乱。但是后来想想，这也就是一种经验。不管你已经准备好了多少曲目，但比赛中一切都是可能发生的。所以，不管发生了什么情况，你都必须做到自己的刚硬，能支撑。

这就是通过比赛，你可以学到的和必须准备好的。

鲍：可以说，多次的国际比赛经验使你成长、成熟了。

陈：一个人的艺术生涯大概会经历三个阶段：做徒弟的阶段—"漫游"的阶段—做师傅的阶段。

参加比赛的选手，需要的不是作为"徒弟"的阶段，而必须想到，作为"徒弟"的阶段快要结束了，要开始自己的演奏生涯了。当然，也就是要开始"漫游"了。不过，作为"师傅"还需要一段时间。

如果作为青年钢琴家的一条必经之路，我不反对年轻人参加国际比赛。

鲍：会不会因为过多参加比赛，使年轻人丧失了自己的艺术个性呢？

陈：所有的艺术，都会以自己的艺术品位为主。所以有时评委会给自己不喜欢的选手打零分。即使有的选手已经非常完美了，评委也不给满分。

有些大的国际比赛的第一名，也没有得到评委投票的半数，所以，有些大比赛，往往会变得有些"中性"。有些选手也正因为考虑到这点，就用了"中性"的弹法来不得罪评委。当然，有很多人过了比赛的阶段，会有很大变化，会有更多自己的个性。

"范·克莱本国际钢琴比赛"为此用了很独特的计算方法，避免了评委给某些选手打零分、打低分。

有些最有争议的选手，其实也是最受人关注的。

鲍：这次有一位没能进入决赛的选手，小时候是个神童，而且很年轻就得过大比赛的最高奖了。

陈：我知道你说的是沈文裕。他曾跟我上过10天课。

可能上帝是很公平的吧，沈文裕有很强的、简直不可思议的一面；但是又有非常困难的另一面。他的音乐里缺少有关美学上的、比例方面的东西。他的脑子里没有这个语言。我讲的时候，他非常认真地听，但听不懂。从他的眼神里可以看出来，他听不懂。所以学了10天后，我就跟他说不要再浪费时间了。后来，在"深圳协奏曲比赛"的时候，我忽然又从他的比赛里听到了一些东西，我都快要流泪了。我没有想到我讲的一些东西他还记得！他的演奏完全变了一个人了！我在洗手间碰到他，告诉了他这些，他说："陈老师，你要给我时间。"我对这个话真的很感动。

但这次比赛的情况，我心里很难过。他的演奏是平面的，不是三维空间，而是一维空间。

钢琴演奏中，除了情感的表达还有头脑的理性思考及创造力和灵感。这些因素中缺少一个因素都不行，都会是明显的缺陷。

**鲍**：随着年龄的增长，会不会有所改变呢？

**陈**：艺术上的发展也是有时间限制的。有人认为可以慢慢去发展，实际上超过某个年龄就不行了。人的左脑管科学，右脑管艺术。如果左脑的发展过分强烈，就会压制了另一半脑的发展。

国外曾有科学家做过这方面的试验，我看过文章的。一个孩子如果在十四五岁前过分地练技术，会导致这个部分越来越发达，而抑制了右脑的发展。十四五岁前是可以调整的，但是十四五岁之后就没办法了。就算你再用同样的办法训练右脑，也长不起来了。这个人会对艺术方面毫无兴趣，这就是为什么有很多天才儿童，20多岁以后就没有发展了。

我在台湾光仁小学的时候，那是唯一有"音乐班"的学校。那里有很多神童，简直可以一把一把抓。（笑）但是很多人到中学十六七岁毕业后，就再也听不见了。

周广仁先生也说过："很多天才儿童后来都不想弹琴了。"

我对此也很有感触，我想是他们每天都在做同样的事，感到太乏味了。过去的音乐家每次上台都是不一样的情况，从来没有"百发百中"的。

我也曾对斯坦威钢琴公司的人说过："现在有的钢琴已经造得太完美了。

而艺术家总是需要有挑战性、激发性的。"

**鲍**：您讲得很有启发，但如果已经过了大脑发展均衡的年龄极限，还有什么改变的好办法呢？

**陈**：加拿大有一个自然保护区，不同年龄的音乐家、画家、作家都可以到那里去"泡"一段时间。不上课，但大家互相交流。

**鲍**：需要付费吗？

**陈**：要付，而且很贵。有的国家政府出资让艺术家去待一个月。

沈文裕如果想去那里，我可以在加拿大帮他找赞助。

人的生命有时是有一种机缘的。比如，生一场大病而导致手坏了，这些都会让你不断地认识到生命的另一面。

看到沈文裕现在的情况，我对他心疼得不得了，但是打击也许是件好事！

**鲍**：沈文裕最近参加的一些大比赛都没有得奖。那天我也跟他谈了，希望他调整心态，以更健康的心态去面对周围的人和事，我不知道他能不能承受这些。

**陈**：我也很怕，看他有没有底蕴承受吧。我的夫人采访过邓泰山，他的童年是很痛苦的，讲讲就掉眼泪了。

历史上哪个成功的人没有经历过痛苦的考验？！

**鲍**：许多事情必须本人去经历，无人可以替代。

**陈**：上天的安排是件奇妙的事，无人可以替代！我在上海音乐学院，听过附小、附中和大学的入学考试。很多小孩考进附小时，非常天真，对音乐充满爱。到了高中时已开始恨弹琴，到了大学就只想着赚钱了。很多人已经没有对音乐的爱了。

我在台湾的中学，校庆49年时要我致辞。我说自己在那里受到了最完美的教育。我们读一二年级时，必须学芭蕾舞；三四年级唱合唱；四年级我还学了小喇叭；五年级学打击乐；六年级学中胡。我在乐队、民乐队、鼓乐队、合唱队都待过（笑）。学校一有活动，就派我出去参加表演，还到菲律宾去表演过。我吹小号、圆号。我不是神童、不是天才，在学校里学钢琴也不出色。但我的小号是全台湾第一把交椅（笑）。我十二三岁时就吹了一首很难的小号协奏曲。我现在弹琴的"节奏"就是从学舞蹈、打击乐中来的；而"呼吸"就是从学管乐、歌唱中来的。

**鲍**：您14岁时，怎么又想起学钢琴了呢？

**陈**：我姐姐陈必先是天才儿童，她要出国留学，我爸爸就找了台湾的"教育部部长"。"部长"当时已病得很重，在生命的最后两个月制定了"台湾天才儿童留学条例"。我姐姐是第一个出去的。她比我大8岁，我是根据那个条例出去的最后一个，中间隔了12年。我父亲希望我赶快考出去。

我当时是用小号考出去的，但德国方面认为我太小不适宜学小号。所以我姐姐就拼命教我钢琴。她当时已经得了"慕尼黑国际钢琴比赛"的冠军，她对我非常严格。后来我考进汉诺威音乐学院。我起步太晚，要比别人多练好几倍。

**鲍**：您小时候的志愿是学音乐吗？

**陈**：我父亲是科学家，我七八岁时，父亲带我参观工厂，回家后我就能画出机器里外的结构。我父亲当时认为我是科技方面的天才儿童。我父亲的思想很先进，他反对小学生要把每个字抄15遍的做法。他说5遍就够了。他还当着大家的面说："我儿子可以做到这样。"我当时觉得很丢脸（笑）。但他绝不是无理取闹，他认为如果抄15遍，小孩的头脑都弄死掉了。如果我考试得了90多分，他会说："何必要90多分呢，70分就行了！"如果被子叠得很整齐，他也认为没必要。（笑）

我姐姐小时候怎么会学钢琴的呢？因为有人送她一个小玩具钢琴，她会在上面自己弹出小曲调来。那时候，我爸爸的单位要送他去国外进修，结果我爸爸拿了那笔钱直接买了一台钢琴。那台琴是美国人留下来的，买的时候很贵。那些钱当时都可以买楼了，但他买了钢琴给一个4岁的小女孩！

**鲍**：你14岁开始正式学钢琴，那时有兴趣吗？

**陈**：开始只是一种"任务感"。因为我出去学习是代表一个民族。当时中国人出去的很少，所以一举一动都被大家看在眼里。

但是到了16岁那年，有一天我忽然入静，感到了音乐的美妙。从那时起，我决定放弃科学，因为我感受到音乐可以将人带入一种不同的境界。

**鲍**：您已经在上海音乐学院工作几年了，对中国钢琴学生的情况一定也了解得相当多，您觉得中国的钢琴学生有什么主要应该解决的问题？

**陈**：有一些是社会性的问题。一家就一个孩子，全家人伺候一个人，期望也都在一个人身上。这样，孩子的压力过大，根本没有机会体会生活中很多别的方面。

中国和外国不同的是，中国没有信仰。我说的不一定是宗教的信仰。

西方音乐的基础是"奉献"，不是"指挥"。但是国内学生常常是"以我为主"，不懂得"奉献"是更高一层的信念。不懂"奉献"就不能进入抽象世界，而这个抽象世界是以"爱"为核心的。不懂奉献、不懂爱也就很难感受到音乐的真谛。

**鲍**：是否有了这样的认识就很容易面对比赛的得失？

**陈**：我第一次参加比赛是16岁时，在全德比赛中得了第2名。17岁时参加日内瓦比赛，第一轮就没有通过。然后我留下来从头听到尾，做了很多笔记。我知道了别人的水平、准备到什么程度，也知道自己有哪些地方做得不好。之后，我从来没有为比赛的失利而失落过。

**鲍**：其实比赛不应该成为一个目的。对音乐的热爱才是最重要的。

**陈**：是啊！一个人要想成功，面前可能会有一百零一个陷阱。如果你没有足够的思想准备，陷进去就会爬不出来。

我为什么手受伤后还能恢复，我想我和别人不同的是，我可以放弃钢琴。手受伤前，我的目标是"只能成功，不能失败"。但手坏了以后，反倒让我也了解了很多别的东西。我当时很心平气和，我想到：我是一个人，钢琴并不能代表我。艺术家是"复制品"，不是"产品"。艺术家是一个"载体"，艺术是一个"过程"。

一个学生要走艺术的道路，一定要认清这条路和别的路有什么不同，做艺术家要生活严谨，没有享受，伦理道德要比别人高出一等。做钢琴家有太多的矛盾：又要练很多琴，又要学会生活。一个艺术家不懂真理，他的艺术就没有真理。

真正的艺术是真理的表态！

2007 年 10 月 25 日
下午 4：30—5：55
访谈于厦门悦华酒店

> "我从来没有刻意去写与众不同的东西，而总是写自己内心听到的东西。"

——苏联作曲大师、钢琴家罗迪昂·谢德林（Rodion Shchderin）访谈录

罗迪昂·
谢德林

罗迪昂·康斯坦丁诺维奇·谢德林 1932 年 12 月生于莫斯科，苏联作曲家、钢琴家和音乐社会活动家，1981 年被授予苏联人民演员称号，俄罗斯社会主义联邦共和国第六、第九和第十届最高苏维埃代表。谢德林出生在一个音乐家庭，父亲 K. M. 谢德林是作曲家和音乐历史、理论课教师。谢德林的初期音乐教育是在莫斯科合唱音乐学校获得的（1945—1950）。1955 年在莫斯科音乐学院 Ю·А·夏波林的作曲班和 Я·Б·弗里埃尔的钢琴班上毕业。1959 年在夏波林领导的研究生班上毕业。1965 年至 1969 年在莫斯科音乐学院任教师。1962 年起任苏联作曲家协会书记，1981 年获苏联人民演员称号。作品有芭蕾《神驼马》《卡门组曲》《安娜·卡列尼娜》和《海鸥》，歌剧《不仅是爱情》《死魂灵》，清唱剧《列宁活在人民心中》，6 部钢琴协奏曲，2 部交响曲，管弦乐协奏曲《顽皮的对句歌》《钟声》，管弦乐曲《苏联 60 周年庄严序曲》，为管风琴及长笛、大管、长号写的题献给 J. S. 巴赫的《音乐的奉献》等。作品内涵深邃，构思独到，蕴含着充沛的活力和强烈的感情力量。

很多年之前，听到一个当时在华工作的乌克兰

专家的学生弹谢德林的《两首复调小品》(《二部创意曲》和《固定低音》)，我立即被它生动的节奏和新鲜的音响吸引住了。我向那个学生借来谱子复印了。几年后，我的一个学生参加国际比赛，我让他将这两首小品加入了比赛曲目中，结果收到了意想不到的好效果。

说来惭愧，那时在中国还很少听到"谢德林"这个名字，后来才知道他是继肖斯塔科维奇等人之后的一位作曲大师。

不久之前，旅居俄罗斯的青年指挥家林涛告之他将来北京指挥"国交"演奏谢德林的交响乐作品，更令人兴奋的是这位76岁的大师也将同来。

林涛还安排了一次我和我的学生与大师见面的机会。

4月11日下午，大师夫妇在林涛的陪同下，来到我的"钢琴城"。我的两个在中央音乐学院附中学习的女学生为大师演奏了他的作品。大师夫妇听到这两个十几岁的中国女孩演奏他的作品，非常高兴，给予了极大的鼓励。

第一次见到大师，没有想到他如此儒雅亲切，充满艺术家的魅力。谢德林夫人玛雅·普利谢茨卡雅（Maya Plisetskaya）是苏联最有名的"白天鹅"，曾为斯大林和毛泽东演出过。她已84岁高龄了，却仍保持着芭蕾舞演员的身材和高贵的气质。如果不是事先知道他们的年龄，绝对不会想到这一对身材挺拔、神采奕奕、精力充沛的艺术大师已如此高龄又如此平易近人！

听说大师夫妇对北京烤鸭赞不绝口，我就请他们在听完学生演奏后到"鸭王"共进晚餐。

晚餐后，我有幸在林涛的翻译下，对大师进行了一次简短的访谈。

**鲍**：您第一次到中国来，能请您先介绍一下您的学习经历和艺术活动吗？

**谢**：我生于1932年12月16日，和贝多芬、柯达伊同一天生日！

**鲍**：看起来这一天出作曲家呢！（笑）

**谢**：1945年到1950年，我在莫斯科的"合唱学校"学习。

从 1950 年到 1955 年，我在莫斯科音乐学院学习作曲和钢琴。

我的作曲老师是尤里·夏波林（Yuri Shaporin）。钢琴老师是雅柯夫·弗里埃尔（Yakov Flier）。你一定知道，弗里埃尔也是著名钢琴家达维多维奇和普列特涅夫的老师。

1964 年到 1969 年，我在莫斯科音乐学院当作曲教授。

1973 年，继肖斯塔科维奇之后，担任苏联作曲家联盟主席。从 1989 年之后，就担任名誉主席了。

从 1992 年起，我在莫斯科和德国的慕尼黑两地居住。

我的艺术活动在我给你的那本小册子里写得很清楚。

鲍：您知道吗，有一次我的一个学生在"霍洛维兹国际钢琴比赛"中弹您的《两首复调小品》，后来在招待会上，评委巴什基洛夫很高兴地告诉我，（20 世纪）60 年代初，是他在苏联首演这首作品的。

谢：我已经记不清楚是不是他首演了，我的《第一奏鸣曲》是献给他的。

有一位著名的俄国钢琴家达连斯基经常弹我的《固定低音》，而且放在音乐会的第一首曲子，一上来就把观众都震住了（笑）。之后再弹莫扎特、贝多芬。（笑）

鲍：您的作品在当时的苏联，是否属于手法非常新、非常现代的？您是受到什么影响这样创作呢？

谢：我从来都相信自己内心的听觉，它带着我走。跟着自己内心感觉到的去写，就不会做错！

**鲍**：但您写那样新的东西，在当时的苏联会不会受到批判呢？我读过肖斯塔科维奇的书《见证》，谈到有很多苏联艺术家受到批判。

**谢**：我写《固定低音》倒没什么影响。但1967年我为我夫人写的芭蕾舞剧《卡门》被禁演了。这个舞剧音乐我是为弦乐和52件打击乐器写的。舞剧在台上很性感，又有些政治因素。因为"卡门"这个人物是很有个性的，所以在舞台上，开始所有人物都戴着遮住半个脸的面具，后来就把这"千人一面"的面具摘掉了。有些场面，如"斗牛场"，演员们围成一个圈，暗示了人的一生都在"斗"。在当时的苏联，有两个东西是不可以公开表现的：一是性，二是政治。政府认为观众在看的时候都会有自己的政治观点，所以这个舞剧就被禁演了。

**鲍**：那么人身是否也会受到威胁呢？

谢：（指着他的夫人）她写了一本自传《我——玛雅·普列谢茨卡雅》，已被翻译成各国文字在世界各地发行了，也有中译本。

她在书里提到，她有很多家人被枪毙，妈妈也曾被关进监狱。

我的两个叔叔也被杀害了。爷爷是东正教教士，也受到迫害。几乎没有一个家庭没有受过迫害。

这些，我想中国人都很容易理解吧？

鲍：在这种情况下，您还是一直坚持写很"新"的作品吗？

谢：我一直认为，艺术家一定要感到自己内心的自由。我从来没有刻意去写与众不同的东西，我总是写自己内心听到的东西。

鲍：像《卡门》这样被禁演的情况，在您身上发生得多吗？

谢：肖斯塔科维奇一直都在帮助年轻人，我的作品也总是受到他的保护，他很多次站出来说："不要碰这个年轻人！"

（后来我从一篇报道里了解到，谢德林的父亲曾做过4年肖斯塔科维奇的助理。所以他很小时就认识肖斯塔科维奇。

这次林涛指挥"国交"演奏的一首谢德林的交响乐作品就名为《与肖斯塔科维奇对话》）

鲍：您刚才提到，您在莫斯科音乐学院时是作曲、钢琴双主科，哪个更主要一点儿呢？

谢：在学院的时候是双主科，但越往后就越往作曲这边走了。

我很多钢琴协奏曲都是由自己首演。作曲的毕业音乐会，就是自己弹自己的《第一钢琴协奏曲》。那天和吴祖强先生见面时，他也提到对此记忆犹新。

鲍：您对自己的哪首钢琴作品评价最高？

谢：我一直都在写钢琴作品，光是钢琴协奏曲就写了六首。"第一协奏曲"很难，但"第二"更难。现在演的人很多，我刚在柏林听到。

现在很多俄罗斯作曲家的作品都在西方出版。当然，我很高兴我的作品在世界更多地方被更多的人接受。

去年12月，在莫斯科举行了一次我的作品的钢琴比赛，获奖音乐会时，我也去了，给获奖者颁发证书。

鲍：这个比赛由谁主办？共分几轮？每一轮有必弹的作品吗？

谢：这个比赛是莫斯科主办的，达连斯基任评委主席。比赛共有三轮，没有指定的必弹的作品。唯一指定的是，必须都是我的作品！（笑）

这个比赛，莫斯科音乐学院和附中、附小的不少学生都参加了，最小的才8岁！

有些中青年选手要看着谱弹，但所有的小孩都能背谱。

我为我夫人生日写的《小奏鸣曲》已经出版了，由吉辛在卡内基音乐厅首演。这次有一个16岁的学生也弹了，他弹得很好，但才学了两个星期。真是令人吃惊！

过去很多伟大曲家的作品都是在很多年后才越来越为人所知。勃拉姆斯有些作品写出8年后才被乐队演出。而现在我们能听到这么多人在演奏自己的作品，真是很幸运！

我的钢琴老师是弗里埃尔，他的老师是伊贡姆诺夫，伊的老师是西罗提，西罗提的老师是李斯特，李斯特的老师是车尔尼，而车尔尼又是贝多芬的学生。你想想，这是怎样一个传统啊！

**鲍**：我的老师的老师也是李斯特学生的学生。（笑）

**谢**：我们都是贝多芬的学生！（笑）

**鲍**：我听说您现在每天都还在不停地作曲。即使在北京这几天，也每天很早起来写。

**谢**：是啊，我有那么多的委约，当然要完成啊。
除了作曲，我还能做什么！（大笑）

**鲍**：顺便说说，现在中国有很多孩子从小拼命练琴，不怎么学文化课，您觉得这个现象是不是很可怕？

**谢**：当然，非常危险！

现在很多人的技术都非常好。但你知道，我在莫斯科音乐学院的时候，和拉扎·伯尔曼是好朋友。我常常晚上听他弹肖邦的《第二钢琴奏鸣曲》。第四乐章他弹得最快，是那时候弹那个乐章的冠军。但那个速度，现在是最慢的了！（笑）

而我呢，当时是弹肖邦第一首"练习曲"的冠军，因为我的手大，而且我的教授告诉我一个"诀窍"：在琴凳上往左边坐3厘米！（笑）但是现在很多人都弹得很好，连手小的人也弹得飞快，也不需要往左坐3厘米！（大笑）

现在很多演奏技巧提高得让人吃惊，就像体育运动一样，技术完全超前了。但是很多人内心的修养反而丢失了！

当然，有很多人已经开始重新在认识这点了，今天听你的学生演奏，就证实了这点。那个弹我的《两首复调小品》的女孩的演奏不仅技术好，而且内心充满了音乐，我很高兴听到她的演奏。

**鲍：** 谢谢！这些学生还很年轻，需要学习更多的东西。

2008年4月11日<br>晚8：15—9：30<br>访谈于民族园"鸭王"饭店

听说离开中国后不久，谢德林大师又回到了莫斯科并接受了普京颁发的勋章。

人们在电视里看到了谢德林夫妇出席颁奖仪式的镜头，谢德林夫人——芭蕾舞大师——身上穿的正是她在北京买的中式服装！

2008年6月

**"钢琴是我的挚爱！"**

——著名钢琴演奏家李青访谈录

*李青*

李青

李青是国家一级演奏员，国务院优秀专家。原辽宁省音乐家协会副主席、表演艺术委员会主任、辽宁省文联委员、中国音乐家协会钢琴学会理事。她毕业于中央音乐学院附小、附中及上海音乐学院钢琴系干部专修班。

李青致力于舞台演奏40余年，是我国有影响的钢琴演奏家。她曾受聘于中央音乐学院及沈阳音乐学院附中任钢琴主课教师，并多次被聘为中国音乐金钟奖、鼓浪屿全国青少年钢琴比赛评委。

---

辽宁交响乐团钢琴演奏家李青比我岁数小很多，但我喜欢她的热情、豪爽、慷慨。在不知不觉之中，我们成了好朋友。

前几年，我们先后经历了癌症手术、化疗，就更加互相关心、互相鼓励，经常用手机短信联系及互赠一些保健品，从对方身上感受到更深的友谊和力量。在"中国音乐家协会第七次全国代表大会"第一天，我就对李青说："既然咱们俩要聊天，干脆我给你做个访谈吧，这是我早就想做的事了。"于是，就有了这篇访谈录。

**鲍**：你是一位一直坚持钢琴演奏的钢琴家，这点我非常佩服。谈谈你的演奏生涯吧。

**李**：我没有太人的选择，只是从小弹琴，喜欢弹琴！

我是共和国的同龄人，是新中国培养的音乐家，和祖国一起经历了风风雨雨。

我的少年时代是在美好向上的环境中长大的，而青年时代又在大的政治环境中经历了风雨，虽然没有像现在的年轻人那样有很好的学习条件，但对音乐的爱是什么情况下都不会变的，我对钢琴是真喜欢。2009年，我和杨韵琳（上海音乐学院钢琴系教授）一起开了几场以崔世光的新作《喜庆中国》为标题的双钢琴音乐会。

有时我很惭愧，用在钢琴上的时间还很不够。在20世纪90年代，许多事情围绕着我。比如，为父亲李劫夫著作权的事奔波、打官司等。我是家里的老大，碰到事情，别无选择！现在我国的民主进程有了很大的进步，他的歌一直被传唱，70年不衰，一个音乐家还需要什么呢？值得欣慰的是，我现在能更好地练琴了。但你也知道，近年来我又经历了一些事，做了癌症手术，但现在还能弹琴，这是老天给我的得天独厚的能力和幸运！

当我坐在钢琴旁把手放在黑白键上，就感到身心快乐。这种宣泄、享受音乐、享受舞台、远离纷繁尘世的感觉，是最有益健康、最幸福的事！

**鲍**：那你小时候喜欢弹琴吗？

**李**：小时候怕弹琴！完全是被逼无奈（笑）！

我5岁开始学钢琴，跟李星颖老师一直学到10岁。李老师是"东北音专"建立时请来的第一批上海籍老师。因她是跟德国人学出来的，教学相当严厉。我感到学琴很苦，在老师家上课时老是哭着喊着要回家，又被父亲拎回老师家（笑）。父亲说："家财万贯，不如薄技在身。"就这样学到10岁考中央音乐学院附小前，李老师给我打下了很好的基本功底子。

中央音乐学院在我们这班之前,没招过"小四年级"。赵沨院长给我们这几个刚考进去的小孩,其中包括后来的作曲家黄安伦等,单独开了一班,后来才有了"小四年级"。

我跟过的钢琴老师很多,有顾嘉琳、樊建勤和潘一鸣老师。后来,赵屏国老师从苏联留学回来,我也成了他回国后的第一批学生之一。赵老师参加"四清"时,我就由他的夫人凌远老师教。到现在近40年了,我的演奏都不曾离开这两位老师的指导。

我在附小时,超级不用功!可能小时候管太严了,一进附小就"大撒把"了。我是全附小最后一个入少先队的,都快超龄退队了,我才入进去(笑)。老师们说:"不知这孩子成天在想什么呢?"上附中时才知道用功了,但还是经常在琴房看小说。(笑)

"文革"后,到上音进修时,主科老师是何汉心先生,她给我狠狠地"收了骨头"。

**鲍:** 我在附中时也看了大量屠格涅夫、托尔斯泰、巴尔扎克等作家的小说,当时看来是损失了不少练琴时间,但对全面提高修养也是有好处的。

**李:** 我后来能写些文章,如在《人民音乐》上发表的《小泽征尔与辽宁交响乐团的四个日日夜夜》,还有写我父亲的一些纪念文章与小时候爱看书也是有关的。

我小时候弹琴,手指能跑得飞快,但错音一大把(笑)。因为背谱快、上台状态好,所以每次考试成绩都混得不错(笑)。

我在中央音乐学院附小、附中学了7年。1966年"文革"开始了,我当上了"红卫兵",1967年,复课闹革命时我参军到了广州军区政治部文工团"海上文化工作队"(以下简称"海队")。

我很留恋在部队的岁月,那是我最值得记忆的青春时代。当时我18岁,我们每年几乎七八个月下海岛,给战士演出。在那个年代里,赶上了普及

"样板戏",但我竟然幸运地没离开过钢琴。

我弹《钢琴伴唱"红灯记"》走遍了广州军区所属部队及南海诸岛。演出用的钢琴是用船运输的,有时风浪很大,非常危险。但就在风浪中的一瞬间,船靠岸时把钢琴迅速搬上岛。上岛后,没有汽车时,就用牛车运钢琴。有时,我们还要自己带着淡水和粮食上岛。有的灯塔小岛上只有两个战士,我们也为他们演出。不管在船上怎么晕、怎么吐,上了台就精神抖擞,我们称这为"来之能战""战之能胜"。

前两年我癌症手术化疗时,还会想起当年晕船的情景。从某种意义上说,化疗的难受程度还没当年晕船那么厉害呢,那时还吐血、吐胆汁呢!我们的队长毕庶勤总是照顾我们,有一次他正端着一份我们的呕吐物,一个大浪打过来,盆里的东西全扣到他自己头上了!老毕是一个很优秀的作曲家,我们运到海岛上演出用的第一架钢琴就是他家的"东方红"牌钢琴。

在"海队"五年,艰苦而"浪漫"!在蓝天大海的背景下为可爱的战士演出,在美好的大自然中缔结了战友间的真情。现在,我们这些当年的"海队"战士已经都是60岁的人了,但还保持着友谊。当初有些曾是"不同政见"的人,却成了一辈子的好朋友,这一切是多么宝贵呀!

回忆那时的生活,我的脑海里总会出现这样的一幅图画。我们的船离海岛越来越远了,但锣鼓声还在耳边响着,岛上的绿荫已经模糊,但远处那一抹横幅鲜红透亮,上面有几个大字:"战友们再见!"

除了《钢琴伴唱"红灯记"》演过上百场,我和"海队"的战友汤明还演奏钢琴协奏曲《黄河》,她弹二、三乐章,我弹一、四乐章。除了到有条件的大岛上演,还在空军和南海舰队以及广东省地方机关演出过。

我们的战友尽是些多才多艺的人,汤明会6种乐器,除钢琴外,手风琴、笛子、琵琶、扬琴都能摆弄;我呢,演歌剧里的老太太(笑),还能唱歌,还要作曲,搞创作。每次下完部队回去休整两三天,就要求我们每人拿出几首新创作的歌。我们写完了老毕帮着修改,还给我们上和声课。

那时的生活真是锻炼人啊!经常在三个月内上下40多个岛屿。

1995年,"海队"建队30周年,当年的战友从四面八方都回去演出了。

鲍：你那几年的经历真是太宝贵了，有很多事情在当时很苦、很难，但只要熬得过去，若干年后再回忆就觉得极其珍贵，而且是人生的一种财富。

李：是的，我觉得年轻时候吃点儿苦，以后的路会好走些。正因为我经历过的事多了，所以当我躺在病床上打化疗有反应时，还跟女儿说："没什么，这滋味我尝过！"（笑）女儿说："妈妈连这都训练有素啊！"（笑）可能我这个人什么时候精神都有些高昂的吧（笑），不过这也不是啥优点（笑）！

鲍：你因为父亲的关系，一定也挨整了吧？

李：1976年后，我父母被关押了6年。从父亲被关起来直到去世，我们都不曾见过面。那些年，我们姐妹三个承受的压力是很大的，我还幸运，部队和工厂对我都很仁义。两个妹妹就没有那么幸运，承受的要比我多。但值得欣慰的是，最终我们都很有出息，过得很幸福，挫折也没有把我们压倒！《光明日报》曾有过一篇文章——《劫夫艺术生命的延续》，就是关于我们三

姐妹音乐会的报道。那是为纪念我父亲逝世20周年的一场演出，我弹奏了肖邦的《降b小调奏鸣曲》。那一天，《葬礼进行曲》演奏得特别好。

**鲍**：你从部队转业到地方，是什么样的情况？

**李**：由于父母在政治上受牵连，我转业回到了沈阳，分到了沈阳重型机器厂工会。无论当时我父亲处境怎样，"劫夫"这个名字在沈阳仍然响亮，甚至不少人还特意跑到工会来看看"李劫夫的女儿"。

我在工厂上班时，每天早上5点就要起床，在冰天雪地中骑自行车走很远的路，完全没有练琴时间了。有一天晚上，我连人带车都摔到了路边的泥坑里，就一个人坐在那里哭。弹不着琴、远离专业，真是太难受了。平时看上去开朗的我，其实内心还是非常痛苦的，哭就是一种宣泄吧。

那时，难得的休息日是奢侈的练琴时间，我就从早到晚拼命练，想着有一天回到专业团体去。由于当时头脑不太清醒，弹起琴来很疯，方法也不太正确，手就练坏了，得了腱鞘炎。最严重时，音阶只能弹一个八度。"辽宁乐团"刚成立时，作为组建人的作曲家秦咏诚把我从工厂调到乐团工作，当时的大气候是知识分子开始"业务归口"。我到"辽宁乐团"工作后，虽然手不好，但是还是能弹一些伴奏，大家都喜欢我的伴奏。同时，我也积极做各种治疗，热敷、蜡疗、针灸，还打过一年封闭。后来我结婚了，趁着生孩子期间，就养手。前后共5年，总算一点点恢复起来了。我先后为小提琴、长笛、声乐比赛及各种音乐会弹过伴奏，从中学到了许多过去没接触过的东西，补了一些课，那时真感到音乐是甘泉啊！

后来，关心我的老师提议我应多练习独奏曲目，并建议我继续进修、深造。1982年，朱雅芬老师为我准备去上海音乐学院参加进修班考试的曲目，并为我写了推荐信。李名强、李民铎先生也多次慷慨地给我以指导，他们有声有色的大师班课，我经常参加。

当时是抱着"撞大运"的想法：手好了就学下去，实在不行就只能退学。考试之前，我准备了巴赫的《管风琴前奏曲与赋格曲》，贝多芬的《"告别"

奏鸣曲》和三首肖邦的"玛祖卡"。

考试那天中午，我居然睡过了头儿。你说我的心理素质有多好（笑）！我睡醒了，一看表，跳起来就从我住的南楼往北楼考场跑，推门一看，一片"泰斗级"的钢琴教授坐在那儿，而我直到坐上琴凳还没有完全醒过来（笑）！1983年，我考上了"上音"的进修班，毕业考试，我得了高分，在进修班出了名。公布毕业成绩时，系秘书拿着成绩单满院子喊着找我。

其实，我自己知道，很长时间"放羊"，缺的东西、不懂的东西太多了。但不管怎么说，我战胜了坏手，"满怀激情弹错音"的时代过去了。我的毕业曲目：拉赫玛尼诺夫的《音乐会练习曲"小红帽"》、肖邦的降 b 小调《奏鸣曲》、德彪西的《意象集》和桑桐的《随想曲》。

**鲍**：你这样一步一步走过来真是太不容易了！

**李**：这就是我们这一代钢琴家的特殊经历吧。

我的中央音乐学院附小附中同学江安西也是一个有经历的、了不起的女性。她插过队，还去过西藏，后来回来改行学了理论，去了英国留学。她的英国老公是一位有名的纪录片导演。（20世纪）90年代初，他们一起拍了一部纪录片，译名是《中国新音乐》，以我们班为原型，记录我们这一代人的命运，这部纪录片居然得了当年的英国纪录片大奖！这部影片在很多国家放过，但是在中国没放过。片子分几个部分：一、"文革"前，音乐学院学生所谓"白专道路"。二、"文革"开始了，红卫兵起来"造反"。三、有的同学对自己"文革"中受极"左"思潮影响下的一些过激行为的反思、反省。四、年轻人对爱情的困惑。五、我们班这一批学生下放到张家口部队农场去锻炼的情景，以及他们对音乐的渴望与追求的动人故事。六、中国传统文化与革命时代文艺的反差与对照。

影片有一段我演奏的德彪西的《水中倒影》，讲述"文革"前音乐界的一种极"左"思潮和"亡琴论"（"亡琴论"认为钢琴是资产阶级的东西，不能为无产阶级服务，必将走向灭亡）。片中有一段很有趣：我正在弹贝多芬的

《"悲怆"奏鸣曲》第二乐章,弹得像肖邦的《"革命"练习曲》一样。这时,我的战友加同行汤明跑过来了:"李青,你在干吗?贝多芬要气得从坟墓里跳出来了!"之后我在影片里又弹了一遍完全不同的第二乐章(笑)。

影片不但记录了我们这一代人在那动荡的年代学习西方音乐所走过的曲折的路,而且把当时音乐界那种认为"有毒有害""无毒无害"的各种思潮都反映出来了。

**鲍:**我以前从来不知道还有这样一部片子,我想它的特殊视角是很有意思的。

**李:**是的,尤其是老外看了特受感动。因为他们不知这个世界居然还有一批有过如此经历的音乐家!

在那"革命"的年代,我们损失了许多宝贵的时间。"文革"后我想把失去的时间补回来。改革开放后,沈阳音乐学院有很多外国音乐家来上课,尽管我当时已经40多岁了,但我敢去报名上课。我不想失去这些宝贵的学习机会,虽然有时也会"丢人"(笑)。有一位外国教授来,我弹贝多芬的《第三钢琴协奏曲》第三乐章,节奏很差。专家听了说:"你弹的是米老鼠和唐老鸭在钢琴上跑!"(笑)但是,第二年他来上课时就非常惊叹,说我的变化是个"奇迹"。

回沈阳后,我开始作为独奏家出现在舞台上,在全国各地举行了多次独奏会。还和许多著名中外指挥家合作过协奏曲,其中有贝多芬第一和第三《钢琴协奏曲》。还有舒曼、格里格的《钢琴协奏曲》。当然弹得最多的还是《黄河》。

还有一些钢琴作品是由我首演的。如赵晓生的《太极系列》中的《辽音钢琴协奏曲》、汪立三的《二人转的回忆》。与"国交"两次合作演出李延忠的钢琴与乐队《春天的故事》(在纪念邓小平100周年诞辰时)。近两年,还有根据我父亲歌曲改编的钢琴曲《我们的铁骑兵》和幻想曲《哈瓦那的孩子》等。

有一次和魏廷格聊天，我说："我们真是落后于时代了。"他说："音乐的真谛和灵魂的东西是不会改变的，这些才是本质的。"我当时很受鼓舞，感到的确是这样的，要把心里的音乐弹出来才是最重要的。尤其在我们这个年龄，弹琴已到了一种自我的境界了，真诚地弹，快乐地弹。从中求进步，求完美。我对自己演奏的评价：从不完美，总是遗憾，但有动人之处，因为我真诚。

鲍：上次听你和杨韵琳排练双钢琴，我很感动。你病刚好，居然弹那么重量级的音乐会。

李：这是杨韵琳在几年前提议的，并找了一堆谱子给我。但后来因为她忙而我又病了，在2007年10月做了手术，此事就放下了。

2009年4月，我们俩自费在沈阳和上海之间飞来飞去，凑到一起练。一个月三天排练，杨韵琳当时担任上音钢琴系主任，她的练琴时间是晚上9点之后。为此她还买了一台不扰民的电钢琴。我们在上海的排练，总是在她下班后。经常是我有体力时她没时间，而她有时间时我又累了。那时，我的状态很难完成拉赫玛尼诺夫《第二组曲》四个乐章的演奏。但我们在一起弹琴开心、忘我、有乐趣，这样才坚持了下来。

鲍：我太佩服你们了，真的是勇气可嘉！

李：鲍老师，记得我在化疗时，您曾给我一张题为《漂亮的病人》的剪报吗？至今我还保留着呢！那上面说如何看待疾病、如何看待美丽，得病也是一次感悟人生的机会……还有一次您在电视访谈节目里那么开朗、自信地讲述自己所经历的痛苦，都说到我的心里，句句给我力量，及时地帮我从沮丧中走出来，我才真佩服您呢！

鲍：你这些话又再次给我鼓励！

我知道你们为庆祝建国60周年，《喜庆中国》双钢琴音乐会已成功举办了好几场，衷心祝贺你们！

**李**：谢谢！2010 年春天之后我们去南京、上海继续演出，之后还有长春、大连和我的母校中央音乐学院等地的演出，当然曲目不同了。2009 年 10 月那场音乐会，周广仁先生还在《钢琴艺术》上专门写了文章，我真是惭愧！其实我们的成长哪一步离开过先生们、同行们还有家人的呵护、培养和支持呢！在辽宁大剧院的双钢琴音乐会上，令我万分感动的是有几位 70 多岁高龄的老师们冒着严寒来到小剧场，他们是我 5 岁第一次上台直到看我今天 60 岁的演奏！真希望如果我 70 岁还能演奏的话，还有他们在场！

**鲍**：你说得真好，顺便问问你还画画吗？

**李**：我在更年期那几年，疯狂画画。有一年，我竟画了 140 幅画，真是无知者无畏！我买很多画册，塞尚、莫奈、凡·高……什么都敢临，我的画大约 1/3 是临摹，其他是依据自己拍的风景照或家里的物品、乐器及音乐场景画的。生病之后，我为节省体力，把所有的画画用品都封存了。但我热爱绘画！将来还想学，还想画。

钢琴是我的挚爱！

我手术出院后回到家的第三天，一台崭新的斯坦威三角钢琴运到家中。这台琴陪我渡过了艰难的放化疗过程，又帮我重返舞台。

琴运到家的那天，我为我的老公郑重其事地演奏了舒曼的《梦幻曲》，当时那退休干部正戴着一副老花镜在做针线……

2009 年 12 月 14 日
上午 10：30—12：30
12 月 16 日
下午 3：40—5：10
访谈于北京国际会议中心

今年 1 月，得知李青癌症复发病重的消息，心里非常难过。1 月 16 日那

天，我给一个每天去看她的学生发了消息，请她转告李青，我的"访谈录"今年要出版了，让她一定要等着看，因为那上面有一篇对她的访谈。没想到，李青竟然给我发了一段语音。听得出，她明显地把声音提高，做出很精神很高兴的语气。我听得很心酸，我知道她不想让朋友为她担心。她的病那么重，那颗善良的心却永远在为别人着想！

没有想到，2月16日，整整一个月后，她走了！

这篇记录了她的战斗的青春的"访谈录"是我们最后一次正式的交谈，也成了永远的纪念！

我谨将这篇"访谈录"献给九泉下的李青！也希望读到的人们，能够在其中听到她的琴声、她的笑声……

2017年7月

> "弹琴是自己的快乐，
> 是任何金钱和赞美都换不来的！"
>
> ——著名钢琴演奏家、中央音乐学院教授盛原访谈录

盛 原

盛原出生于北京的一个音乐家庭,父亲盛明亮是小提琴家,母亲吴文俊是钢琴家,均曾任职于北京中央乐团。盛原5岁开始随母亲学习钢琴,后在中央音乐学院师从于李其芳、李惠莉以及周广仁诸教授。1991年作为所罗门·米考夫斯基教授的奖学金学生赴美,在纽约曼哈顿音乐学院深造,并获得音乐学士和硕士学位。盛原曾在多位著名音乐家的大师班上演奏,计有安妮·费舍尔、傅聪、拜伦·詹宁斯以及乔奇·桑多尔。盛原对巴赫音乐的强烈兴趣促使他与罗萨琳·图雷克潜心深造巴赫音乐演奏。

除了演奏活动以外,盛原撰写的多篇文章先后在《钢琴艺术》《爱乐》及《音乐周报》等杂志与报纸上发表。由他所翻译、罗萨琳·图雷克编著的《巴赫演奏指南》中文版,已于2003年由中国人民音乐出版社出版发行。

盛原每年暑期均在美国纽约曼内斯音乐学院举办的国际键盘学院与音乐节及克罗地亚 Terra Magica 音乐节中演奏、任教并开设大师班。他也曾在美国、加拿大、中国及克罗地亚等地举办讲座及大师班。盛原于2005年2月起在中央音乐学院钢琴系任副教授。

艺术成就:

阿瑟·鲁宾斯坦纪念奖，美国纽约，2003

古巴哈瓦那第一届"塞万提斯"国际钢琴比赛第一名，2000

意大利第13届Marsala国际钢琴比赛第三名，1997

西班牙第39届Jaen国际钢琴比赛第二名，1997

美国纽约：大纽约地区肖邦比赛第二名，1995

纽约曼哈顿音乐学院Harold Bauer奖，1995

中国北京：第一届中国国际钢琴比赛第二名，1994

---

中央音乐学院钢琴系"海归"副教授盛原的父母都是我在中央乐团的老同事。对我来说，盛原绝对是"小字辈"。但在我眼里，他是中国钢琴界的"巴赫第一人"。虽然盛原表示他不喜欢别人称他为"巴赫专家"，但我还是要让我的访谈从巴赫开始。

**鲍**：我听过你好几场"巴赫专场"独奏会了，每次都留下了很深的印象。尤其昨天那场在中山公园音乐堂的演出，我注意到了听众中有很多年纪很小的琴童，他们都能从头到尾很安静地听，而且最后反应这么热烈，这真是太令人惊讶了。我听过一次外国演奏家在北京开的"巴赫专场"，台下秩序非常不好。后来我到后台看她，她对音乐会的秩序非常生气。说实话，我心里也很不舒服，觉得北京的听众素质不应该是这样的。

你能不能谈谈，你的"巴赫专场"对听众有这样大的吸引力，诀窍何在？

**盛**：巴赫作品的演奏风格从19世纪到20世纪一直在演变着。在18世纪后半叶到19世纪初，很多人都认为巴赫的作品已经过时了。因此仅仅作为教学中用，而不拿出来公开演奏。门德尔松是演奏巴赫音乐的功臣，他复演了巴赫的《马太受难曲》。舒曼也是大力推广巴赫作品的。

有一些浪漫派的演奏家，如李斯特、布佐尼，他们用巴赫的作品写了许多改编曲。但这些作品是为他们自己的风格服务的，有点太滥情、太夸张了。

到了20世纪，又有些演奏家认为巴赫作品应该用羽管键琴来演奏，比如兰多夫斯卡。

20世纪50年代以后，盛行用古乐器来演奏巴赫的作品。很多音乐家认为演奏巴赫的音乐应该是感情节制的。但是听众对这样的演奏不爱听，觉得是没有生命力的。我自己也觉得听这样的演奏要睡觉。（笑）

我在弹巴赫的《十二平均律》第一册第四首时，常常觉得心里有哭泣的感觉。但如果一个演奏家用中规中矩的弹法去演奏，难道是正确的吗？一个演奏者不是"学者"。偏学术的人经常会说"感情要节制"，但是我通过看很多书及跟图雷克学习，认识到巴赫虽有理性的那一面，但他的音乐是充满感情、充满生命力的。他的作品也可以称为数学，但又不是单纯的数学，其中充满了想象力和丰富的色彩。

我自认为，弹巴赫的作品必须充满生命力，这样才会弹出与众不同的感觉。比如，巴赫的赋格有几个"动机"，这就像是不同的建筑材料。他在考虑"动机"的时候，主题、对题，肯定在数学上也是成立的。他肯定会考虑每一个"动机"有多少种和声的可能性，等等。但这些都是有自己的感悟和特性的。

我还以《十二平均律》第一册第四首为例。这个赋格有三个主题：第一主题是平稳的，第二主题是向前运动的；第三主题是果断、坚定的。这三个主题有三种不同的情感，不仅每次出来不同，在不同的音区也有不同的动感，是充满了生命力的。把这些搞清了，结构也就清楚了。如果没有分析、没有变化，每个主题都会弹得干巴巴的。

**鲍**：整首曲子也就会弹得没感情，变成很"中庸"的了。

**盛**：对，就什么都没有了！也可以说，有了"感性"的巴赫才会有"理性"的巴赫。

我的音乐会就是抱着这种理想：让听众觉得巴赫好听。

**鲍**：那你的理想达到了（笑），我觉得非常好听，我想观众和我的感觉是一样的。

**盛**：谢谢，谢谢！（笑）其实这也很出乎我的意料，我一直有点怕听众不安静。

我希望我演奏的巴赫是"情感上的浪漫、结构上的巴洛克"。我正在向这个方向不断努力。

我觉得弹巴赫比弹任何其他作曲家的作品都难。因为头脑要管的事太多，技巧也非常难。弹巴赫，就好像一个人光着身子在人前走，一切缺点暴露无遗！（笑）

**鲍**：我曾听说过一个著名的笑话：有一次，兰多夫斯卡对图雷克说："你弹的是你的巴赫，而我弹的是巴赫的巴赫！"（笑）

当然，我不知是否真有其事，在我看来，她们都是演奏巴赫的大师。

我想问你的是，在巴赫时代没有录音，现在又很提倡用 Urtext 版（净版）。那么怎样才能知道什么是正确的"巴赫风格"呢？

**盛**：我想首先是把高度的理性分析和高度的感情投入结合起来。巴赫的理性结构是一个"绝对"的事物，是不可能改变的。真理只有一个，但对真理在情感层次上的解释会有所不同。这就是演奏的个性所在。在对巴赫作品的结构做出理性的、深刻的分析的基础上，弹出与此贴切的感情，就是正确的。像图雷克或大提琴家卡萨尔斯这样的大师，都是把自己的理性分析和相应一致的感情投入完美地结合起来。

巴赫的作品是非常有感情的，他自己在谱子上写的音乐术语非常少，但他喜欢写这个词——Affectuoso（充满感情地）。他的一个学生曾在一封自荐信中写道："巴赫不仅教我怎样正确地演奏，而且教我怎样有感情地演奏。"

**鲍**：世界上很多不同国家的不同学派在演绎巴赫时，都会有些不同的风格。比如，有时听俄国人弹的巴赫，会用较多的右踏板和弱音踏板。还有时听一些演奏家对同一首巴赫的作品，在快、慢和连、断方面的处理都有很大的不同。

可不可以说，对解释巴赫作品有一个较大范围的容许度？

**盛**：从音响上来说，巴赫那个时代，弹奏的长、短、连、断这些变化是有的，但力度变化就不会太多，因为当时的乐器是有限制的。当然，巴赫对用什么乐器来演奏他的作品这件事上的态度是很民主的。所以他有许多作品，自己就在各种不同的乐器上变来变去。比如，有些作品从大提琴变成琉特琴；有些从羽管键琴变到管风琴；有些又从小提琴变到管风琴与乐队。那时的羽管键琴是不能做强弱变化的，巴赫的第一个传记作家福克尔说：巴赫的儿子说巴赫本人喜欢击弦古钢琴而不喜欢羽管键琴，因为羽管键琴更没有力度变化。但所有这些都不能完全满足他内心的需要。

巴赫在晚年时，看到过现代钢琴，当然还只是雏形。巴赫可以说是一个积极的乐器改良家。他对当时的古钢琴声音并不满足，于是就自己找了一个做家具的木匠做了一个"Lute-harpsichord"（琉特羽管键琴），还自己做了一个"Viola Pomposa"（大型中提琴），音区在中提琴和大提琴之间，还为这种乐器写了一些曲子。此外，他还推广过低音双簧管。

当时有一个钢琴制造商西伯尔曼做了一台早期钢琴，并找巴赫去看。巴赫说音色很好，但高音有点闷，指触有点硬。西伯尔曼根据他的意见进行了改良，后来又做了几台。这几台琴被当时的普鲁士国王买了。巴赫在晚年看过这些琴，很满意。当然，关于这方面的说法也有当时的政治因素在内。（笑）

**鲍**：我觉得有很多大师在自己的作品中，对声音的想象和要求已经远远超越了他那个时代乐器的局限。

**盛**：实际上，巴赫、贝多芬、李斯特都是这样的。

贝多芬对于维也纳钢琴根本不屑一顾，而喜欢声音比较响的英国钢琴。他还经常说三道四，有一次在一封信中说："钢琴是乐器发展中最慢的一个。"

所以，我们可以说，不是乐器启发了他们，而是他们的理念推动了乐器的发展。

**鲍**：我看过一些文章说，肖邦一生都没超过100斤，很瘦弱。但他内心的音乐有时是很宏大的。据说他有一个很高胖、经常砸断琴弦的学生，肖邦反而对那个学生说：我要能像你这样弹就好了。（笑）这说明肖邦内心的激情已经远远超过了他自己所能表现的范围。

**盛**：肖邦的音乐，有些在当时的琴上能表达，有些却是他的想法早已超越了乐器。

我在美国曾弹过一个肖邦时代的、1840年的法国艾拉尔德牌钢琴。肖邦说他更喜欢 Pleyel 牌钢琴。这两种琴在音色上是有一点区别的，但是和现代钢琴比起来，就都是天差地别了。

那时的琴声音是很小的，踏板延续时间短，音量衰减很快。但若不踩踏板，倒还有点余音。所以，有些曲子在现代钢琴上演奏，如果按肖邦写的踏板踩，就会显得很"脏"。但在那些琴上弹，就真是好听得不得了。

李斯特的演奏风格宏伟、张扬。早年的那些琴肯定满足不了他。在他晚年的时候，钢琴制造商们倒是争先恐后送他琴，并按照他的意图做琴。所以他变成了推动钢琴制造的先锋。斯坦威和贝希斯坦这些琴厂都宣传李斯特弹过他们的琴。（笑）

也许可以说：肖邦利用了当时的钢琴，李斯特则推动了当时的钢琴。

据说李斯特当年演出时，台上放着三台琴，他走来走去地弹，不同的曲子用不同的钢琴弹。（笑）

**鲍**：你有没有在古钢琴或羽管键琴上弹过巴赫？

**盛**：弹过。由于那些琴的音色变化少，就更需要用装饰音和时间变化（Rubato）来演奏。

巴赫的一个儿子 C. P. E. 巴赫，在他的《论键盘演奏的艺术》一书中说过关于 Tempo Rubato 的问题，并给出谱例，在谱例的某些音符上画上"×"的记号，表明这些音可以稍微顿一下。他还说弹小调时可以速度略慢一些，同样的句子弹到第二遍重复时，也可以略慢一些。

**鲍**：Rubato 这个词是什么时候出现的呢？

**盛**：第一次是 1723 年在托西（P. F. Tosi）写的理论书籍中。在 C. P. E. 巴赫的书中出现是在 1753 年。

那个时代的乐器，如 Harpsichord（羽管键琴），是有局限的。因它没有强弱变化，演奏的人只能在"时间"上做些东西，也就是"Rubato"。这是没有办法的办法。你想，如果用小提琴演奏歌唱性的，需要这么多的"Rubato"吗？所以，现代钢琴有强弱和音色变化，就更符合音乐的自然状态。因为它的声音更接近人声、更接近人性。

在现代钢琴上演奏巴赫是不需要像在羽管键琴上那样做那么多"Rubato"的。但也不是 20 世纪人们认为的，"Rubato"是肖邦的专利。

"Rubato"的弹法在每个时期都是有发展、有变化的。其实，弹贝多芬的作品也是有"Rubato"的。

**鲍**：贝多芬的"Rubato"是怎样的呢？

**盛**：贝多芬有一个好朋友安东·辛德勒（Anton Schindler）写了一本书，记录了贝多芬演奏自己作品时的一些细节。比如，有一些奏鸣曲，他弹的时候会在一些高音上顿一下。

还有，比如，《"悲怆"奏鸣曲》的第一乐章，引子那段的第一个和弦弹得也很长。

**鲍**：现在用这种弹法，恐怕考不上音乐学院。（笑）

**盛**：比赛更是全下去！（笑）

贝多芬对自己作品的记谱是很详细的，而且越到晚年越详细。他曾经对人说："就按照我的谱子弹。"但是我们并不能知道当时的演奏者把贝多芬的作品弹成什么样子了，所以这句话也只能有保留地理解。

李斯特的学生达尔贝特演奏贝多芬的作品很浪漫。达尔贝特的学生埃德温·费舍尔（Edwin Fisher）弹贝多芬的作品也是很自由的。埃德温·费舍尔的学生巴杜拉-斯科达弹贝多芬的作品也比较自由。

我也曾经把贝多芬的作品弹得比较自由一点，但比赛就很吃亏。（笑）

总的说来，认为弹肖邦之前的作曲家的作品不能有任何的"Rubato"是一种很局限、不够宏观的认识。在巴赫、贝多芬做自己的"Rubato"时，根本不可能知道以后还会有个肖邦。只不过肖邦的"Rubato"达到了前所未有的巧妙，在巴黎一下子出名了。

这种对不同风格的区分是一种20世纪或21世纪对十八九世纪音乐的局限性理解和态度。正因为我们离十八九世纪不近也不远，所以我们才刻意地把"不同时期"的"不同风格"区分开来。这是一种"刻意"，但这种"刻意"本身就是历史发展到某一阶段时的"自然"。试想一下，再过若干年，后人也许会认为巴赫和肖邦也有很多共性，都算"古典"了（笑）。就像"巴洛克"这个词，是后人对那个时代音乐的归纳。实际上在巴赫那个时代，他认为自己和维瓦尔第、库普兰、亨德尔这些同时代的音乐家的不同之处太多了。"浪漫主义"这一词，也是20世纪以后才普遍叫起来的。

每一个时代，音乐的风格既在延续着，又在不断变革着。无论巴洛克、古典或浪漫派时期，伟大作曲家的作品都是充满感情的。巴赫的感情浪漫和后来的作曲家的感情浪漫本质上是一样的，只是表达的方式不一样罢了。

所以说，任何一个作品，它本身的结构在风格和内容上给人的启示比我们在书本上学到的那个时代的风格给人的启示多得多。

**鲍**：你觉得用净版（Urtext）来学习的必要性大吗？
**盛**：用净版的好处是还原了历史的原貌，还原了对音乐本身的思索。

我们现代人在接触过巴赫之后的大量作曲家的作品后，总觉得他的记谱不够详细。我们拿到他的 Urtext 版乐谱后，会感到不知所措。其实，巴赫是当时记谱最详细的一位作曲家。维瓦尔第的记谱常常是从一个长音到另一个音，中间完全由演奏者自由演奏。巴赫的记谱，已使演奏者相对没有什么空间可以即兴了。因此，他有一位学生还批评他没给演奏家留出空间，因为他的记谱太详细了。

可能巴赫已看出了以后的人们不会即兴演奏了。当然这是我的猜想（笑）。不过也是有可能的，因为他是有远见的。他当时教自己的儿子，就是作曲、演奏一起教的。

再回到 Urtext 版的问题。如果你弹《法国组曲》时，对"萨拉班德""法国序曲"，对乐曲形式的风格，已经有了基本的了解，那么这些段落的速度问题就解决了。

再比如，弹《意大利协奏曲》，你分清了"独奏"和"乐队"的段落，你自然知道"独奏"轻一些、"乐队"响一些。力度问题也就解决了。

另外，不同的"动机"永远是有对比的，你弄清了，连、断的问题也解决了。

经过全面的学习，学会用作曲的眼光来看谱子，很多问题就变得很清楚了。

对我来说，我觉得巴赫的乐谱已经给了我们清楚的演奏指示，同时又给我们留下了很多空间。我认为他写得不多也不少。如果再多，就容易把人束缚住；太少，我们现代人又不会即兴，也是问题。所以他是既有"专制"，又有"民主"了。（笑）

我们这些人从小就在进行"二度创作"，很多能力被限制了。如果能像巴赫或是现代的爵士音乐家那样，就是更全面的音乐家了。

鲍：对于巴赫的背谱，大多数人都会有一点儿惧怕的心理。能不能介绍一下，你是怎样背巴赫的？

盛：这需要一个长期的积累过程。我过去也是很怕背巴赫的。上大学的时候，每次上台弹巴赫的赋格，心里都很怕，脑子里不敢多想，越想越会错。因此，上台的时候就努力把自己控制在一个"半无意识"的状态里，感到这样比较"安全"。甚至练琴时专门练"不想"。（笑）

后来，又反着来，故意拼命地"想"。这当然有了一定的效果，但还是没有完全解决问题。

再后来，我"彻悟"了两点很重要的方面。

一是要像作曲家那样清楚地理解你所弹奏的作品。对横向、纵向的和声结构，主题在哪里倒置，何时"增值""减值"，动机之间的连接音有何意义，等等，心中都要做到非常清楚。有了对音乐创作逻辑的理解，背谱就有了根据，也就变得不难了。

二是对指法的选择要和曲子的分句联系起来。而且巴赫的作品中可以经常运用"过指"的弹法。

鲍：肖邦的作品中也经常运用"长指超越短指"的弹法。

盛：在"车尔尼"中经常练的指法，更多适用于弹海顿、莫扎特、贝多芬的作品。而弹巴赫，大指可以并需要经常弹黑键。比如，一个句子有三次模进，每次黑白键的排列是不同的，但你可以用一种指法。

鲍：就好比说，你可以用弹C大调音阶的指法去弹升C大调？

盛：对，这样去背巴赫就容易多了。

鲍：绝大多数版本标的都是常规的指法，每次模进都会用不同的指法去弹。

**盛：** 那样不好。如维也纳原版，它几乎所有的标注都源自巴赫本人的或第一手资料，所以它从音乐学的角度讲是值得信赖的。但唯有指法不好，而这也是唯一巴赫自己没有标注的东西。

除了刚才说的这两点，手对脑子的反应能力也很重要。这主要是要大量地演奏，因为手对脑子的反应能力需要培养才能达到最高境界。即便手上不熟，而脑子里对乐曲的结构很清楚，就能弹出来。据说古尔德只用眼睛专注地看一首"赋格"，之后就能在琴上背出来。

我原来弹巴赫的"赋格"，错一个音就找不回来。现在也有可能出错，但脑子不会蒙。有了自信，上台弹巴赫心平气和，不会那么紧张，也不钻牛角尖了，心很定。

**鲍：** 这些方法是图雷克告诉你的吗？

**盛：** 她没告诉过我，是我自己想出来的。因为原来那条路走不下去了。

我认为，有意"想"比"不想"好，但是"想什么"一定要明确，就是我刚才提到的那些。

我觉得，会背巴赫了，再背其他任何作品都感到简单多了。所以我现在学作品比原来快多了，也清楚多了。

**鲍**：谈谈你是怎么想到去和图雷克学巴赫的呢？

**盛**：我小时候并不喜欢巴赫。我喜欢感性、浪漫、有旋律、有色彩的东西。

到美国留学以后，跟米考夫斯基教授学习。他认为我弹巴赫、贝多芬的作品都不好。他教学有一个特点，就是对学生采取"扬长避短"的办法。我跟他学了6年，弹了很多东西，但巴赫、贝多芬的不多。

我这个人有点儿"完美主义"，总觉得胳臂一个粗一个细不好。（笑）倒不是我的道德有多高，而是求知欲比较强。我觉得巴赫作品中还有无穷无尽的东西我不知道，就抱着一种好奇的心理，想更多地去了解巴赫的音乐，所以我去找图雷克学巴赫。

1998年，我上了两次图雷克的大师班，弹了巴赫的《托卡塔》和《恰空》，觉得特受启发，就问图雷克，能否从头跟她学巴赫。

她住在英国，我每次从纽约飞到英国牛津，在英国住一周。先跟她学了她写的《巴赫演奏指南》里的所有曲子。之后又学了"协奏曲""帕蒂塔""平均律"等。

当时只是想弥补自己的弱点和不足，并没有更宏伟的计划。最宏伟的计划也就是把48首《前奏与赋格》学完。当时人们都认为我是"精彩的小品演奏家"（笑），我只是想让自己弹得更深刻一些。

后来真正学进去以后，我就想开全套巴赫作品的独奏会。

第一次是2003年在美国加州，之后又在美国其他地方弹了几场。在纽约的那场，米考夫斯基也来听了。听完之后他说："你弹得很好，但第一，比不上你弹肖邦；第二，比不上图雷克弹巴赫。你还是等老了再学巴赫吧。"（笑）

我当时30岁出头,他说:"你趁着年轻,还是赶紧把事业搞好吧!"

米考夫斯基对我很关心、很真诚,其实他反对我学巴赫也是有道理的。我的确有点儿不实际,为了学巴赫,我在那两年中只弹巴赫,连音乐会也不开了,失去了一些机会。他说:"你弹肖邦可以和任何大钢琴家弹得一样好,但你弹巴赫永远弹不过图雷克。"但是我没有管这些,还是继续学巴赫。

2005年,我回到了中国。当时也想看一看在中国有没有弹巴赫的市场。那时国内对我的了解仅仅是在"第一届中国国际钢琴比赛"中得过奖。

当年10月,吴迎老师帮我在中央音乐学院安排了一场独奏会。我想弹一半肖邦的作品,但吴迎很坚决地要我弹整场巴赫。他说:"你听我的。"

那次的反响出乎我意料的好,听众极安静。之前我自己是不太有把握能否被听众接受,结果总算开了一个好头。

**鲍**:那场音乐会我听了,非常精彩。

**盛**:因此,大家认为我是"巴赫专家"。我对这个评价是不赞同的,因为我对巴赫还没有做到那么深入的研究。此外,我其他作品也弹得不那么差呀!(笑)

说我是"巴赫专家",对我有好处也有坏处。好处是很多地方因为我的"巴赫",请我弹音乐会、开讲座。但坏处是,我弹其他作品这件事被相对忽视了。

2007年,我在纽约又弹了一场巴赫作品专场,老米听了音乐会的录音后哭了。他衷心地祝贺我,对我说:"现在你的巴赫弹得和你的肖邦一样好了!"

我自己知道,平心而论,我弹巴赫还是不如弹肖邦那么自如。弹肖邦的时候,我有时有"如入仙境"的感觉,完全可以在一种极其自我陶醉的状态里演奏,根本不去想音符。在台上演奏时,自己感到极其幸福。但是弹巴赫,就有时有、有时没有这种感觉。有百分之五十还在想背谱和技术。我弹肖邦的时候,人可以稍稍后仰地弹;而弹巴赫时,人总会稍稍前倾。我希望自己在弹巴赫时也能达到弹肖邦的状态。这是我的下一个目标吧!

鲍：你讲的这些真是太好了！

盛：我常常有一种使命感。我觉得现在大部分学生对音乐的理解，娱乐性大大胜于艺术性。音乐是有深刻性的艺术，不是韩剧，也不是二人转。比一般地追求"乐活"要深刻多了。中国的文艺，娱乐性太强了。

我很幸运对巴赫感兴趣！可能过去开整场巴赫作品音乐会，国内还没有人做过。

我认为，弹琴是自己的快乐，任何金钱和赞美都是换不来的！

鲍：你讲的这些对我有很大的启发。现在，我不问问题了，你就随便讲讲你想讲的话吧。

盛：现在全世界都在关注着中国，说中国是"世界未来的中心"。

我最近在看一本书——《男人、女人和钢琴》（*Men, Women and Pianos*），作者是阿图尔·罗素（Arthur Loesser）。他是钢琴家、学者，还是大卫·杜勃的老师。

这本书讲了钢琴的起源，并把钢琴和欧洲社会的发展结合起来做了分析。他认为钢琴是欧洲社会文化及经济、政治、人们品位的变化和发展的晴雨表。

在十八九世纪的英国，钢琴开始流行的原因：第一，钢琴是一种昂贵的乐器，购买和拥有钢琴，是社会地位的显示。第二，钢琴是从德国传入的，带有异国情调，满足了社会的虚荣心。人们买了钢琴，就把吉他搁到壁橱里去了！（笑）

再说，夫人、小姐们弹钢琴显得很优雅，而拉大提琴、吹小号就不那么优雅了。女士们学打击乐也不大适合，只有弹钢琴是最适合的。在钢琴上，既可以独奏又可以四手联弹，还可以为歌唱伴奏，很适宜谈情说爱！（笑）所以只有会弹钢琴的女孩子才嫁得出去！（笑）

钢琴作为唯一一种可以独奏的乐器，迅速盛行。与此同时，欧洲成了19世纪世界的文化中心。

中国目前的情况和欧洲当时的情况几乎如出一辙。在中国，改革开放、经济腾飞后，许多人将钢琴视为"显示身份"的"外来物"，也开始出现了"钢琴热"。只不过中国比欧洲落后了近200年。

现在，国外的钢琴生产厂商、国际比赛都在盯着中国，这对于我们是很幸运的事。正如当年肖邦生活在巴黎，大的环境有助于他的事业发展。

中国人的整体文化素质还远不如欧美，但钢琴在中国有市场。这是我们这些搞音乐的人生存的幸运。在欧美可以找到更多的知音，听众更懂音乐。中国的听众相对肤浅一些。但中国有更大的听众群体、学习群体。我们所学的东西是有用武之地的。

在欧美，听众群正在缩小，很多有才能的音乐家被少数明星们的光环掩盖和扼杀。明星们主宰了艺术市场，而其他艺术家只能过着清贫的生活或被迫改行。古典音乐已经失去了生命力，被放在博物馆里了。这是很悲哀的事！

中国的"钢琴热"还能持续多久？我不知道。但现在我们有事可做、有听众来听、有学生来学，是很幸福的。

欧美的古典音乐家都很羡慕我们中国音乐家的生活和工作环境。在美国，现在是"学音乐""搞音乐"几乎等于"没饭吃"。

我们从国外留学回来，很快就找到了自己的位置。像我这样二三十岁的人从国外回来，能在中央音乐学院教学，是我们的幸运！但这也说明了中国在"文化大革命"期间，教育方面走了很大弯路，以至于中国音乐界目前相对缺少50岁左右的中坚力量。应该说，我们这一代人的"幸运"同时也是中国的"不幸"。我们身上的担子很重，培养未来的栋梁之材的任务是何等艰巨啊！

2010年1月10日
晚上8：00—10：45
访谈于亚运村家中

注：罗萨琳·图雷克是20世纪杰出的巴赫作品诠释者和研究者，她的启蒙教师Sophia Brillant-Lvren是安东·鲁宾斯坦的学生。进入茱莉亚音乐学院后，她向Olga Samaroff学习。图雷克一生演奏、指挥、录制了大量巴赫的作品，还写有很多关于巴赫音乐与生活的专著。图雷克于2007年7月17日在纽约家中去世，享年88岁。

**"老师如果能把爱心传授给学生，就是做了一件很好的事。"**

——著名旅美钢琴家、作曲家孙以强访谈录

孙以强

孙以强出生在中国上海市,他5岁开始学习钢琴,12岁进入上海音乐学院附属中学读书,后在上海音乐学院钢琴系随名师李翠贞教授学习钢琴演奏。1966年孙以强在上海音乐学院毕业,次年去郑州省歌舞团工作。1976年到北京中央乐团(现中国交响乐团)任钢琴家,此后数年内,他在中国许多城市举行过音乐会。1977年他在中央乐团的协奏下,在北京成功地上演了李斯特的第一钢琴协奏曲,此次音乐会曾由北京电视台向中国各地实况转播。

1980年,孙以强到美国华盛顿大学攻读学位,在短短的数年内,他获取了钢琴硕士学位,并修完了博士学位所需的所有科目,自1983年以后,他在美国各地不断举行独奏会,他的演奏像是圣路易斯(St. Louis)电视台经常播放的节目之一,美国《圣路易斯邮报》曾说:孙的演奏证明他无疑是个在键盘方面无所不能的钢琴家。

自1991年以来,孙以强曾多次到中国一些城市举办独奏音乐会和讲座,他曾先后与上海交响乐团合作上演贝多芬第三、第四钢琴协奏曲,并在上海、深圳、武汉、杭州、福州、厦门、重庆和郑州等地举行演奏示范表演讲座,他的演奏在各地都得到了好评。

孙从事钢琴教育已经几十年,他的一些学生在美国各地以及一些国际比赛中名列前茅,在美国、法国、挪威、中国香港、新加坡、中国内地都有不少曾师从孙以强的钢琴家。

孙除了演奏之外,还创作了不少钢琴音乐,他的钢琴作品《谷粒飞舞》《春舞》已经成为中国各大音乐学院钢琴家们所常用的曲目。他为唐诗《赠卫八处士》所谱的歌曲也在上海、美国、意大利进行演出并受到观众好评。孙于1984年获芝加哥诺里斯钢琴比赛(Norris Piano Competition in Chicago)首奖;1993年,孙又在新奥尔良第五届钢琴比赛(The Fifth Annual New Orleans International Piano Competition)中获主席特别发给的荣誉奖。

《谷粒飞舞》《春舞》几乎是每个中国钢琴学生都弹过的曲目,它们都是著名旅美钢琴家孙以强青年时代的作品。(《谷粒飞舞》创作于1961年孙以强在上海音乐学院钢琴系学习期间。《春舞》创作于1978年,是孙以强在北京中央乐团工作时,应钢琴家刘诗昆的要求而作。)

"文化大革命"中,孙以强因"家庭成分不好"被分配到河南工作。"文化大革命"后期,由于著名钢琴家刘诗昆的努力,被抽调到北京,在中央乐团参加创作。

那个期间,我们的宿舍在同一条走廊,经常可以听到彼此的琴声。

他在美国多年,回到上海后,在上海师范大学工作,我们时有手机短信的联系。

孙以强平时可能会给人一种学究式的清高印象，但我觉得他的内心其实是很热情的。他在听过我的演奏和看了我送他的《鲍蕙荞倾听同行——中外钢琴家访谈录》后，总会说一些鼓励的话，而且有一些是在我的背后说的。

这次我到上海讲学，他请我吃饭。在我的要求下，朋友间的闲聊变成了一次半小时的访谈。

**鲍**：你是上海音乐学院钢琴系已故著名教授李翠贞的学生。我知道李先生是一位传奇式的人物，而且她的弹奏方法非常科学。我曾听周铭孙说过，你当年是学到李翠贞先生方法最多的一个。2007年我在上海音乐学院钢琴系的校庆音乐会上听过你和杨韵琳弹双钢琴。你还记得吧，音乐会后我曾对你说，你的声音非常好，非常松弛。

请简单介绍一下李翠贞先生的弹奏方法好吗？

**孙**：我们毕业时，在李先生的学生座谈会上，李先生对我说："我觉得你现在理解我的教学了。"我听后感到非常 rewarding（鼓励）。

李先生上课时讲弹奏方法总是和音乐形象结合起来的。有些曲子，我一开始弹的时候简直好像没有一个音是对的。她那台很老的钢琴，在她的手下就变得很听话，但我一弹就变得很不均匀，不好控制。李先生要我把手摊开一些，用手指的"肉垫"部位来弹。那台古怪的钢琴果然就听话些。

还有，比如，肖邦《练习曲Op. 10 No. 7》，李先生要求每两个双音用手腕稍微推动一下，这样不

仅放松了许多，旋律也就出来了。

海顿最后一首"奏鸣曲"有很多十六分音符跑动的句子，如果加一点儿手腕的动作，弹起来就很方便，也容易平均。

再如，舒曼的《升F大调浪漫曲》，可以用很多手腕的动作弹旋律。

**鲍：**看来李先生有很多"四两拨千斤"的方法。

**孙：**是的。但是"文革"的时候，我到北京参加"黄河学习班"，殷承宗对别人说我弹钢琴协奏曲《黄河》的感情不对，"一听就是李翠贞先生的沙龙情调。"（笑）但我总在想，为什么非要用那种每个手指都像小棍子一样一下子打下去、把琴键都打穿的方法弹呢？

我去美国留学以后，感到自己的弹奏方法和国外的标准很快就融为一体。弹钢琴最忌讳的就是"砸"，因为钢琴本身是个"打击乐乐器"，怎样把它变美、变为人声？弹到最强的地方也应该是歌唱的。钢琴大师们都是把乐器当成人声。阿劳（Claudio Arrau）弹琴就很如歌。我还听过一位叫乔治·博列特的钢琴家（出生于古巴，学习于美国柯蒂斯音乐学院。曾师从戈多夫斯基、霍夫曼、罗森塔尔等大师。）弹肖邦《练习曲 Op. 10 No. 8》，右手一串串的十六分音符像小珠子一样，好听得不得了。所以好的钢琴家即使弹普罗科菲耶夫，也要注意声音的美，不能砸。当然，各个老师教学的路子会有所不同。但我深感李先生教我的方法很实用。她的方法使得技术变得容易了，发音也好听了。朱雅芬老师也跟李先生学过5年，我想，郎朗向朱雅芬老师学到的东西，跟李先生过去的教学也是有关系的。

**鲍**：谈谈你到美国留学的情况吧。

**孙**：我 1980 年去美国密苏里州圣路易斯市的华盛顿大学音乐系攻读硕士学位。5 年后，我取得了硕士文凭并读完了为取得博士学位所必修的科目。美国的校园生活给我留下了深刻的印象。在那里完全是做"纯音乐"的事：学钢琴、上课，没有其他活动或开会（笑）。当时在华盛顿大学音乐系学习的中国人只有我一个。

我出去前，虽然跟你的那位英文老师王老师上过一点儿课，但是英文很差，在作品分析课上，每次要听两张 CD，每位同学都要发言，然后老师做些引导。美国并非强调老师讲的都是"金玉良言"。下课前，老师要大家回去把这本教科书看 5 至 10 页，回去后写作业，下次课来交。但他特别强调："孙以强是中国钢琴家，他可以少交几页作业。"（笑）我每次写两页，写完还要请华侨朋友帮我改。（笑）

这样过了两年后，我才在上课时不睡觉。（笑）因为他们讲得太快了，我根本听不明白，后来才慢慢提高了听力。读博士的时候，还要学两门外语。在那里英语是本国语，我还要学法文和意大利文。当学生真不容易！但我真的很喜欢美国学校的气氛，在那里没有等级观念，不像中国总要树一个偶像，张三、李四、王二麻子（笑）。美国这种没有等级观念的做法是我最喜欢的。每个人弹完了音乐会，听的人都会上来祝贺，说很多鼓励的话。在中国，有些人会在音乐会后对你说，"今天这个琴比较闷，你如果能这样弹就会更好"，等等。前几天，我自己开了学生音乐会。我首先发言说："今天演奏的人都不是郎朗、陈萨，希望你们把听那些人的印象都抛掉，就欣赏今天这些人的演奏。"但是听完后，还是很少人说鼓励的话，只有一位说："他们又往前进了一步。"有些人会说，什么什么曲子对他们太难了，他们不能胜任。我说："他们需要鼓励。"

实际上，每个人都需要鼓励。我们中国人往往对鼓励的话比较吝啬，不大愿意去肯定别人好的一面。这很毁人，批评的话听多了，会使人对自己丧失信心。同行之间一定要相互多鼓励。其实每个人弹完都会知道自己哪里弹得不好，别人不用对这些说太多，而应更多鼓励。在中国，常会有人说："现在谁还开音乐会啊！"人们很怕开音乐会。在美国就不会。大家都可以开音乐会，在小教堂里开，每张票只卖5美元，喜欢听的人很容易来听。我这个人胆子大，在51岁的时候，参加了在美国新奥尔良市举办的国际钢琴比赛，此比赛无年龄限制。你想，老布什81岁时还去跳伞，就是因为他喜欢！我去参加比赛也是因为我喜欢，同时也希望别人给我一个评估。那次比赛的选手来自世界各地，有许多只有十几岁。评委告诉我："上届比赛还有60岁来参赛的。"我过了第一关，但第二关时，我老孙顶不住了。哈哈！

鲍：是太累了、体力支撑不住了吗？

孙：不是。那一轮要弹一个无调性的新作品。第一段我弹得很好，弹到第二段忘了，我就即兴创作了一下（笑）。第三、第四、第五段又弹好了。

鲍：辛亏是你，会作曲。要我们去弹，更完蛋了！（笑）

孙：虽然我忘了谱，最后作曲家居然说："你是最明白我的！"比赛的评委主席很为我惋惜，最后特别给我颁发了"荣誉奖"。

鲍：这个比赛对那个年纪的你真是一个很大的挑战啊！

孙：如果我在中国，是绝对没有这个勇气的。但是在国外，我的自信心增强了，就有勇气去挑战自己。花园里有很多花，有名的人是大朵的玫瑰花，我是墙脚那朵蓝色的小花。每个人都有自己的位置，站在这个位置我也很高兴。还有一件事，我告诉你。去年，上海师范大学要申请"艺术硕士"。学校需要展示演奏力量，就请几个人演奏一下。北京、上海、福建、南京，一共有四五个人过来听。演奏的人中最老的是这个老头（孙以强用右手食指指着自己的鼻子笑）。星期五通知，下个星期三就要弹。我很胆大，弹了肖邦的《第一叙事曲》。后来，学校把这做成了光盘，我把它拷到电脑上传给一个朋友看。他一直不回答我，后来才回答："你要我说实话吗？你现在弹琴不够洒脱。"他没有说一句"真不容易"这样的话，我发了短信给他："你很坦率，我很感谢。但我为自己感到高兴，在我这岁数还能弹琴。如果我什么都不能弹了，那上课时我只能讲讲 f. p 了。"

鲍：你讲得非常好。我记得 2003 年，你那时还在美国。假期回中国时，正好听了我组织的"九大名师音乐会"的演出。你在音乐会后，特地到后台来看我，并说了鼓励的话。

**孙：** 我听了你弹的《火祭舞》，弹得很棒。而且我觉得每个人都弹得非常棒！

**鲍：** 其实我们弹得都有很多缺点，但每个参加演出的人都很高兴。后来，过了不少时候，碰到我的老师陈比纲。他还对我说："你什么时候再组织我们演出啊？可以逼迫我们练琴。"（笑）

那次，我们在北京、上海、南京、广州四个城市演了五场。每场音乐会前，我都对听众讲："我非常喜欢一个寓言。风筝问老鹰：'为什么你们能飞得那么高，而我们总是飞不高呢？'老鹰回答：'因为我们在比赛的时候，总是鼓励对手飞得更高。而你们总是想把对手拉下来。这样，不仅对手飞不起来，就连与对手纠缠在一起的自己也被拉下来了。'"

**孙：** 对呀！如果大家不互相鼓励，就会搞到谁也不敢弹了！幸亏我脸皮厚得很（笑），采取美国人的态度：喜欢听的请坐，不喜欢听的出去好了。（笑）

**鲍：** 你们从国外回来的人，应该把这些好的风气带回来呀。

**孙：** 大钢琴家赛尔金曾对我说过："We learn from each other every day."（我们每天都在相互学习。）

**鲍：** 说得多好呀！你回中国以后，除了在"上师大"教课，有没有开些大师班课？

孙：我正在思考，准备分几个专题讲些问题，也是介绍一下自己的经验。比如说，怎么看谱、学谱。为什么有些人上台总会忘谱，老是怀疑自己？自信的前提是在学一首新曲子时把谱子搞清楚。有人在看谱时，节奏、休止符、指法、连线、表情记号这些东西都没看见。很多学生连基本的踏板都不会用，更不用说不同时期、不同风格的作品的不同踏板踩法了。还有，比如，练左手的时候，是否能同时想到右手？有些人把练琴当成了"吃大餐"，只顾自我欣赏，把感觉当成了实际的东西，而练琴是要花很多时间用理智来练的。上台的自信心来源于平时的准备工作。准备得充分，再紧张也不会找不到回家的路。

鲍：你在学生时代就已经写了很多曲子了。中央音乐学院也有很多同学写了很多很好的作品。但现在学钢琴的学生好像没什么人会作曲了。

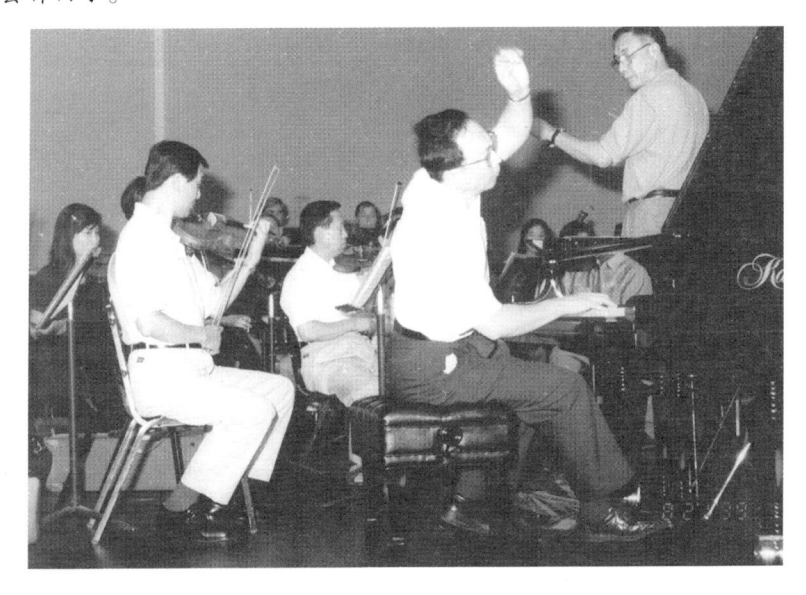

孙：以前是鼓励这样做的，现在不鼓励了。在我们的学生时代，鼓励大家搞"民族化""群众化"的东西。现在好像钢琴学生的目标就是国际比赛。我觉得中国老师过于把比赛看作成就的重要部分了。其实，究竟有多少人能成为比赛中获奖的佼佼者？现在有些人老在网页上把自己学生获奖或自己出书看成很大的成就。当然这些是很好的，但是老师就没有别的职责了吗？别人的贡献就不大吗？别人也在做很多很多事啊！老师如果能把爱心传授给学生，就是做了一件很好的事。如果每个老师在其他老师的学生开音乐会的时候都能去听，并给予鼓励，那不是很好吗？

我有一个在美国教了12年的学生，现在就读于皮博蒂音乐学院，师从莱昂·弗莱舍（Leon Fleisher）。她把期末考试后各位监考老师所写的对她弹奏的评语给我看，那上面写了很多振奋人心、鼓励的话。如果在中国也能这样，同事之间的关系不是会很好很好吗？！

2010年5月4日
下午5：50—6：20
访谈于上海东湖宾馆

著名旅美钢琴家、作曲家孙以强访谈录

**"做老师就是要对得起良心。"**

——上海音乐学院著名钢琴教授盛一奇访谈录

盛一奇

盛一奇（1941—    ），上海音乐学院钢琴系副教授、硕士生导师。曾任上海音乐学院附中副校长、上海钢琴学会副会长和名誉会长、上海市社会文艺工作者钢琴专家组成员。现任中国音乐家协会钢琴学会顾问、上海音乐家协会钢琴学会名誉会长、上海音乐学院附中艺术委员会顾问。

盛一奇多次在由文化部举办的钢琴大赛中担任评委。曾担任第四届中国上海国际青年大赛评委、第六届中国国际钢琴比赛（厦门）评委以及由教育部举办的全国高校音乐教育专业钢琴教师大赛评委等。

盛一奇1963年起致力于钢琴教育工作，为我国钢琴教育的发展做出了重大贡献。先后培养了在国内外比赛中获大奖的宋思衡、孙颖迪、郝端端、张橹、江天等多名学生。其中宋思衡、孙颖迪均被评为"中国十大青年钢琴演奏家"。2005年在法国巴黎科尔托高等师范音乐学院成功举办了"向盛一奇女士致敬"获大奖学生音乐会。

盛一奇曾出版了教学示范VCD《如何教学车尔尼849》《巴赫初级钢琴曲集》等，并多次主编了《上海市钢琴定级考级教材》及《上海市钢琴演奏级考级教材》。

2014年获得上海音乐家协会颁发的"杰出贡献奖"。

我和盛一奇是同一时代的人。我在中央音乐学院钢琴系上学的时候，和上海音乐学院钢琴系不少同学都很熟，但和盛一奇几乎没有什么联系。倒是在这十几二十年中，和她一起在各种比赛、考级中当评委的机会越来越多了。

近些年，盛一奇有不少学生在国际钢琴比赛中取得了好成绩（如在"李斯特国际钢琴比赛"中荣获第一名的孙颖迪就是她的学生），我一直想找机会采访她，直到这次在鼓浪屿一起当评委，才总算找到了访谈的机会。

**鲍**：这些年，你在教学上有很大的成就，谈谈你的经验吧。

**盛**：哈，那些都是"过去式"了。现在很多年轻人从国外回来了，他们还是带来不少新东西。

**鲍**：当然，我也一直说我们是"过渡的一代"，我们被耽误和浪费的时间太多了。

**盛**：我们在学习的过程中，总是断断续续地受到很多限制。我们的学生时代，国外的很多文化信息也没法进来。那时能弹几首贝多芬奏鸣曲就已经很了不得了（笑），而且政治运动不断。等到中国改革开放后，很多东西对我们来说就像重新学一样。不过，整个国家都像从空白开始，倒显得我们还有点儿用。（笑）

**鲍**：你很棒呀，教出了那么多好学生！

**盛**：那是学生好呀！（笑）自己有多少斤两自己怎么会不知道？我们是"先天不足"，只是认真、踏实、有自知之明而已。我所做的和所有我们同时代的教师是一样的。

**鲍**：我记得看过一篇

采访孙颖迪的文章，他说你的教学是"教大不教小"。谈谈关于"教大不教小"好吗？

**盛：** 我们每位专业老师，都会碰到不同类型的学生，孙颖迪的情况是，他在本科三年级才从其他老师那里转到我班上。他过去的老师给他打下了很好的基础。技术较全面，音乐很敏感，很有思想。给他这样的"才子"上课，如果只"教小"（抠细节），老师和学生都一定会别扭，完全没必要。

刚开始，我觉得在他弹奏的用力方面可能要进行一些调整，至于音乐的处理上，我们一般用协商、探讨的办法，大家心情就比较愉悦，沟通就顺畅。

对于孙颖迪，我当时认定自己的教学基点在于：必须寻找更多的机会让他能出来。

孙颖迪在做学生时，专业道路并不顺。他参加过几次稍大点的比赛，但鉴于种种原因都没能展露出他的才华。因此，他的心态总不是很好，有时候，他甚至想放弃学习古典音乐，但他心里始终充满着矛盾。那时，他在上海滩的爵士圈子里还是小有名气的。我曾到"东湖宾馆"去听他弹爵士，他在那里很自如，很有满足感。可我不甘心呀，这么个有才能的人，又是从小正规学习上来的，半路"夭折"太可惜了。可是我没有马上和他交谈，在没有找到能帮助他的合适因素之前，我先不找他。他这个人个性太强了，如果我马上希望他准备一个综合性的国际比赛，恐怕他不会接受。就这样，我们两个为了参加比赛的事"冷"了近两个月。其实他从4岁学琴，心里也是舍不得把钢琴演奏扔掉的。

正好这时候，"李斯特（荷兰）国际钢琴比赛"的评委莱茨·霍华德来上海挑选手，我就说服他参加。我对他说："你心里想的李斯特的音乐和别人弹的李斯特是不一样的，我们去试试看。"我记得当时他弹了李斯特的《彼得拉克十四行诗》（Op.47）、《维也纳夜会》，霍华德非常欣赏，当场拍板让孙颖迪不用经过选拔，直接进入比赛。

这样，我们就找到了一个帮他打开心结、转机的准确突破口。后来，他在"李斯特国际钢琴比赛"中得了冠军。他的积极性也被调动了出来。

孙颖迪的文化课一直是非常棒的，他看了很多书，还为不少杂志写过文章。他是从附小、附中、本科、研究生一路直升上来的，他的文化基础是很全面的。在教他的过程中，他有很多感觉也常常启发我，给我带来了不少惊喜。这真的是教学相长。所以后来我建议院里系里把他留下来教学。他第一年教学时，所有进程我都参与了。现在他完全独立了，是一位很有天赋的教师。比赛以后，他还经常找我聊他的生活、工作、家庭，甚至买房子也会找我一起出主意。

**鲍：** 难得学生对你那么信任。

**盛：** 另一个学生郝端端的情况又不一样。他来上海时，插班考附小五年级，考前一星期才从考北京的附小转到考上海的附小。当时他弹的乐曲门德尔松《庄严变奏曲》程度很深。他人很憨厚，手也很大，条件很好。但音乐上还没完全开窍，指尖感觉不敏锐，技术也比较片面。考进附小后，我给他们开了"家庭会议"，要求：第一，家长狠抓文化课程，成绩必须是班级前几名。所以进校后，他每年在年级里的全面综合成绩都是排在第一二位，文化课的所有老师都很喜欢他。第二，增补音乐知识的课程。我帮他分阶段请了和声老师、西方音乐史老师。他父母非常配合，凡是弹一首大型乐曲，他爸爸都会给他整理出不同演奏家的音响资料，让他听后学会比较。第三，我经常和他一起去听音乐会，听完我们要交谈想法。开始时，他只会听这个演奏家技术好不好、是不是有失误等。后来就会从音乐上、声音上、情感上、对乐曲的处理上发表些不同看法了。这孩子很聪明，用功。三年中我们尽可能多地学习了很多练习曲、奏鸣曲、乐曲，三年后他的技术基础就全面了很多，音乐的敏感度大大提高了。这时，我就考虑他可以尝试参加些适合他年龄的中小型比赛，锻炼舞台经验。正逢第二届"鼓浪屿钢琴比赛"，他得了少年组第一名。紧接着又参加了第九届在德国埃特林根举行的"国际青少年钢琴大奖赛"，他又拿下了少年组第一名。这大大激发了他的演奏潜质。这孩子另一个特点是模仿能力极强，所以我想以后要出国学习的话，一定要寻找一位演奏家。没有选到合适的老师，咱们就不急着出国学习了。

机会来了，许忠的法国老师多米尼克·默赫莱教授来上海开大师班，我们抓住了这个机会。默赫莱是一位非常有教学经验的教授，又是演奏家，这对于郝端端是非常适合的。我就全力推荐他去法国学习。其结果正如我预计的，郝端端得到了很好的发展，他在默赫莱教授指导下，得了第63届"日内瓦国际钢琴比赛"第二名，第一名空缺，与顾圣婴当年的奖项一样。后来又在第五届"上海青年国际钢琴比赛"中得到了金奖。这一切证明我给他规划的这条路是正确的。

现在，郝端端即将同时在哥伦比亚大学攻读音乐学博士学位、在茱莉亚音乐学院攻读钢琴演奏硕士学位，这样的学生将来一定会是很全面的、出色的音乐人才。

宋思衡的情况大家都很熟悉了。他出生在一个音乐家庭中，父亲是搞作曲的，从小就听了很多音乐，能力很强。初中时他就能在听了别人的音乐会以后，回到教室里在钢琴上全部弹奏出来，使全班同学都很High。有一次，我让他给高年级的同学弹柴可夫斯基的《第一钢琴协奏曲》的第二钢琴部分，没多久他就能把协奏部分全部背出来了。但这个孩子又有点好高骛远，所以我常要杀杀他的气焰（笑）。记得有一次学校要考双手双三度音阶，他练得不踏实，指法随意乱转，我就借此机会狠狠地抓住他练习了整整一节课，把他"弄死"了（笑）。但我总在音乐上鼓励他，保持他丰富的想象力。当时上音院长杨立青听了他弹巴赫平均律，就告诉我："这孩子很有思想，弹得有深度、有层次，好好地培养。"

**鲍**：我曾采访过宋思衡，他说你给他的曲目量非常大。

**盛**：是啊，他有能力呀，与其让他自己在课下乱弹，还不如给他留多点作品。我当时每年要他开一场音乐会，其中必定半场是练习曲和古典作品，到比赛时再从中挑选合适的曲目。

**鲍**：我觉得你真了不起，对这些有才能的学生，一人一个教法。那么对一般学生你怎么教呢？

**盛**：其实，我们所教的学生大部分都是有中等才能的一般学生。这样的学生，各人的优缺点不同，他们大部分不可能成为独奏家。对于这些学生，我首先用最短时间找到他们的长处和短处，然后进行补缺。有的加大技术训练，有的调整音乐的趣味，有的更多地在谱面上进行曲式分析，也有的强调注意手指触键感觉的辨别。

有的孩子头脑很清楚，理性很强，这样的学生经过调教后当教师是很好的。我教过一个学生，她小时候是跟爷爷奶奶住在上海的，父母在外地交响乐团。这孩子脑子很好，到小学四年级钢琴都没学过，突然想把钢琴作为专业，想学音乐。她起步实在太晚，我觉得要想当演奏家可能性很小，但是她学习进程很快，所以我的教法是让她弹大量练习曲和大量奏鸣曲、乐曲、复调。乐曲的面很广，但是很多东西都是弹到百分之七八十就放掉，也不提倡她参加各种比赛，踏踏实实练琴，不断积累作品。她现在完全明白了我的用意，当她毕业时，我说不希望她留校弹伴奏，我极力主张她搞专业教学，并把上音附中的钢琴教学大纲复印给她，给她起步教学提了不少建议。经过多年的努力，她现在已是一位很称职的专业钢琴教授了。

学生到我手里的时候，我要为他们考虑，为他们将来的路负责。我们这一代人总是为学生考虑很多，所以学生经过多年以后，回过头来责备我们的倒真的几乎没有。（笑）

**鲍**：我们常常是操心过多呀！（笑）
**盛**：是呀！但是也问心无愧。（笑）

我还教过一个学生，音乐感极好，就是不肯多练琴（笑），考试前都是我陪着，压着她练。毕业时，学校需要管弦、声乐伴奏，她让我帮助她选择工作。我说："我不同意你去管弦系弹伴奏，因为管弦系的奏鸣曲都是要刻苦练的。"她乐感好，我就推荐她去声乐系弹伴奏，现在是声乐系很好的伴奏。

做老师就是要对得起良心。

有的学生哪怕能力差些，只要肯练琴、用功、执着，都是可以慢慢调教的。这样的学生以后再出来教学，教出的学生也就不一样了。

**鲍**：刚才你讲了几个很有才能并在国际钢琴比赛中得奖的学生，都是文化课很好的。这使我想到一个问题：北京有不少小孩，为了考附小、附中，或是考上之后，都是整天练琴，不学文化课。不知上海有没有这样的现象？我对这种情况实在很担忧。

**盛：** 对这种情况，我绝对反对！

学钢琴，当然要花时间，但是也要有全面发展的底蕴啊！

文化课不好，将来弹李斯特的《但丁奏鸣曲》能理解一个人勇敢地走到地狱里去的情景吗？能读懂《神曲》吗？弹德彪西的《水中倒影》，没有文学、美术方面的修养，没有想象力，能弹好吗？一个学音乐的学生如果没有文化基础，将来是不会有大发展的。小时候参加比赛得了一些奖，但是以后你弹的作品越来越深刻，你什么都不理解，小时候得奖又有什么用？

现在我们有些从普通高中考进来的学生，反而学习能力很强。由于他们的知识面广、理解力强，有的甚至连"基本乐科"都比附中毕业生强。等到他们上研究生的时候，就完全不费劲了。因为思路广，他们的毕业论文根本不需要"抄"！（笑）

我认为看一个老师，不一定看他有几个学生拿奖才算他教得好。而应该看他的学生以后能否在各自的岗位上做出好成绩。

**鲍：** 现在的社会总体上很浮躁，很多方面都有急功近利的现象。

**盛：** 是啊！社会、学校、家长、学生、老师，都很浮夸。

我们年轻时社会不是这样，刚毕业时，给什么样的学生都会好好教。我们是"土八路"出身（笑），但就是有一颗认真教学的心！

2010 年 8 月 2 日

下午 4：00—5：45

访谈于厦门鼓浪屿鹭海宾馆

> 如果有什么事使我不能弹琴了，我恐怕也就活不长了。

——钢琴大师阿贝·西蒙（Abbey Simon）访谈录

阿贝·西蒙

美国著名钢琴家、教育家，90岁高龄，被誉为目前世界上仅存的最后一位20世纪钢琴演奏黄金年代的钢琴大师。阿贝·西蒙灌录过全套拉赫玛尼诺夫、拉威尔、肖邦及勃拉姆斯和舒曼的绝大部分钢琴作品；曾与纽约爱乐、波士顿、芝加哥、阿姆斯特丹、伦敦等城市的国际著名乐团合作演出。他是范·克莱本、日内瓦、利兹、悉尼、南非等国家及地区的国际顶级钢琴大赛的常任评委。他曾执教于茱莉亚音乐学院、印第安那大学音乐学院、曼哈顿音乐学院等，他的学生包括许多著名钢琴家，如阿格里奇等。

在"2011上海国际钢琴大师艺术周"（2011 Shanghai International Piano Festival and Institute）的闭幕式上，本届艺术周的艺术总监、上海音乐学院钢琴系教授唐哲在谈到艺术周期间钢琴大师阿贝·西蒙的独奏会时说："大家想一想，一个人一生中有多少机会看到90岁的人？而你看到的90岁的人中，又有多少会弹钢琴的？而这90岁会弹钢琴的还是一个钢琴大师？而且你还能听到这个90岁的钢琴大师的独奏会？"

对所有人来说，这个概率真的太小了。

更令所有人惊讶的是，大师的独奏会曲目竟然都是大部头作品。上半场的曲目是舒曼的《花纹》和很长很难的套曲《克莱斯莉亚娜》（Op. 16），下半场是肖邦的全套24首《前奏曲》。之后又返场弹了3首。大师演奏的品位之高、层次之清晰令人叫绝。

但对我来说，有一个更小而又更宝贵的、几乎是绝无仅有的概率，我还得到了一个采访他的机会！

在"艺术周"教师和学生的见面会后，大家去吃晚餐。虽然我知道那天下午大师教了好几节课，但我还是请求他给我一点儿时间访谈。为了记录得更为专业，我请留美钢琴博士唐哲充当翻译。

我们刚刚进入大师房间，还没有坐下，他就问我："你想要我告诉你些什么？"

**鲍**：我想要你告诉我，你生命上长寿和艺术上长寿的秘密。

**阿**：这是一个很难回答的问题。我妈妈活了30几岁，她的兄弟也只活了40几岁。我父亲在60岁前就去世了。只有我一个人活得长。所以关于这个，我没有什么可以告诉你的。

**鲍**：那你至少可以告诉我们，你艺术上长青的秘密吧。昨晚听了你的独奏会，真的觉得那是我极大的荣幸。您是一个奇迹，是一个传奇！

**阿**：我想首先是我非常热爱音乐。演奏是我生命中唯一的爱好。这也是一个悲剧，因为我没有什么别的爱好了。如果有什么事使我不能弹琴了，我恐怕也就活不长了。

当然，说是一个悲剧，其实也很有意思。每弹完一场好的音乐会，我会非常高兴。现在我到了这个年龄，还一直在努力，甚至更加努力，比年轻时练得还努力。年轻时，我总在想："哦，以后我年纪大了，就不用练这么多了。"但是，现在我更努力了。事情是随着年龄增长在不断变化的。也许20

岁时满意的演奏，到 40 岁就不满意了。我通常的心态就是听自己过去的演奏总是不满意。

同时，我上台的感觉又和年轻时一样，演奏钢琴就是我生活的热情所在！

除演奏外，我还很享受教学。我相信每个艺术家都喜欢教学。

我在教学中，有时会突然体会到一些很重要的而过去从来没有想到的东西。这些问题在自己过去的演奏中从来没有想过，但是在教学中忽然体会到了。

其实，过去的大钢琴家、作曲家都在教学，这是一个伟大的传统。

现在的情况有点儿不一样了。今天，每个国家、每个城市都有音乐学院，这些音乐学院能培养出很多很好的学生。比如，今天中午我在教学中听到了一些很好的学生。有一个小男孩弹莫扎特弹得非常好。

（唐哲："那是我的学生。"）

我年轻时，作为一个美国人开始自己的音乐生涯其实是很困难的。学小提琴、大提琴的学生毕业了可以去乐队，但是钢琴家往往没地方可去。现在美国的音乐学院都设了演奏专业。好的教师对社会是有作用的。

但现在仍有很暗淡的一面。社会对古典音乐的需求越来越少了。过去，一个城市每天可以同时有四五场古典音乐会。现在最多只有一场，其他的都是流行音乐。有些城市有着金碧辉煌的音乐厅，但有着 1000～1500 座位的音乐厅每场只能卖 300 多张票。我觉得应该多设一些 300～500 座位的音乐厅，让真正热爱古典音乐的人进来。音乐、艺术的对象其实永远是"小众"的。

针对古典音乐而言，报上的评论也越来越少。某些方面真是令人悲观。不过这次"音乐周"还是让人看到了希望。

鲍：您出生在 20 世纪初，但我觉得您的演奏风格是属于 19 世纪的。

阿：我的风格只属于我自己，不属于任何一个世纪。我认为很多人把音乐分成古典乐派、浪漫派、现代派等，这种分法是不合理的。我并不反对在做研究时这样分，但我无论在弹巴赫、贝多芬、舒曼或是拉赫玛尼诺夫时，总是用自己的理解去演奏。我也有幸听过巴克豪斯、霍夫曼、列文涅、克莱本等大艺术家的演奏。我研究、学习所有的乐谱比任何学生都认真、仔细。我还认识拉赫玛尼诺夫、霍夫曼，这是我的优势，但我们还是没有19世纪那些大师的优势。

以前的钢琴家、小提琴家、指挥家把自己的一生都奉献给了音乐。但现在的人往往学什么就直接到图书馆去借，弹什么都依靠CD。我对此很愤怒。如果你弹一首贝多芬，你先不要听CD嘛，自己先学，也许你会发现很多别人没有发现的东西。在你自己还没有学过之前就听很多不同的版本，这是不好的。

**鲍**：我听说您和一些有名的老师学过，您能谈谈和他们学到的东西吗？

（据悉，阿贝·西蒙曾师从20世纪初美国著名钢琴家戈多夫斯基的女婿史波顿以及霍夫曼）

**阿**：我和霍夫曼学的时候还很小，几个月才学一次。

一个钢琴学生小时候当然有很多东西需要向老师学，比如，老师会教你怎样弹音阶什么的。而且有一个好的老师是很重要的。但我觉得更多的是自己向自己学，以及向老师其他的学生学习一些东西。比如，我弹贝多芬的《"热情"奏鸣曲》的时候，我可能会问问那些已经弹过的同学，某些某些地方怎么弹，因为同学是天天可以见到的嘛。

当然我这样说并不是要贬低老师的作用，我自己就是老师，你也是嘛。

**鲍**：那么就谈谈你的学生吧。听说阿格里奇也是您的学生。

**阿**：她不是我的学生。她是我的老朋友。除了第一个老师，以后没人能教她。（笑）她14岁的时候，古尔达、普尼娜·萨尔茨曼、马格洛夫和我四个人去听她弹琴，当时我们四个都在布宜诺斯艾利斯演出。听后，我们每个人都对她说："你来跟我学吧。"（笑）她后来到维也纳去跟古尔达学过。她是一个天才，对她的老师来说，也是一个荣耀。

**鲍**：您觉得从您年轻的时候到现在，世界钢琴潮流有什么变化吗？

**阿**：现在的演奏风格太板、太方正。有一个不好的倾向，就是很多年轻人不是为音乐而学音乐，而是为比赛而学音乐。比赛是癌症！有太多的年轻人每年花太多时间为比赛弹一样的东西，浪费了自己太多的年华。在我年轻的时代，全美只有三个比赛，而现在，每20英里就有一个比赛。

有一个丹麦人做了一个关于比赛的研究，是从18世纪的比赛开始的。我们就比赛的问题专门交谈过一次。我说现在有20个左右的大比赛，这实在太多了。他说："是700个大的音乐比赛啊！"他还说："你住在日内瓦，你应该知道这个呀，'国际音乐比赛联盟'就设在日内瓦呀。"

你可以想一想，如果每个比赛设6个奖，700乘6是多少？

中国有几个比赛？

**鲍**：大的国际性的钢琴比赛有三个。

**阿**：应该这样，不要太多。

我常常担任评委，但我自己常有疑问："这个比赛是否应该给第一名？"我总是觉得第一名是应该给真正的艺术家的。

**鲍**：时间很晚了，我想问您最后一个问题。您的记忆力这么好，是天生的还是有什么好方法训练的？

**阿**：没有什么方法。记忆有很多种：视觉记忆、听觉记忆、手指记忆等。

有人像记电话号码一样记,有人在台上忘了点儿什么,但手指自己能做下去。我是靠听觉记忆。我从来没有在记忆上刻意做过任何事。我是一个不好的视谱者,但我视完一个小节,就把它记住了!

2011 年 7 月 14 日<br>
晚上 9:45—10:30<br>
访谈于上海

钢琴大师阿贝·西蒙(Abbey Simon)访谈录

> 我不喜欢听到单纯的炫技，内心的触动对我更重要。

——著名法国钢琴家让-保罗·赛维亚（Jean-Paul Sevilla）访谈录

让-保罗·赛维亚

让-保罗·赛维亚是法国著名钢琴家。他在1959年日内瓦国际钢琴比赛中获得一等奖。作为钢琴家和室内乐演奏家，他曾多次在欧洲、非洲、美洲和亚洲巡回演出。他一边继续作为钢琴家活跃在舞台上，一边在渥太华大学任全职钢琴和室内乐教授。同时，他还经常教授歌剧。让-保罗的存在丰富了渥太华这座城市的文化和音乐生活。

作为一位热情的天才老师，让-保罗教过许多有才华的年轻艺术家，其中许多人在不同的国际比赛中赢得了最高奖项。这些人中包括国际知名钢琴家安吉拉·休伊特、室内乐演奏家和音乐教授安德鲁·突尼斯。他通过加拿大音乐比赛和注册音乐教师协会的工作，将许多的时间和精力用来促进音乐在加拿大的发展，并给成人业余爱好者许多有益的指导。此外，他在美国的几个音乐杂志上发表了许多文章。同时，他也是演奏福列和拉威尔作品的著名专家。让-保罗于1986年任东京武藏野大学的客座教授，并从此将中国、韩国、菲律宾、印度尼西亚等纳入其行程。他经常在世界各地举行音乐会、讲学和开办高级音乐讲习班，凭借高超的音乐造诣和聪明才智而获得一致好评。

**鲍**：我曾采访过很多不同国家的钢琴家，并问到关于学派的问题，他们的回答几乎都是：现在是一个信息交融的时代，"学派"的概念已经不很重要了。您是怎样看待关于"法国学派"这一概念的呢？

**赛**：首先，我不相信有一个所谓"法国学派"，因为每一个好的钢琴家的弹法都是不一样的。我自己的老师就是跟俄国老师学的。

以前，法国学派可能主要是指那种像玛格丽特·朗的高抬指、发音清晰的弹法。但是，后来科尔托创办了法国高等师范学院。他的两位助教都是要求手臂完全放松，而手掌坚如磐石。

**鲍**：我们过去的印象是，法国钢琴家弹琴不像俄国钢琴家那样用很多手臂的力量。

**赛**：在我学习的时代，同学们的弹法也是各式各样的。我自己喜欢法国音乐，但我最拿手的曲目是巴赫的《哥德堡变奏曲》。这好像并不太法国吧？（笑）

我设计的独奏会是：上半场弹巴赫的《哥德堡变奏曲》，下半场弹德彪西的24首《前奏曲》。

我还弹很多拉威尔和福列的作品。这倒不是因为我是法国人，而是因为我喜欢他们的作品。有很多法国钢琴家是不弹福列的作品的。

其实，可以说"法国学派"中分为很多小的"派"，也可以说并没有"法国学派"。每个法国钢琴家都是不同的。我曾观察过美国的茱莉亚音乐学院，以前俄国人的教学传统也似乎渐渐远去了。以前，苏联最有名的教授涅高兹的两个最有名的学生里赫特尔和吉列尔斯，弹法完全不同。而且一个人也是会变的，也有的人离开老师后变得完全不一样了。

有一个现在在国际上很有名的Angela Hewitt，她从14岁到22岁跟我学。16岁时，跟我学巴赫的《哥德堡变奏曲》，过了很多年后，有人听她弹后问我："为什么她弹的和你弹的完全不一样？"我很高兴，当然不应该完全像我，应该有自己的东西。她录了很多法国作品,像全套的拉威尔、拉莫、普朗克。这倒是在我的影响之下弹的。但是,她最出名的是弹巴赫。现在她每年在伦敦开很多场音乐会。最近弹了一场舒曼,一场勃拉姆斯。有很多音乐家擅长弹巴赫,但不应该给自己贴上标签,应该什么都弹。弹现代音乐的人也应该什么都弹。有一个时期,我弹很多法国作品,但是有一次四周之内,我在同一个城市弹了四场独奏会:第一套弹 3 首巴赫的《帕蒂塔组曲》;第二和第四套弹福列的 13 首《夜曲》;第三套弹的是另外 3 首巴赫的《帕蒂塔组曲》。

**鲍:** 在中国对福列的作品演奏还不是很多。

**赛:** 福列是一个很神秘的人物,不像其他作曲家那么外向,作品中也没有很多引人注目的八度。他的一切好像都是隐藏在里面的。其实在法国弹的也不多。他的作品几乎都是钢琴作品,主要有三个特质:Charm(魅力);Elegance(优雅);Grace(更高一些层次的仪态优雅)。第一点 Charm 是和幽默感有关的。但现在很多女孩穿着牛仔裤,都缺乏 Elegance 和 Grace。不过,您是有 Elegance 和 Grace 的。

**鲍:** 哦,谢谢,谢谢。

**赛:** 所以,福列的作品比其他法国作曲家的作品更女性化一点。

有一次,我在法国一个音乐学院当评委,一个考生弹了福列的第五首《船歌》。有一个同事竟然说:"我根本不明白他为什么要在这种曲子上浪费时间,这样的曲子根本不能证明什么。"我也说:"对,是不能证明什么。"当然,我是讥讽他才这样说的。因为,如果是外国人这样说也就罢了,但他是法国人啊?!

我不喜欢听到单纯的炫技,内心的触动对我更重要。当然,我还要听触键等。

贝多芬在写 D 大调《弥撒曲》时曾说:"我要从心里去写。"其实,所有的曲子都应该是这样的,除了特别现代的,都应该是从心里出来的。从巴赫开始就是这样的。现在的社会太商业化了,很多年轻人都希望在 5 分钟以内就使听的人得到印象。

现在有的评委也不懂音乐。我曾在一个比赛里听过一个意大利男孩在决赛中弹圣-桑的《第二钢琴协奏曲》。他的第二、第三乐章弹得飞快，有些评委听得张口结舌，都评他得第一。两年后，在西班牙的"哈恩"比赛中，他在第一轮就被刷下来了。这个年轻人找到我，跟我说："你不认识我了吗？"原来他就是那个弹圣-桑协奏曲的意大利男孩。

昨天有个弹李斯特的《塔兰泰拉舞曲》的女孩子很有才能，可惜弹得太快了，毫无节奏。我在笔记本上记下了评语：这是舞蹈，不是赛车。

**鲍**：哈，很遗憾，您说的那个女孩子在中国时，恰恰是我的学生。跟我学了8年，现在在外面留学。不过她以前弹得不是那么快，在比赛中也得到好评。昨天所有的曲子都快，我也吓了一跳。

**赛**：令人痛心的是，如果没有才能的人也就罢了，但是有才能的人，不知如何运用自己的才能就可惜了。

在这次比赛中，还有的选手弹肖邦的第四、第八"练习曲"也是飞快。为什么要这么快呢？像第四首，肖邦写了很多两个音或和弦之间的小连线。如果弹得太快，就不可能体现出这个。而肖邦这样写，就是要告诉我们：别弹得太快。第八首的问题也是一样的。手指快当然很好，但是不能只是快，什么话都没讲啊！肖邦是个诗人啊！

（这时，在旁边当法文翻译的李坚说："今年夏天，我在意大利听了波格雷里奇的音乐会，他弹肖邦的《夜曲》简直慢得不得了。但是很有意思。"）

**鲍**：您是否觉得，现在世界上的国际比赛有越来越长、越来越难的倾向。而且，选手也弹得越来越炫技？

**赛**：在一次国际比赛中，有一个获奖的日本女孩子决赛中弹了舒曼的协奏曲。有一个有名的音乐家说："不知她是否能弹大的协奏曲？"我可不认为舒曼的协奏曲是小的协奏曲。现在似乎评委和选手都认为在决赛中必须弹几个大的协奏曲。其实，哈斯基尔从来没有弹过拉赫玛尼诺夫的协奏曲。

我觉得"中国国际钢琴比赛"很好，决赛中要弹两个协奏曲：一个古典的，一个自选的其他作曲家的大的协奏曲。这样，对于那些古典协奏曲弹得好的，评委也不会问：他是否能弹大的协奏曲？

**鲍**：中国国际钢琴比赛一直只有三轮比赛，您觉得是否应该向四轮、五轮发展？

**赛**：意大利有一个 Sehigallic 比赛，现在已经没有了。这个比赛除了独奏之外，还要弹声乐伴奏和一个重奏。还设了一个法国作曲家 Roussel 的特别奖。以后我会把这个作曲家的录音寄给你。他是和拉威尔同时代的人，1937年去世。

你问到中国国际钢琴比赛是否需要更长，我觉得这次 52 个选手只有 12 个进入第二轮，这实在太可惜了。所有的人技术都很好，但只有这么少人进下一轮，我的心都碎了。或许第一轮后，可以有一半人进第二轮？还有，52 个人只评一个肖邦奖，这也很难。有些人也许肖邦弹得很好，但其他作品弹得我不喜欢。啊，也许我会给一个穿得最美的女孩子一个奖。（笑）当然，对我来说，最重要的还是对作品的理解。

很多人弹肖邦的《波兰舞曲》都太快。年轻选手应该读一读李斯特斯写的关于肖邦的书，书中有两页是关于《波兰舞曲》的。《波兰舞曲》不是很快的，是宫廷里请客以后，公爵站起来，邀请最尊贵的夫人参观整个宫廷。（这时，赛维亚先生做了一个用手托着贵夫人手的动作，并哼起了肖邦《平静的行板与辉煌的大波兰舞曲》的旋律。）

弹肖邦作品时，每个音都要唱。如果能唱得出来，你弹的速度就是对的。

2011 年 10 月 30 日

上午 10：00—11：45

访谈于厦门悦华宾馆

> **“热爱自己的工作，不光看到'终点'，还要喜欢通往'终点'的艰苦过程。”**
>
> ——旅美青年钢琴家吴迪访谈录

吴　迪

吴迪被《华尔街日报》誉为"最成熟的、敏感的华裔钢琴家"。

吴迪1984年出生，4岁开始学琴，毕业于美国柯蒂斯音乐学院，后在茱莉亚音乐学院获钢琴演奏硕士学位。曾师从原柯蒂斯院长格拉夫曼及茱莉亚音乐学院钢琴系主任卡普琳斯基。

在吴迪的演奏生涯中，无论是在肯尼迪艺术中心与美国国家交响乐团合作，还是多次在卡内基音乐厅举行的音乐会上，她都凭借着自己对音乐的独特理解以及对每个音符的收放自如，让听众对许多名曲有了新的感悟。2011年在美国费城吴迪与世界著名指挥家艾森巴赫合作，钢琴独奏部分刚奏完，艾森巴赫就两次回头对吴迪说："棒极了！棒极了！"这在交响乐演出中是极其少见的。

吴迪的足迹遍布欧美。她先后获得国际五大钢琴赛事之一——美国范·克莱本国际钢琴比赛决赛奖等十几项国际大奖。美国的报纸评论说："当今音乐世界，才华横溢的年轻大师比比皆是，但真正打动人心的，是吴迪对音乐的专注和执着，以及对音乐精神核心的孜孜以求。"

当吴迪还是个从厦门来的小女孩时，我就听过

她的演奏，感到她是一个很有才华的孩子。后来她考进了中央音乐学院附小，再后来又去了美国留学，这期间很多年没有见过她，但听说她有了更多的进步。

暑假里，她回国途经北京时来我家造访，我又一次把来访客人变成了访谈对象。

**鲍**：我记得你很小的时候就去美国留学了，谈谈你跟美国老师学习的收获好吗？

**吴**：我跟美国的老师确实学到了很多东西。在茱莉亚音乐学院攻读钢琴艺术博士时，有两位导师，其中一位是 Robert McDonald 教授，在跟他学习之前，我从来没有考虑过"技术"的问题。因为弹琴似乎没有什么困难，好像再难的技术多练几遍也就行了，但真正碰到有些太紧张的场合就发现不行了，技术会出问题。比如，2009 年，我参加了"范·克莱本国际钢琴比赛"。这个比赛的曲目量很大，赛程也很长，每天都得练很多曲目，在这种紧张又疲劳的情况下想要弹得准确，难度是很大的。能否正常发挥，就更成问题了。

Robert McDonald 教授告诉我，人在紧张的时候，身体和手的状态都会有所改变。因此，在练习的时候要把每个地方都练得很"安全"。比如，弹一大串八度，手臂千万不要"锁住"。这样的练法后来对我弹李斯特改编的《浮士德圆舞曲》帮助很大。他的这种思维方法和练习方法帮助我在大赛中找回安全感。

我攻读艺术博士时的另外一个导师 Joseph Kolishistain 教给我另一些有用的东西。他弹琴就像有一张蓝图在脑子里一样，格局、结构非常清晰，不是只跟着感觉走。一个乐曲的高潮在哪里、往哪里走等，都在自己头脑的掌控之中。

这几年，中国学生到美国留学的人很多。不过，柯蒂斯音乐学院这几年收的中国留学生都是十二三岁的小孩。人们都说："以后是中国人的天下。"

**鲍**：不过我倒有些不同的看法。去年到韩国担任"首尔国际钢琴比赛"的评委，感到韩国人现在很厉害。我甚至觉得无论从教学力量、整体的钢琴水平或者在国际比赛中的获奖人数等方面来看，可能都超过中国。

**吴**：我现在常常在想，以前在学校学习的日子是很好过的，学校像一把大伞，挡住了现实的冲击。一旦走出了学校，就会感到社会是很残酷的。在学校时，总会想到：我还有很多时间呢。但一出了学校，就会感到自己以前没有好好利用在学校的时间。

**鲍**：面对毕业后难生存的问题你怎么办呢？

**吴**：我从大学时起，就自己做自己的经纪人。

**鲍**：啊，你太能干了！

**吴**：现在的音乐家不能只弹琴，还要会做很多事。每个钢琴家在台上演奏时，其实都会有意无意地表露出自己的"全面性"。现在是网络的时代。我1999年出国的时候，中央音乐学院只有一个电脑工作室，还没有人教我怎样用电脑。现在几乎没有人不懂电脑了。学音乐的人往往理科比较差，但是一定要关心社会、关心世界的发展。现在已经是"神舟"上天的时代了。

当然，音乐家还是应该有丰富的感情生活，音乐家的内心世界就像一个"感情仓库"。经历过的痛苦、快乐，都可以留下来利用。音乐家没有经历过恋爱，没有一颗 Broken Heart（破碎的心）也是不行的。过去的许多经典作品就是在这种情况下写出来的。

一般人在痛苦的时候，会想法把自己的心"关上"，但是音乐家在经历了痛苦之后，会懂得更多的事。在有了更多的经历之后，再碰到事就会有不同的反应。

**鲍：** 我刚才送你的我的第二本《中外钢琴家访谈录》里面，有很多钢琴家都有过艰苦的经历。比如，有一篇我采访旅法著名钢琴家周勤龄老师的文章，她年轻时经历过好多苦难啊。

**吴：** 年轻人需要经历苦难的磨炼。

其实，"弹钢琴"和"钢琴家生涯"是两个完全不同的概念。比如，当职业钢琴家常常要坐凌晨的、半夜的飞机，一个人不停地在旅途奔波。

我有一次从日本飞回美国，日程特别紧。在日本是星期四晚上弹肖邦的《第一钢琴协奏曲》和拉赫玛尼诺夫的《第二钢琴协奏曲》。那是一个超大银幕的电视剧，一边放映一边是我和乐团在演奏。

星期五离开，当天下午回到美国，当晚要独奏。星期六又赶去排练，星期日和乐队演奏普罗科菲耶夫的《第三钢琴协奏曲》。这样的时候，不光是要保证自己的身体不生病，还要让自己的记忆力、精力起码要保持 30 分钟不垮掉。

在国外，坐早班 6 点或 8 点的头班飞机是常事。还得保证飞机准点，如果飞机延误就完了。所以，为赶飞机，凌晨三四点起来是常事。

鲍：平时几点起床？
吴：平时早上10点起床。

其实，当演奏家就是这样，当别人仰慕着你的"著名"时，根本想不到你的奔波、你的付出，看到的只是你的光环。

鲍：你现在一年平均有多少场演出？
吴：过去的三年，大约每年40场，不算太多。

我每次在机场，动作都特别快。放行李、过安检……一切都特别快。（笑）

什么叫"家"？现在住的地方就是"家"。（笑）当演奏家就得对"家"的概念看得淡一点，生活总是从宾馆到宾馆。不过住宾馆不用自己打扫卫生，挺好的！（笑）你想要家吗？那就把整个地球都看成你的家吧！

我现在已经有了一些很"职业"的习惯，比如，一上了飞机，用什么姿势能让自己马上入睡，等等。我一到了机场就走得特别快，对机场很有"亲切感"。（笑）

一个演奏家要学会"融入"。在每一个地方待3~7天，你必须很快认识许多新的人。即使谈得很投机，也必须很快就说再见。当然，在这种情况下，想保持友谊也很难。

鲍：你现在有男朋友吗？哦，对不起，我不是要打听你的隐私。（笑）只是谈到这里，我想了解一下作为一个女钢琴家在这方面的生活状况。如果不方便说，也可以不说。（笑）

吴：如果一个人的私生活只能排在他全部生活的第五位，那就不可能有男女朋友啦。因为，不论是谁，总要有时间来了解对方啊！当然，如果缘分

到了，再难也会找到时间啊！（笑）

**鲍**：这对一个女钢琴家来说，真是更难一点儿了。因为一个男演奏家可以带着夫人全世界跑，女演奏家带老公就难点儿了。（笑）
**吴**：一个跟着你满处跑的男人，你也不会喜欢啊！（笑）
刘洋有男朋友吗？

**鲍**：我看到报纸上说，选女宇航员都要选结过婚的。当然，她们在天上飞的时候，对家人来说真是一种煎熬啊。
每一种职业都有自己的牺牲。

**吴**：宇航员这个职业，可是拿生命在牺牲啊！美国有一次发射载人飞船，才7秒钟就"砰"一下爆炸了。我真是太敬佩宇航员的忘我精神了！

**鲍**：好，咱们再回过头来谈谈你在美国的学习情况。你在柯蒂斯上学的时候还在别的学校上文化课吗？

**吴**：是的，我在柯蒂斯音乐学院上专业课，文化课要到外面普通高中去上，学费都是由柯蒂斯支付。我一边修普通高中课程，一边修柯蒂斯的音乐课和主课。19岁那年我就修完了大学本科的所有课程，取得学士学位，并以很好的成绩考入茱莉亚音乐学院钢琴硕士研究生，导师是钢琴系主任卡普琳斯基（Yoheved Kaplinsky）。

鲍：柯蒂斯有哪些音乐课？

吴：音乐史、视唱练耳、重奏。重奏课要每学期开一次音乐会。钢琴主科是每周四在大教室里有公开课，每个人都可以轮流上去演奏，教授们都来听。每个学生都可以报名弹给别的教授听，美国的教授是很无私的。

我曾在曼哈顿音乐学院的预科学过一年，是 Zenon Fishbein 教授把我从中国带出来的。这个老师太好了，不仅给了我深刻的专业启迪，还为我联系文化课学校、帮我租钢琴送到家里、送音响让我听音乐资料等，给初到美国的我提供了很多帮助。我永远记住这位善良耿直的老教授。

当时我和妈妈住在布鲁克林一个半地下室，每天到曼哈顿私立学校都需要乘地铁，去一小时，回来一小时。都是我妈接送我。我的英语90%是在纽约的地铁上背下来的。我练琴的时候，我妈就用字典查英语生词，把中文的翻译抄在小本上。我每天都要背很多英语单词，最多的时候，三天要背100多个，学了忘，忘了重新记。

我第一天去中学面试的时候，老师觉得我的英语发音很好，说得很流利，就把我分在"桥梁班"，四门主要的课都要上。当时我自己的信心也很强。觉得："哎呀，我不错嘛！"学校又让我选修法语课。结果开学的第一天五门课，我一个词都没听懂。好沮丧啊！（笑）法语课就更尴尬，我不知道老师说的是法语还是英语，听不懂也不敢说话。回家后，我哭着给爸爸打越洋电话。他说："你只有两个选择：一是回国；一是坚持下去。"爸爸的话激励我去发奋，不到半年，我的英语问题基本解决。

鲍：为什么面试的时候会认为你那么好呢？

吴：因为我在国内听了很多英语磁带，而且发音也比较好，所以简单的口语比较流利。

那时，我很纠结，不知要不要继续留在美国，因为我们钱不多，留在美国是很困难的。我在曼哈顿音乐学院上学，一分钱都没交，连书本钱都是老

师帮我交的。但是在私立学校上文化课就很贵。老师鼓励我去考柯蒂斯音乐学院,但是那时我们什么都不懂,报名晚了三天。不过,虽然报名已经截止了,但学校看到我很真诚地想报考,又不懂报名的规则,就破例准许我参加考试,安排我在最后一个考。

考试时,前一个考生是波兰人,弹得很好,弹完了大家都祝贺他。我去那里时,谁也不认识。记得我们先走进了一个很高很高的大门,大约有10米那么高,是二战前的样式。考试时,我弹《贝多芬奏鸣曲 Op. 90》。他们让我弹第二乐章,我当时并不懂什么是"难",简直可以说,什么都不懂。也不记得更多的了,反正弹完就等在大厅。过了一会儿,公布复试名单,我直往最后一个看,一看到有自己的名字就很高兴地离开,准备隔天的复试。有些人榜上没有名字当场就哭了。我隔天考完就回纽约上课,过了好几天都没有消息。我想:完了,完了!(笑)

一天放学回家,一眼看到有份传真,是柯蒂斯的院长格拉夫曼教授给我的。那时人们还没有手机。传真中说我已被录取,但电话联系不上我。当时我还没有看完他的信,就高兴地赶快回了一个传真说:"我想跟你学。"等发出去后,再仔细看他的传真,才看到他在信结尾写:"你将是我的学生。"(笑)

我妈陪我在美国住了6年。她回国后,我才真正体会到在国外生活的感觉，体会到什么叫"第一代移民"的感觉。

妈妈在美国时，我还有"家"、有"家人"的感觉。在北京中央音乐学院附中上学时，我妈很苦，但我没有什么苦的感觉。我妈离开美国后，我一个人待在异国，感觉很可怕。我妈走的时候，我有一个男朋友，后来分开了，我很痛苦。有时会感到，好像这个世界上没有一个人关心你在哪儿、在做什么、要去哪儿、是否失踪了……我想，如果我被车撞了，也没有人会问到……不过，世界上任何事情都有黑白两面，这种处境倒磨炼了我很强的独立性。不过可能也独立得太过了吧。（笑）

这次来北京，是爸爸的一个学生送我来您这儿的。这种"不用担心什么"的感觉我已经很不熟悉了。（笑）在美国，我到哪儿都是一个人，什么都要自己去闯。

不过我非常庆幸的是，自己碰到了很多很好的老师，他们为我做的远远超过了他们应该做的。

我想，一个人活在世界上要想做成大事，就必须有很强的忍耐力。要赢得起、输得起。人要有意志力，如果运气还没到你，你就必须做好准备。"痛苦"会磨炼一个人的意志。

做每件事不能只看到"终点"。比如，参加比赛，你获奖之后又怎样？兴奋得要命？还是累得要死了，只能躺在床上，一天不练琴？所以，热爱自己的工作，不光看到"终点"，还要喜欢通往"终点"的艰苦过程。

**鲍**：没想到你这么年轻，思想却这么有哲理性。

**吴**：被迫的！（笑）

在飞机上看到太阳升起，我心里会很快乐、很喜欢！

大城市很繁华、喧闹，但是如果能在自己的心里找到一个安静的状态，自己一个人喝杯好咖啡，或是喝点酒、吃点干酪，也很快乐呀！

有时看到小孩子笑起来那么清纯，我打心眼里高兴。人无论长多大，都要保持童心，我有时一个人看体育比赛的电视，也会随着比赛的起落而激动开心地喊叫。

**鲍**：哈，我也一样，看体育比赛的转播时会自己一个人鼓掌喝彩。（笑）

你说的这些我都有体会。特别是2006年做过癌症手术后，深感快乐充实地活好每一天是多么重要。

**吴**：其实，这种状态也不是天生的，是要学、要找的。人在奋斗的过程中，不但要有上进心，还要有满足感。人当然需要钱，但是走的时候又带不走，只要不穷就行了。不要太守钱，活得开心最重要。

我有时会想，人来到这个世界上是做什么的呢？只是为了出名吗？舒伯特生前是没有名的呀！

生命的意义是什么？

做一个音乐家，生命的意义就在于贡献，给人类带来欢乐！

2012年6月19日
下午3：30  5．25
访谈于亚运村家中

> **我每天都问自己：我为什么要学音乐？做一个钢琴家对我意味着什么？**

——青年钢琴家孙嘉言访谈录

孙嘉言

被多伦多星报赞誉为"技巧上完美无瑕，充满诗意和极其自信的演奏"，钢琴家孙嘉言频繁地在世界各地演出，他多次与克利夫兰交响乐团、英国哈莱交响乐团、爱尔兰国家广播交响乐团、中国国家交响乐团、沃斯堡交响乐团、多伦多管弦乐团、阿斯本管弦乐团、中国青年交响乐团等世界各地著名交响乐团演出。他曾与中外著名指挥家 Michail Jurowski、Sir Mark Elder、Stefan Sanderling、Leon Fleisher、David Hayes、Kerry Stratton、李心草、姜金一等合作，在纽约卡内基音乐厅和林肯中心、克利夫兰 Severance Hall、利兹市政厅、都柏林国家音乐厅、多伦多皇家音乐学院 Koerner Hall、北京音乐厅、台北国家音乐厅等著名音乐厅多次演奏。他曾应邀作为中央乐团—中国交响乐团建团 50 周年金色庆典演出的独奏家。他的演奏多次在 BBC、爱尔兰国家广播电台、中国中央电视台以及北美洲各地的古典音乐广播电台播出。

他多次在国际钢琴比赛中获得大奖，包括英国利兹国际钢琴比赛第三名，爱尔兰都柏林国际钢琴比赛第二名，克利夫兰国际钢琴比赛第四名及观众最喜爱奖，首届 CCC 多伦多国际钢琴比赛第一名，第二届美国 Fulbright 国际钢琴比赛第二名，第二届中国青年演奏家协奏曲比赛第一名，第一届塞勒国际青少年钢琴比赛第一名等。2011年他被东京基金会命名为Sylff荣誉会员，也曾被授予中央音乐学院第十三届傅成贤纪念奖学金。他多次参加阿斯本音乐节、Sarasota音乐节、PianoTexas、长岛Pianofest等音乐节并多次演出。

孙嘉言于1990年出生在山东省烟台市，2002年考入中央音乐学院附中，师从张晋教授。2006年考入纽约茱莉亚音乐学院预科部，师从Victoria Mushkatkol。2008年毕业并获得茱莉亚音乐学院预科部成就奖。作为Yoheved Kaplinsky博士的全额奖学金学生，他于2012年与2014年分别获得茱莉亚音乐学院学士学位及硕士学位，并将继续在茱莉亚攻读博士学位，师从钢琴家Stephen Hough和Yoheved Kaplinsky博士。他的其他导师包括钢琴家Richard Goode，钢琴家及古钢琴家Robert Levin和Malcolm Bilson。他频繁地在茱莉亚音乐学院举行独奏会和室内乐音乐会，并学习作曲以及演奏羽管键琴和18世纪至19世纪古钢琴。

---

在"2012年利兹国际钢琴比赛"上，22岁的中国青年钢琴家孙嘉言荣获第三名，这也是中国钢琴家在这项历史悠久的重大国际比赛中获得的最高奖项。

虽然在孙嘉言十二三岁时，我就听过他弹琴，而且觉得他的才能是毋庸置疑的。但是在这次的比赛中，感到他在台上真的有点儿大钢琴家的"范儿"了。韩国评委、著名钢琴教授金大晋也对我说："孙嘉言是一个严肃的钢琴家，他将来会上到很高的高度。"说这话的时候，金大晋教授还用一个表现高度的手势加以配合。

这次孙嘉言回国办签证前，他的父亲打电话给我，说孙嘉言到北京后一定要来看我。于是，在12月19日我们共进晚餐后，我把聊天变成了一次访谈。

鲍：我记得很久以前就听说，你的学琴经历就像一个传奇故事。为了你到北京来学习钢琴，你父母把全家在烟台唯一的住房卖了，你妈陪你到北京来，你爸多年一直住在单位。谈谈这个经历吧。

孙：是的，我爸一直住在单位，我们到现在也没有自己的房子。不过爸爸现在不住单位了，住在一个朋友借给的房子里，但冬天没有暖气。（笑）

除了卖房子这件事，我学琴的经历也挺传奇的（笑）。其实我开始学琴的基础是很不好的，因为当时烟台根本没有经过正规专业学习的钢琴老师。我从6岁到9岁跟的都是很业余的老师。第一个是拉手风琴的老师。从9岁开始才正规些。到了十一二岁，才有了一个转折，之前我的钢琴学习都很随便，也没什么想法。

鲍：那你开始时是怎么会想起学钢琴的呢？

孙：因为那时我伯父的女儿已经开始学琴，我也就开始学了。在那之前，我父母一直希望我以后考清华、北大。如果能用钢琴考级来加点特长分也是好的。

到12岁时，有一次特殊的经历使我对音乐有了更迫切的渴望。那是小提琴家盛中国老师到烟台讲大师课，我也去听了。会场有一台钢琴，我问："我能不能弹钢琴？"得到肯定的答复后，我就弹了贝多芬的《"悲怆"奏鸣曲》。

我弹得很投入，台下鼓掌我都没听见。后来盛中国老师对我说我应该专业学音乐。他还说可以到深圳去找但昭义老帅学。但我父母觉得深圳太远了，还是到北京去考中央音乐学院附中吧。除此之外还有一个原因是，如果从我在烟台就读的小学"划片"到一个不好的中学，将来肯定很难考上重点大学。而且我又那么热爱音乐，干脆去北京学音乐吧。

当时想，考中央音乐学院附中时间已经很紧迫了。但是又想，再匆忙也要试试看。考试之前半年，认识了中央音乐学院钢琴系的张式谷老师，学了两三次。后来又认识了杨峻教授。他听我弹后说，附中校长应该让我免试进去。他介绍我认识了附中钢琴学科主任张晋老师。一个半月后，我参加了考试，并考上了。那年，包括我在内有5个很有天分的小男孩，都插班考进了附小六年级，这是相当特殊的情况。

但是考上后要交2万元学费，我家没有什么积蓄，只好把自己住的一个两间屋的小单元房卖了7万元。我爸住到了单位，我妈带着我在北京方庄租了房，用卖房的钱勉强维持生活。

所以我特别感谢我的父母，他们为了孩子，不惜一切代价、不求任何回报。他们并没有指望我成为大钢琴家，只是觉得我喜欢音乐，又有才能，就全力支持我。

**鲍**：卖房子这样的大事，你爸妈要先讨论吗？

孙：没有。他们没什么讨论就把房卖了。

鲍：你爸爸当时做什么工作？

（这时，坐在一旁的孙嘉言父亲插话："我就是机械修理厂的普通工人。"）

鲍：真是太不容易了！

不过当时做这样的决定是不是有点"押宝"呢？

孙：也不是"押宝"，他们真是一切为了孩子。我在美国这么多年，我妈一直在美国给人看孩子赚钱、陪着我，要不然我真没法在美国学习、生活。所以我也不是想一定要成名成家，只是想回报父母的付出。

鲍：你刚才讲到自己小时候学得很不正规，那后来在技术上是怎么"掰"过来的？

孙：现在也没"掰"过来呀！（笑）我总是不断地告诉自己：勤能补拙。以前欠下的账现在要还嘛！（笑）

我从考进了附小、附中开始，就常常问自己，现在到了美国更加是每天都问自己："我为什么要学音乐？做一个钢琴家对我意味着什么？"

我曾读过一本书：阿劳的《谈艺录》。他的音乐价值观就是：对音乐的奉献，对社会的服务。读了那本书之后，我就一直在寻求更有意义的人生道路。而且我觉得，不断提出"音乐的真谛是什么？"这个问题比回答这个问题更重要。

著名小提琴家梅纽因也曾说过：Making music 应该成为音乐家的本能，成为音乐家生活中的必需品。音乐家和音乐的关系就像鱼和水的关系。

**鲍**：现在在中国，很不幸有很多家长把孩子学音乐看成一件很功利的事。也可能有时一些媒体的宣传起到不好的导向。

**孙**：在美国也一样啊，我在茱莉亚音乐学院也看到很多学生学习的目的很功利。

**鲍**：但是我听说，在美国做音乐家并不是一个令人羡慕的好职业，音乐家的收入往往是不太高的。

**孙**：虽然是这样，但还是有不少人学音乐的目的脱不开"名利"二字。茱莉亚是一所非常好的学校，学习氛围很好。但是 Be famous（出名），站在别人之上，是很多人的梦想。

我觉得对音乐的奉献应该是无私的。

**鲍**：你这么年轻就树立了"奉献"的想法，真是很不容易。我想，可能正因为有了这样的认识，因此你在比赛中不太紧张。

**孙**：在比赛中，我总是抱着"不能进下一轮"的想法去弹。而且，我对评委也没有抵触的想法。有的选手说自己上台鞠躬时从不看评委，我说我上台时总是看评委的。评委也是听众啊，为什么不看？（笑）

不看评委的选手可能是因为比赛的压力过大，心里老是有恐惧感。当然，在比赛中你很难完全不想选手之间的竞争，因为竞争本来就是比赛的一个要素。但这和音乐本身的意义相比，真是微不足道的。所以我在比赛中总是不停地调整自己，尽量保持良好的心态。

鲍：你去年在很短的时间内连得了两个大比赛的奖，真的是很不容易。

孙：去年5月我在"都柏林国际钢琴比赛"中得了第二名，三个多月后，又在"利兹国际钢琴比赛"中得了第三名。

鲍：比赛中弹的曲子一样吗？

孙：差不多。但不完全一样。

在"都柏林国际钢琴比赛"时，我弹了肖邦的《前奏曲》的后12首。而在"利兹国际钢琴比赛"时，我弹了全套24首。

还有，决赛中弹的协奏曲是不一样的。"都柏林国际钢琴比赛"弹的柴可夫斯基的《第一钢琴协奏曲》，"利兹国际钢琴比赛"弹的普罗科菲耶夫的《第二钢琴协奏曲》。

鲍：你参加这些大比赛，在曲目的选择和安排上有什么经验？

孙：这些比赛对曲目的要求大多数是free choice（自由选择），不过有不少选手的选择比较相近。有许多人选拉威尔的《夜之幽灵》，还有不少人选李

斯特的《B小调奏鸣曲》。我在"利兹国际钢琴比赛"中弹的贝多芬的Bagatelles和勃拉姆斯的Op. 116，都没别人弹。

**鲍**：你在利兹比赛的曲目，有很多都是由一小段一小段的曲子组成的。像肖邦的24首《前奏曲》啊、贝多芬的Bagatelles啊、拉赫玛尼诺夫的几首《前奏曲》啊、巴托克的《在户外》啊，等等。这是出于什么考虑？

**孙**：是巧合。

我觉得肖邦的24首《前奏曲》不是24首小曲子，而是一个大作品。每一段都有线索连到下一段，全部24首《前奏曲》就像一个宇宙一样。

**鲍**：在听比赛的时候，我就觉得你的曲目选择很有意思。

**孙**：我自己觉得，其中利盖蒂的Music Ricercata最有意思。两年前，我去阿斯本音乐节，有一个芭蕾舞团编舞时，将利盖蒂和拉赫玛尼诺夫的音乐用在一起。芭蕾舞团的演出，音乐节安排我去演奏。当时我就想，这些曲子以后都可以用。

我觉得，对比赛曲目的安排，一定要知道自己的长项是什么，做到"扬长避短"。有时候我也很有逻辑地选择、安排曲目。比如，利兹比赛第三轮（半决赛）中，组委会规定要弹Britten的《Night piece "Notturno"》。我在这一轮的开头，弹了三首德彪西的《前奏曲》：这三首都有夜晚的感觉。接着我就弹了Britten的"Night piece"。而Britten在创作上又受到巴托克的很多影响。因此，在 Britten 之后，我又弹了巴托克的《在户外》。当然，我这种意图并不是每个听的人都了解的，但我自己确实是有所安排的。虽然不是所有的曲目都刻意安排，但在曲目的搭配上是一定要有所考虑的。

**鲍**：你在美国学习了 6 年，主要的收获是什么？

**孙**：我在 2006 年时，开始考虑到国外去深造。当时已在中央音乐学院附中学了三四年了。我去考美国的茱莉亚音乐学院预科，也是有一个机缘的。

我爸爸的一个朋友介绍他认识了一位教单簧管的老师。通过他，把我弹琴的一张碟——在山东的一次演出录像——交给了一位在美国茱莉亚预科任教的老师莫施卡戈。她听了我的碟后，主动联系我，希望我去参加考试。但那时已是 6 月底，考试已经过了。莫施卡戈老师叫我马上去，我就办了考学签证，在 8 月时去美国参加了一个补考。考上后就入学茱莉亚预科了。

我在中央音乐学院附中学习时，打下了良好的基础。但是到美国后认识到了一些非常重要的东西。我感到，音乐就是一种语言。我们学的作品就像一种很艰深、失传很久的语言，已经不是很容易理解了。现代作曲家们又在不断寻找、发展自己的新语言。对我们来说都不是很容易理解的。

在美国，我接触到了不同的老师和不同的音乐家。他们都帮助我找到了理解这些"语言"的途径。我还学了音乐史、西方音乐文献等理论课，并有大量的、浩瀚的书本可以阅读。

在纽约这样的国际大都会，有条件听到好的东西，帮助自己不停地前进，到达另一个层次。有时，仅仅过了半年，就会感到自己和半年前有了很大的不同。就像你面对一个宝藏，挖掘得越深，得到的回报就越多。

比如，当你明白了贝多芬为什么这么写的时候，你就会体会到音乐里面的哲学含义。贝多芬就是一个哲学家。他的《第九交响乐》中的《欢乐颂》，谱子上用法文写了一句话。加上歌词的德语，再加上音乐术语，这本身就是一种"全人类"的理念。这正是贝多芬作品的伟大和不朽。人们会代代相传地把这些伟大的音乐演奏下去。

鲍：很高兴知道你在出国后有了这么多进步和收获。不过，我也知道有许多中国孩子出国后就不知道自己该怎样学了。

孙：这主要取决于自己的学习态度。如果不是真正热爱音乐，心里的动力出了问题，那就很难跟得上了。

中国家长总是逼得比较紧，但美国的家长相对来说，给孩子更多自由发展的空间。在美国这样的环境中，如果还指望着学校、老师每天"看"着你，那当然不行。在中国时，老师会天天给你上课，在美国完全不一样。我在茱莉亚的老师维塔（卡普琳斯基教授）的教学是"画龙点睛"式的，我很喜欢这种方式，我认为是最好的教育方式。一个学生到了大学，应该有自己的想法、自己的技巧，老师只是指引你前进的方向。如果只习惯于中国"喂一口、吃一口"的方式，就会感到不适应。还好，我在中国时也是主要靠自己体会，有比较独立的学习意识，所以到了美国也很适应。

维塔不会把她自己的理解强加在学生身上，好像都要用一个模子压出来。她会说，这里、这里可以更进步一点。我觉得这种启发式教学很重要。学生必须自己去寻找对曲子的处理、对声音的想法，这是一种很高级的教学方法。当然，这必须要求学生自己有一定的能力和想法，否则老师也很难下手。学生和老师是否"对得上"也很重要。好的老师都有自己的教学风格，学生的风格要和老师的风格对路才好。

好的老师不可能教你一辈子，因此老师"授之以鱼"，不如"授之以渔"。但是每个老师授"渔"的方法可能是不一样的。

维塔说：师生之间要产生"化学反应"。我觉得主要是学生要学会"做自己"，如果总是想着别人能给你什么，恐怕永远也学不会"钓鱼"。

鲍：你讲得非常好，我想对于许多中国学生都是十分重要的启发。

你最近有什么计划，包括远的、近的？

孙：布伦德尔在年轻时曾问自己："我现在20多岁，到了50岁时，在音乐上应该达到什么高度？"

这段话是一位曾教过我维也纳时期钢琴音乐的老师讲给我听的。他说自己看到这段话时很震动，他在年轻时从没思考过这些。

我也希望自己以后能做到像布伦德尔所说的高度。

**鲍**：你希望是怎样的高度呢？

**孙**：我很难说。但我想，我首先要知道什么样的作品对我最有意义。我想贝多芬、肖邦、舒伯特的音乐将是我一生的伴侣！

傅雷曾引用过京剧大师盖叫天的话："化。"布伦德尔可能想不到这个词（笑），因为这是很东方的、"天人合一"的哲学。

如果有了这样的认识，弹作品时就不再局限于某个作品本身，而会和音乐、和钢琴融为一体！偶尔我的演奏也能达到这样的境界，那是我最幸福的时刻。我想，那一定也是观众最快乐的时刻。

2012 年 12 月 19 日

晚上 9：05—10：45

访谈于亚运村家中

> "艺术在'自虐'中净化与升华。"

——著名青年钢琴家邹翔访谈录

邹 翔

1980年出生于中国湖南，4岁开始学习钢琴，9岁考入上海音乐学院附小并以第一名的成绩升入附中。13岁时首次举办个人独奏会，16岁时在音乐会上演奏肖邦的全部24首钢琴练习曲，并开始陆续在国内外钢琴比赛中获得多个重要奖项，他曾先后师从李道韫、张育青和赵晓生教授。

1999—2007年他以全额奖学金在美国茱莉亚音乐学院深造，成为学校历史上极少数先后获得学士、硕士和艺术家文凭三个学位的钢琴家（茱莉亚音乐学院每年全世界范围仅招收不超过两名钢琴家攻读艺术家文凭）。在校期间他师从 Jerome Lowenthal 和 Robert McDonald 等世界著名钢琴家和教育家，获得茱莉亚音乐学院吉娜·巴考尔钢琴比赛大奖和各类奖学金。23岁时邹翔从100多位世界各国青年钢琴家中脱颖而出，在加拿大 Honens 国际钢琴大赛上一举夺魁，成为该项比赛最年轻的金奖得主，并开始频繁活跃于世界音乐舞台。

我曾听过中央音乐学院钢琴系副教授邹翔三次正式独奏会，三次都有着极大的又是极不相同的感动。

第一次，2008年为纪念梅西安诞辰100周年，邹翔在北京现代音乐节上演奏了全套梅西安的《二十圣婴凝视》，那是一场长达3小时的"马拉松"式的独奏会（包括一次中间休息和两次停顿）。正好那天突然炎热无比，中央音乐学院大礼堂又没有开空调。听众都感到十分辛苦，更不要说演奏者了。我是第一次在音乐会现场听这套曲目，实实在在被他的精彩演奏和敬业精神感动了。事后，邹翔打电话询问我的意见，我问他，天气这么热为什么不脱了西服上衣演奏。他笑答："这段时间练琴很辛苦，吃得就多些，有点发胖。上台前，我让学生们看看，如果我不穿西服上台行吗？他们都不说话。唉，我想为了听众的视觉审美，还是穿着西服弹吧。"

第二次，2010年他在中山音乐堂的独奏会。当他正演奏舒伯特的《奏鸣曲D 960》的时候，音乐堂的工作人员突然走上台，在他身后轻轻拍着他的肩膀让他暂停一下。就在众人皆惊诧无比之时，邹翔已经回到后台。过了一会儿大家才知道，原来是听众席上的首都师范大学钢琴教授吴铁英突发心脏病倒在了音乐会现场，正在等待120急救车的到来。40多分钟后，邹翔再次登台演奏。在开始演奏前，他很诚挚地对听众说："刚才发生的一幕让我们切身感受到生命的脆弱。祝愿病人能很快康复，也让我们感恩所拥有的一切。"说罢一席话，邹翔再次开始演奏舒伯特的《奏鸣曲D 960》。那一刻，我相信所有的听众和我一样，从邹翔的琴声里听到了舒伯特那凄美得令人战栗的音乐中对生命的感叹和唏嘘。后来我听说吴铁英教授的葬礼，邹翔也去了！一个年轻的音乐家去参加一个他并不认识的听众的葬礼，只因为他们曾经通过音乐结缘！我想，只有心地纯洁如邹翔的人才会这样做吧。

第三次，就是今年在北京音乐厅，邹翔演奏利盖蒂全套三册《练习曲》。这是一次比弹全套梅西安《二十圣婴凝视》更艰难的挑战。我不知道世界上还有哪些钢琴家在一次音乐会上做过这样挑战极限的演奏，但在中国，绝对是"前无古人"（而且也恐怕很难"后有来者"）。

我又一次深深地被感动甚至震撼！于是，有了这次访谈。

**鲍**：你在节目单上附了一篇《写给听众的话》。其中有一段话："对自己而言，练琴不再只为演奏，而是净化为一种静心的修行，一种对浮躁的社会氛围和安逸的生活方式的无言拒绝。"我真的很感动。这对一个年轻的钢琴家和教师来说，实在太不容易了！

邹：这是我的由衷之言。这段话我曾经放在自己的微博上，引起了很多圈内外网友的共鸣。如今弹琴对于我，不仅是事业上的追求，更重要的是化作我的生命寄托和支柱。现在无论有没有演出，我都会练琴。练琴给予了自己不受外界干扰的独立的精神世界。拥有这个精神世界，就不容易在这个缭乱的世界里迷失自我。

在美国茱莉亚音乐学院学习了8年之后，2007年我回国开始在中央音乐学院任教。事业、生活状态和环境都发生了很大的变化。在茱莉亚音乐学院上学时，很多非常优秀的年轻音乐家聚集在一起，大家拼命地练琴。很多人从白天一直练到晚上，而我经常是最晚的那个。每天晚上10点左右学校保安会来琴房清场，有时候为了躲避保安就把灯关了继续练，但被发现而"请出"琴房仍然是家常便饭。如果感觉还没练够，就回到宿舍楼有隔音的琴房，再练就到了凌晨两三点。夜深人静的时候练琴总是特别有感觉，整个寂静的世界只有我的琴声。总有些外人抨击学校激烈的竞争环境对于学生所造成的巨大压力，但不得不说这种环境对于每个学生都

有很强的震动，仿佛是被一股力量推着走。回国后离开了那样的学习环境，要想继续走下去，就得完全依靠个人对于艺术的信念和自律，要成为自己的精神导师。

**鲍**：我很想知道，为什么你在短短几年里会有那么大的决心和动力，相继举办梅西安《二十圣婴凝视》和利盖蒂全套钢琴练习曲这两套最难的"大部头"现代作品的中国首演？是对这些作品的情有独钟还是有意对自己、对他人的挑战呢？

**邹**：都有吧。首先，从艺术角度来说，梅西安和利盖蒂无疑是20世纪最伟大的作曲家。这两部作品无疑在现代音乐中具有里程碑式的地位，在音乐表现力和演奏技巧上都达到了巅峰，对钢琴家提出了超常的挑战。其次，从业界来说，这些作品复杂宏大而极少被完整演奏，音乐界和公众难得有现场欣赏到这两部作品全貌的机会，尤其在国内。再次，从个人角度来说，无论是研究梅西安《二十圣婴凝视》还是利盖蒂全套钢琴练习曲，都是给自己设定坐标。看到高处才会产生更大的动力攀爬前行，而不是变得安逸慵懒。回国后特别想证明仍然可以专心于艺术，可以继续弄更难的曲目，可以努力弹得更好。也想证明作为老师在完成教学的同时，可以兼顾好音乐会舞台上的角色。如果有挑战，那也是对自己人性弱点的挑战，和他人或环境没有关系。

**鲍**：你在茱莉亚时弹过这套利盖蒂练习曲吗？

**邹**：没有，之前一首都没弹过。在美国上学时，记得第一次听一位美国钢琴家弹利盖蒂全套练习曲。因为曲子太难，很多听众都是带着谱子来。每当钢琴家弹到翻页的部分，都能听到观众席上齐刷刷的一阵翻谱声。要是弹错了全场人都知道，可以想象他在舞台上的压力得有多大。（笑）

准备利盖蒂练习曲的这一年是我整个练琴最狠的一个时期。一开始在家练，叮叮大大弹七八小时激烈而抽象的利盖蒂，邻居终于绷不住，在电梯里给我写了首打油诗表示不满，（笑）于是被迫转移阵地，更多地在学校课室练。

学校晚上 10 点半拉闸关灯，我就用台灯或手机上的电筒照着练，有时候干脆就在黑暗中。其实人在视觉受到限制的同时，听觉的敏锐度会被更大程度地挖掘。

鲍：那你真是练到了入迷的地步。

邹：不算是带有愉悦感的入迷，而是"自虐"性质的入迷（笑）。准备利盖蒂练习曲的这一年当中，几乎是一种我称为"闭关"的状态。除了在音乐学院给学生上课之外，每天从上午一直练到晚上，8～10 小时是家常便饭。去年除夕当天还在北京家中练琴，当天晚上飞回湖南和家人团聚。大年初一休息，初二就恢复到正常的练琴日程中。经常夜里睡觉的时候脑子会克制不住地一遍遍演练各种片段，真有点儿入邪的状态。音乐会前我的一个学生经常在我练琴时替我翻谱，这是一项艰巨的任务，眼神稍不好就会错过最恰当的翻谱时机。她说翻完谱子晚上回到寝室，脑子里全是利盖蒂的各种节奏，睡都睡不着。

弹利盖蒂练习曲有种怪圈，每次练琴取得的阶段性成果极不容易巩固下来，经常在下次练琴时手又倒回原来生疏的状态，非常有挫败感，然后又不服气。于是继续练，继续弹不熟，不断在这种煎熬的"循环"里缓慢前进。这种煎熬一直持续到演出时。北京音乐厅演出前还在一遍遍地过第一首练习曲"混乱"的开头，总担心里边复杂的节奏和别扭的手位。

不过，当真的把作品练出来拿到舞台上的时候，那种满足感是无可比拟的。觉得自己不仅攻下了一座坚固的堡垒，也克服了自己人性中的很多弱点，音乐修养、技术能力和学习能力都得到了锻炼。

**鲍**：为什么你选择弹那么多的现代音乐？

**邹**：其实现代音乐是非常宽泛的提法，它可以指20世纪音乐，尤其是20世纪后半段，也可以指先锋派音乐，还可以指我们同时代的音乐。反正它并没有特指某种风格和创作技巧。几百年来每个不同历史时期的演奏者都在推广自己时代的音乐，这并不是什么新鲜事。我们可以抱着接受和好奇的心态去了解现代音乐，挑选其中自己喜欢的作品来进行推广。

**鲍**：我觉得中国人普遍对曲调、旋律的接受力比较强，因此对肖邦、老柴的作品很容易接受。但你演奏的梅西安、利盖蒂的作品虽然旋律性并不强，但还是非常吸引人。你是怎样去发掘并表现这些作品中感人的特质的呢？

**邹**：旋律性这个特点在19世纪浪漫主义时期发展到了高峰，涌现了大量脍炙人口的旋律，无论钢琴作品、弦乐、室内乐、艺术歌曲或者歌剧。进入20世纪以来，近现代作曲家们开始对音乐中的节奏、结构、音响、音色等方面有着更加浓厚的兴趣和探索。旋律性过强难免削弱其他音乐元素在作品中的作用和感染力，这可能是许多作曲家避免旋律性甚至排斥的原因之一。

其实音乐中感人的东西或者说所谓感染力，除了动人的旋律之外，和声、节奏、曲式结构等元素都能够成为有效的手段。利盖蒂练习曲当中，节奏的丰富性和冲突性带给我们的是不同于旋律性的另外一种感动。节奏相比旋律与和声，带给人的感性冲击更原始、本真、直接。

从听众角度来说，没有受过专业音乐教育的人往往在欣赏音乐的过程中显得更自由。他们不受理论的束缚，不排斥非调性音乐，不会把音乐刻意分类。音乐其实无法被解释和定义。欣赏现代音乐并不一定要刻意挖掘所谓作品内涵，或者说根本就没有这样的内涵可以被挖掘。作曲家有时候是希望听众去感受作为音乐形式的音响状态。这种审美观念从德彪西那个时候就出现了。

可是，完全靠听众自己欣赏现代音乐毕竟是一种美好的期望。相当一部分听众对现代音乐还是一头雾水。为了让这部分听众在音乐会上获得额外的体验和信息，我还在节目单上撰写了作品介绍。这与"音乐不需要解释"的观点背道而驰。要达到理想的彼岸，还需要先在现实中一步步前行。

在首演音乐会的节目单上，我给每首练习曲标上三个关键词来阐述作品的特点和形态，比如，"抽搐""裂变""凄美"等。目的就是给观众一点儿线索，一个进入口，引导他们到作品里来。在如此抽象的音乐里，听众还是需要一定的具体指引的。

**鲍**：几百年来钢琴文献浩瀚如海，即使是现代作品也是不计其数，为什么是利盖蒂和他的练习曲吸引了你？

**邹**：我们需要继承传统，但更需要建立新的规则和风格，而新的规则和风格经过时间沉淀又会成为未来的传统。我从未想做演奏现代音乐的专家，这本身就是一个伪命题。凡是好的作品，不分时代、风格或地域，我都愿意去尝试。

利盖蒂能够在活着的时候就

被奉为大师，正是由于他的作品具有高度的原创性和前瞻性。他开拓运用的创作技法不仅仅停留在学术层面，而是具有真正感性的力量。

20世纪以来不少人认为钢琴的黄金时期已经过去，为钢琴创作的可能性已被消之殆尽。作曲家纷纷转向其他乐器和体裁，尤其是具有丰富音色和音响的交响乐作品。然而在20世纪80年代利盖蒂练习曲横空出世。有点讽刺的是，基本不会弹琴的利盖蒂把钢琴推到了新的纪元。利盖蒂对于钢琴演奏技术和表现力的创新，在历史意义上不亚于肖邦、李斯特和德彪西。

**鲍**：利盖蒂练习曲当中有没有一些比较特殊的音乐元素或创作技法有别于传统作品以及他同时代的作曲家？

**邹**：利盖蒂的这些练习曲包含了一些重要的创作技法，比如，复合节奏、复合调式、微复调（或称微型复调）。

一、利盖蒂运用的复合节奏通常在单声部上有相对固定的混合节拍，它不同于常规有规律的节拍如2+2或者3+3，而是出现像2+3+2或2+2+3这样的不对等节奏，然后随着音乐的进行节拍划分和拍点重音保持不变，或者发生变化。复杂的部分通常会有几个声部分别有各自的复合节奏，即多声部上的混合节拍，犹如节奏的复调。每一个声部的节奏拍点和重感都不重叠一致，相互之间的重拍关系总在不断变化和移位当中，形成节拍的错位感，极大地增加了节奏的冲突性。利盖蒂的复合节奏在空间上是立体多元化的，他完全突破了均匀划分节拍的既定思维惯性。小节线的使用十分随意，经常不起到任何规划节拍的功能。

二、利盖蒂运用复合调式的方式也是多样化的，基本摆脱了传统调式以及功能和声的体系。在他的练习曲里，有的是同时在纯白键的七声调式和纯黑键的五声调式上同时进行（第一首《混乱》）；有的是重叠两个全音阶调式（第七首《加拉姆·波隆》）；有的采用大小三和弦，但并不按传统的和声规则进行（第四首《号角》）。

三、如果说复合节奏和复合调式在传统作品中都有过不同程度和方式的出现，微复调则是利盖蒂具有历史性的创造，并被他之后的很多作曲家效法。简单地说，微复调是一种极为稠密的多声部音乐织体，无论单一声部的横向进行或声部之间的纵向音程关系都非常紧密靠近，比如，二度之内。同时声部之间在节奏上差别极小，从而形成一种整体上非常模糊而又具有细微内在变化的密集网状的音乐织体。这种效果在第九首《眩晕》和第十四首《无尽的圆柱》中都有集中反映。

这些练习曲当中的复合节奏的复杂程度尤其令人叹为观止，对于习惯演奏传统作品中固定节拍的演奏者提出了前所未有的巨大挑战。同时出现两个不同的调式以及调式内的不同音程变化，对于习惯演奏单一传统调式的演奏者也会很不适应，两只手似乎变得不能兼容与配合了，找不到键盘上的位置。微复调则要求演奏者在键盘上很小的空间范围内弹奏，强调手的柔韧性和小范围移动的连接控制。微复调所产生的模糊的整体音块效果，对于听觉对音高的辨认和错音的判断都是很大的难度。有时在一首练习曲中同时出现复杂的复合节奏和复合调式，这让演奏的难度呈几何倍数递增。

总之，复合节奏、复合调式和微复调作为利盖蒂具有代表性的创作手法，也将演奏技巧拓展到了崭新的高度和空间。在利盖蒂的作品里，创作技法催生了新的演奏技巧，并且制造出了具有原创性和开拓性的音乐效果，而非仅

仅停留在学术或理念层面。相比某些过分追求理论上的标新立异而忽略听众感受的现代音乐,他的音乐具有非常强的"可听性"。

**鲍:** 他这样独特的音乐,曾受过哪些影响?

**邹:** 无论受过哪些音乐前辈和不同音乐风格流派的影响,真正的大师是凭着自己敏锐的直觉和想象力开创自己未来的路的。肖邦、德彪西、巴托克、南卡罗、机械钢琴、非洲音乐、加美兰音乐、爪哇音乐、爵士音乐等都曾给予利盖蒂在节奏、调式、织体、音色等方面的创作灵感,但仅仅是启发而已。利盖蒂的音乐风格是跨界的,也是个体的,我们很难把他归类到某种音乐风格里去。他以属于自己的创造性的方式来运用所有的技巧和风格,形成表达他理念、审美和情感的整体风格。

**鲍:** 我看到你的节目单上写道"在这个过程中需要付出比常人多的勇气、努力、牺牲、耐心和孤独",我真的很感动。在准备音乐会的过程中,你一定也经历了很多挣扎甚至痛苦吧?这样一部高难度的作品,对国内外任何职业钢琴家来说都是巨大的挑战,据我所知能够完整演奏所有18首练习曲的钢琴家国内外都非常少。你能介绍一下学习过程和所碰到的问题与困难吗?

**邹:** 准备这次音乐会是我平生在生理上投入最大的一次,生理包括体力、脑力和情感。刚拿到谱子的时候,看到一堆堆密密麻麻而似乎毫无关联的音符眼睛就发花,根本无从下手。节奏、调式、和声、旋律的处理都与传统作品有很大区别甚至是冲突的,手与脑都不能适应,用一句行内话就是这样的作品"不上手"。初期阶段对音乐的内在联系和规律做了很多的分析,可这仅仅是停留在理性层面,让手对复杂的节奏、调式、织体形成所谓肌肉记忆是一个极其漫长痛苦的过程。这些练习曲不同于一般传统作品,它们似乎有种邪性,就是反复慢练之后进行提速很困难,提一层速度手又变回"白痴状",找不着音了。(笑)头一天练到的速度和稳定性,到了第二天发现曲子和新的一样,好像根本没练过,像抓在手里的沙子都漏光了。其实就是这些练习曲里的节奏、调式、织体等对手的肌肉和脑意识的控制似乎有种天然的对抗性，让手与脑非常难以真正吸收和适应。如果只练习两三首练习曲，一天可以都覆盖到。可同时练18首，每天最多能涉及1/3或者一半。也就是说所有的曲子需要至少两天到三天才能轮到下一次练习，肌肉上达到的熟悉效果没有时间及时反复巩固，增加了练习难度。为了增加练习同一首曲子的频率，就必须在一天之内尽可能地覆盖更多的练习曲，于是最多的时候，一天练习12小时，能够把18首练习曲完整地慢练两次，并就部分练习曲针对性地进行重点练习。

为了更加便利地读谱和有效地提高练习进度，我花了几个月时间把所有18首练习曲上的几乎每一个音符都编订了指法，很多地方在技术的便利性和音乐性之间各有利弊，难以取舍，于是就会标注两三种指法组合，这样算下来得有几万个指法吧（笑）。这是一个巨大的工程，因为通常会有几种不同的指法组合，然后要通过与前后段落的不断演练才能得出相对最适合音乐表现和符合自己手型和肌肉感受的指法。例如，第九首练习曲《眩晕》，音乐织体由无数条在多声部上堆积的三度、四度、五度以及更大的间距的半音阶构成。双手要同时快速演奏三到四条不同的半音阶，同时还要互相配合由右手转到左手的半音阶的衔接。此外，曲中还不得不出现大量同指连接的地方，比如，大指接大指或者黑键向白键滑指的现象。这些都对指法的选择和运用提出了相当大的挑战。

利盖蒂练习曲的谱面有个显著特点就是非常规的小节线，有时候几乎不写，写得很少，不规律，左右手上下错位等。这些练习曲当中，小节线基本起不到传统音乐中规划节拍单位的作用。我在学习的初期阶段，当看见谱面出现间距过长的小节线（可能一个小节有十几拍甚至几十拍）时，容易产生视觉疲劳，便会轻微地画出若干条练习使用的虚线，便于视觉上能够把音符和节拍进行归拢和分类（如第九首《眩晕》、第十四首《无尽的圆柱》）。另一种情况是曲中同时存在多声部线条，给不同时值长度的线条分别画上不同的颜色，有助于对音乐织体的清晰认识（如第六首《华沙之秋》、第九首

《眩晕》)。等到熟悉作品以后就换上没有小节线的"净版"乐谱进行下一阶段更深入的练习。可以说几乎每一首练习曲都要求不同的练习方法，需要在黑暗中摸索，找到自己的出路。

**鲍**：你为什么要选择这样"自虐"呢？（笑）

**邹**：如果我想弹一些传统或常规曲目，在任何年龄都可以尝试。可是演奏利盖蒂练习曲对于钢琴家的生理条件要求很高，无论是体力、脑力还是情感上：体力包括体能、身体以及手的机能；脑力包括对音乐各个层面的分析和解决能力、对身体和手的控制力等；情感则是对音乐的感知能力、对音乐中巨大情绪幅度的掌控（力度从ppppppp一直扩展到fffffffff），甚至还包括如何克服练习中产生的挫败感，也就是情绪自我控制能力，等等。钢琴家的艺术造诣和修养可以随着年龄不断增加和丰富，但最佳的生理年龄还是有限制的，大致说来就是在40岁左右，正常应该超不过50岁。所以我想在尽量早的阶段去尝试这样的作品和全方位的挑战，我把练习全套利盖蒂练习曲视为对自己现阶段生命状态的一次质的提升和冲击。

**鲍**：做这件"伟大的工程"，你想了很久吗？

**邹**：只有作曲家和作品是伟大的。前几年就有这个念头了。国内首演前的一年时间，为了潜心练习，我拒绝了所有的商业演出，其他社会活动也基本都停了，所有的时间都用来练琴和思考，基本没有娱乐。那是一种近乎苦行僧般的生活，所有的磨难对精神都是一种净化。我当时觉得只有在这种几乎"真空"的状态下才有可能做成这件事，后来事实证明是对的。

**鲍**：像你这样的年轻人大多数都在努力赚钱。在物质化的大环境下，每个人确实都有生存的需要。你难道就不受影响吗？

**邹**：每个人都有自己的价值观，都有选择自己生活方式的权利。我也需要为生活而奋斗，但对我来说，确实精神大于物质。练出利盖蒂练习曲这样的作品带给我的满足感是任何物质享受所不能给予的。

**鲍**：对国内钢琴事业的发展有什么看法？

**邹**：中国作为世界上钢琴学习人数上的超级大国，希望在未来能真正出现一些大师。这需要一批批有才华而且真正热爱音乐的演奏家坚持弹下去，40岁、50岁、60岁甚至更长。很多人毕业后或者工作后就不弹了，那样的话只是学业而不是事业。再有才华的钢琴家，也需要经历很多年艺术和生活的修行和感悟才可能进入大师境地。50岁左右以前谁都很难被称为大师。

**鲍**：你这么努力，对学生一定也有好的影响吧？

**邹**：我猜是的。我有新曲目要演出前，会让学生多次来听我过曲目，目睹我的学习过程和进度。他们会诧异我对新曲子的熟练程度和音乐处理总在发生变化。老师示范如何安排练琴进度和提高练琴效率，这比在教学课上用语言进行描述要有力得多。

**鲍**：你这种拼劲、钻劲对他们也是很大的教育。

**邹**：他们说我不是人类。（笑）

**鲍**：我也觉得你是外星人！（笑）

**邹**：学生有时候是迷茫的，不知道要什么，于是需要有人去引导和激励他们。老师的责任不仅是教出优秀的钢琴家。在物质化和功利化的社会和时代，如果老师能够激励学生坚持理想和追求，始终热爱音乐和生活，这比仅仅把琴弹好对于人生的意义更加重大。

**鲍**：那天听音乐会的时候我就很感动，今天听你讲了这么多就更感动。

**邹**：世间最难的事情是坚持。艺术上要坚持自己的追求和目标，就需要不断克服人性的弱点和抵制环境的影响。这条追寻之路是痛苦的，孤独的，也是充实的。很多人说我弹利盖蒂全套练习曲是自虐。没有困难，就没有进步；没有痛苦，就没有成长。如果这些可以理解为"自虐"，我希望自己的艺术在"自虐"中净化与升华。

2013 年 3 月 29 日

中午 11：15—2：30

访谈于亚运村"逸咖啡"

**"** 我是一个钢琴家,做了一些音乐学和音乐理论方面的事情,但这些都是为了演奏而不得不做的。**"**

——青年钢琴家张奕明访谈录

张奕明

　　钢琴家张奕明现为美国天普（Temple）大学博士在读生（钢琴演奏专业），曾经师从 Harvey Wedeen（钢琴）和 Lambert Orkis（早期钢琴，现代音乐以及室内乐）。作为一名钢琴以及早期钢琴的演奏家，张奕明频繁地在费城、芝加哥与中国各地演出，近年来比较重要的演出包括在芝加哥古典音乐电台（WFMT）的贝多芬奏鸣曲音乐会，在芝加哥文化中心（Cultural Center）的专场音乐会。作为一名学者，他的文章频繁地出现于《钢琴艺术》《爱乐》以及《音乐爱好者》等杂志。他目前的课题是作曲家汪立三研究，他已经在国内外开过多次专场音乐会（包括2014年五次演奏汪立三全部钢琴作品的系列音乐会），首演过多部汪立三作品，在《钢琴艺术》发表过5篇文章，录制了两张唱片，在国内外多家艺术院校进行讲座，并与上海电视台合作拍摄纪录片《寻找汪立三》。另外他还在着手进行键盘音乐第一手资料（巴洛克时期和古典早期）的整编、注释和翻译工作。

　　另外，作为一个音乐翻译者，张奕明曾经翻译出版的著作有：车尔尼的《贝多芬钢琴作品的正确演奏》，Mikhail Yanovitsky 的《斯克里亚宾早期钢琴作品解读》，长笛家格拉夫的《长笛基础练习》《音乐演绎》及《歌唱着的长笛》等。他翻译出版的乐谱包括亨利版的贝多芬小提琴奏鸣曲以及贝尔格的钢琴奏鸣曲等。

---

去年，在《钢琴艺术》上看到了正在美国读博士的青年钢琴家张奕明有关演奏和研究汪立三钢琴作品的连载文章。当时就想，一个钢琴家为了写博士论文，把一位作曲家的作品做了那么深入的研究，真是令人佩服。后来，又在中国音乐学院听了张奕明的独奏会（以汪立三作品为主），对他的精神真的很钦佩也很感动。

正好，这次张奕明回中国演出，到我家来看我，我就抓住机会对他进行了访谈。

**鲍**：上次在中国音乐学院听你的演奏，非常感动。而且令我感到很惊讶的是，在你的介绍中看到：你在大学期间不是在音乐学院学习的。能谈谈你学习音乐的经历吗？

**张**：我从小是业余学钢琴，25岁去了美国，这才算进了综合性大学的音乐系。在国内看起来，这的确比较另类。我跟上海音乐学院的姚世真老师学了9年，又跟苏彬老师断断续续学了4年。记得高二的时候，情窦初开，喜欢一个女孩子。就想怎样去吸引她，怎样把旋律弹得美一点啊、把肖邦弹得好听一点啊。（笑）其实那个女孩子一点也不喜欢音乐，所以就对我无感，（笑）但是我是从那时候开始主观上有"把音乐弹得好听"的愿望，所以，我学音乐的起始"动机"真的就是很俗的，跟鸟类靠好听的叫声来吸引异性本质上并没有区别。多年以后我在芝加哥有一个朋友，是个图书管理员。他业余时间写诗，是一个老光棍，有一次跟我说：每次给心仪的异性写诗，总是充满灵感。我就说，老兄，我们都是动物。（笑）

我高三的时候与校乐团弹了钢琴协奏曲《黄河》，当时被视为壮举，因为那是高考前两个月弹的。

鲍：你在重点中学高三的时候还能有时间练琴，演《黄河》，真不容易。你的功课好吗？

张：从小我的功课算是可以的，但是高中的时候说实话有些累，压力大。不过运气好，高考考得很好，给我艺术加分都没用着。（笑）。

鲍：你在重点中学上学，怎么又有时间练琴呢？

张：十几岁的时候练琴的确是不系统啊。我跟姚世真老师学琴的时候，有时候就是上课前一晚上一直练到邻居敲墙壁。这大概就是姚老师当时极少表扬我的原因吧。不过，近年来她开始表扬我了。（笑）而练《黄河》，我当然下了功夫，因为当时特别喜欢这首曲子。

我的大学，读的是上海交大，专业是机械系。交大的闵行校区共有四台破钢琴供学生练习。想弹琴的人抢不到，抢到的又多是谈恋爱的人。后来学校出狠招了，禁止异性同时出现在琴房，可惜那时候我已经毕业了。（笑）可能正是因为没琴弹，反而更想弹琴。除了弹琴之外我还天天在网上的古典音乐论坛跟人吵架，又买了很多唱片。我记得当时因为听不懂，所以狂听肖斯塔科维奇的《第四交响曲》，直接导致现在一听到这个曲子就想到学校东楼的油漆味儿；还有普罗科菲耶夫的《第三钢琴协奏曲》，现在无论什么时候听到钢琴开始弹之前的那个阴风凄凄的开头，我就

想到学校冬天晚上刮风时的极度寒冷，以及当时在校内流传的把人吓得半死的鬼故事。（笑）学机械，我一点都不喜欢，所以越来越跟不上，学得很烂。我们那班，进去是30人，毕业时只剩了27人，要是再多淘汰一个人，那就是非我莫属了。我所有的课都是60分万岁，每个学期都要参加"保级大战"（补考）。大四最后还有"总决赛"，就是总补考（笑）。阿弥陀佛，结业证、毕业证我都很危险地拿到了。

毕业后，我找到了通用汽车公司的总装车间，想去工作。但一看那里的工作都很"费手"。我想："不行！"就赶快跑了，后来他们想让我去别的车间，我也不去了。

刚好上海音乐学院附中的伴奏老师人手不够，就找我去帮忙，当临时工。临时工一当就当了三年，一直到出国前。管伴奏的孙松青老师说："你在这里学不到什么东西。"其实，与任何人合伴奏都是经验，何况附中还有那么多好学生。

那三年，我又为上海交响乐团的"室内乐音乐会"的成员弹伴奏，有时也独奏。那三年真是精彩啊！甜酸苦辣都有。

**鲍**：能举个例子吗？

**张**：有一个从俄罗斯来的短笛演奏员任尼亚，每周到我家来合两次伴奏。他自带谱架、拖鞋和饮用水，合完就请我吃饭。自己的乐谱和给我复印的伴奏谱都整理得一丝不苟，一张张贴好。真是兢兢业业！我跟他学了很多短笛、长笛的曲目，他也吹长笛。每次排练前他都要预热很久，有时候我不耐烦就自己玩儿去了，留着他一个人在房间里吹长笛。预热结束之后，他看我不在，也不好意思来叫我，就坐下来弹琴。我一听到琴声，就知道他准备好了。他曾在肖斯塔科维奇儿子的乐团里吹，乐队经验极其丰富。但因为喝酒的缘故，上海交响乐团没有和他签合同。他没钱，生活很不稳定，最后一直住在一个很小的旅馆里。我去找他玩，他尽管已经穷困潦倒，还招待我喝自煮的咖啡，吃俄罗斯甜点。甜点都是一小碟一小碟的，分门别类特别精致，就像那些粘好的谱子一样。他在俄罗斯时，和老婆感情不好。在中国也有过几个女朋友，但因为舍不得离婚，女朋友们都离他而去，然后他就把自己搞得很伤心，用酒精麻醉自己。最后，2008 年他因为酒精中毒突然去世了，我也就再也吃不到那么好的甜点、喝不到那么好的咖啡了。他是一个真正的音乐家，但他是一个失败者。（沉默……）

我特别喜欢听《剧院魅影》，与其说是喜欢它的音乐，不如说是缅怀这位故友。2005 年年初的时候，这部音乐剧巡演到上海，在上海大剧院连演 99 场，乐队是在上海当地找的。当时任尼亚已经从上海交响乐团失业了，精神状态很差，但他进了那个临时乐队，演了三个多月。那段时间，他真是容光焕发啊，整个气质都不一样了。但是 99 场之后，曲终人散，他又回到了老样子。

**鲍：** 看来这个人给你的印象很深啊！

**张：** 那当然，《剧院魅影》，真是恍如隔世啊。他的去世我有一种兔死狐悲的感觉。一开始我不喜欢他的音乐，觉得平平淡淡，清汤一碗。现在想想，我们的耳朵已经被各种添油加醋的所谓"二度创作"填满了，以至于听不惯这种"如实道来"的演奏方法。

**鲍：** 那么你说的"快乐"是什么呢？

**张：** 所有的经历都是一种快乐吧。最不快乐的就是没有经历。当然，当时最直白的快乐就是可以练自己喜欢的曲子，然后找地方演出。我当时在上海交响乐团的室内乐音乐会上演了很多很多次。那段时间我没有钢琴老师，但曲目增长的速度从来没有这么快过。特别是室内乐，我来者不拒，当然现在看来，当时的演奏囫囵吞枣，质量不高。

我还喜欢翻译东西。我翻的最重要的一本书是车尔尼写的《论贝多芬钢琴作品的正确演绎》。这在国外是研究贝多芬最重要的史料了！

**鲍**：车尔尼听过贝多芬演奏这些作品吗？

**张**：贝多芬早期的作品他肯定没有听过，中期以后的听过。他是离贝多芬最近的音乐家之一，自己又非常勤奋，典型的"德艺双馨"，所以他的话是可信的。更何况贝多芬是指导过他弹自己的很多作品的。但是车尔尼也有自己的问题：他不理解贝多芬晚期的作品，所以书里都写得很简单。

**鲍**：作为贝多芬的学生，他们也有代沟啊！（笑）

**张**：没代沟才怪呢！贝多芬的作品在当时就是没人公开演奏的。晚期作品就更不用说了，人们都听罗西尼去啦。其实这个情况现在也一样。汪立三写了那么多好作品，可是大家弹的就是那么几首。晚期的作品就更没人知道、没人弹了。古今并无不同。

**鲍**：这个问题我们一会儿再谈。

**张**：李斯特有一次曾经想在巴黎和一位小提琴家演出"克鲁采"奏鸣曲。第一乐章没有奏完，听众就把他打断了，他们要听李斯特弹歌剧改编曲。19世纪30年代的巴黎就是这样的，人们对钢琴的兴趣就像现在的人对赛车的兴趣。今天的赛车代表着人类的勇气、智慧与科技的结合。钢琴与钢琴家在那时也是如此，钢琴就是工业革命之后科技最高水平的代表之一。所以要弹得响、弹得快，要有绝技，比如，左手八度演奏"革命"练习曲。而对音乐本身，人们并不感兴趣。今天的人拿到当时19世纪30年代巴黎的钢琴音乐会曲目单，会觉得特别陌生，怎么都是炫技耍酷、没有深度的作品啊？所以，这就解释了为什么李斯特的绝大部分好作品都是在1848年离开巴黎以后写的。我们现在所熟悉的常规音乐会曲目，其实是克拉拉·舒曼、冯·彪罗，还有安东·鲁宾斯坦等人在19世纪下半叶"推出"的。

**鲍**：那你当时既要弹伴奏，又要翻译书，时间怎么够用呢？

**张**：我刚才说的车尔尼那本书，是出国以后翻的。翻译的那段时间，我很少弹伴奏。

**鲍**：你是在什么情况下决定出国的呢？

**张**：有一次一位美籍俄裔钢琴家 Mikhail Yanovitsky 来上海演出柴可夫斯基的《第一钢琴协奏曲》，我在上海交响乐团的一架很破的雅马哈钢琴上弹舒伯特的《奏鸣曲 D 960》给他听，他听得眼圈红了，就问我愿不愿意去美国留学。我前些天和他一起吃饭，他还提起当年听我弹舒伯特，他还记得那天是 2003 年 11 月 23 日，在湖南路 105 号。

他当时在美国一个很小的学校教课。我首先问他"有没有奖学金"。（笑）后来，我就在那个学校里苦练了两年半，就到现在费城的天普大学读博。现在，读博士已经是第五年了。

**鲍**：怎么要这么长的时间？

**张**：根据学校的奖学金制度，这是最省钱的读法。在学校里还有一些工作机会。我教一些必修课，也给同学的学位音乐会弹伴奏。

**鲍**：你觉得以前你念了很多文化课对你后来的学习和演奏有好处吗？

**张**：在交大，我练琴太多，因此经常需要在考试前一个晚上，通宵把一学期的"文化课"都自学完，这个经验肯定有助于提高练琴效率（笑）。但除此之外，对于这个问题，我真的没有一个确定的答案。反过来想，如果文化课会给弹琴带来直接的好处，那音乐学院把数理化都定为必修课不就完了？所以问题没有那么简单。我倒是看过很多理工科读得很好的人弹琴，他们的逻辑思维能力并不能给他们带来正确的想法，带来的反而是"过度思考"，就是俗话说的"想多了"，或者"想歪了"，这样的例子太多了！以我个人的情况来说，如果没有那些理工科的课，我的"逻辑思维"能力会不会比现在差？这个很难讲。我倒是觉得自己在音乐上的逻辑思维能力更多是在网上论坛里跟人吵架吵出来的。（笑）苏格拉底整天在广场上找陌生人辩论，可见他用的也是这个办法。当然辩论的对象不能太"菜"，更不能胡搅蛮缠。我很幸运，2001—2004 年这段时间在某古典音乐论坛相当活跃，这个论坛聚集了一群很有音乐修养的人。大家不仅讨论各种问题，还互相交流信息，资源共享。我们的讨论热闹到什么程度？《爱乐》杂志主动找来，说愿意一字不改地全文刊登我们的辩论。这么多年了，论坛早没了，可当年那些活跃分子现在还保持联系，真不容易。

**鲍**：那你们当时都讨论什么话题呢？

**张**：什么都有啦，我记得我发的第二个帖子就是"肖邦有什么好？"，纯属挑事儿嘛！然后大家就开始辩论，一场架吵下来，对肖邦了解增进了许多。（笑）讨论法国钢琴家 Samson Francois 的演奏，在当时也很精彩。那时候 Francois 的唱片刚刚以非法的渠道流入国内，这个人的弹法我们当时认为很出格，虽然未必是肖邦本意，但听来容易上瘾。

**鲍**：谈谈你在天普大学的学习情况吧。

**张**：在天普大学对我帮助特别大的一位教授是 Lambert Orkis。人们更多知道他，是因为他与小提琴家穆特的长期合作关系。但其实除了室内乐之外，他在现代音乐与早期钢琴方面也很厉害，我就跟他学了这三样本事。他太细致了！甚至连翻谱这样的细节都要反复考虑，力求最佳方案。他曾经给学生们写过一封信，讲了很多细节，比如，不要穿高跟鞋踩踏板、上课进课室时敲门要响一点儿、学新曲子时要把指法标好、不用的指法要用修正液涂掉，等等。

**鲍**：说起早期钢琴，在美国这种演出有市场吗？

**张**：一小拨人吧，象牙塔。我主要学的是 18 世纪末的维也纳琴，制琴师是 Walter。我用的当然是现代人的仿制啦，仿制的就是萨尔茨堡莫扎特故居里的那台琴。我在那琴上练习海顿、莫扎特以及贝多芬早期的作品（现代钢琴是 19 世纪 70 年代进化成我们熟悉的样子的，之前的琴都叫"早期钢琴"。各时各地的琴差异很大，所以"早期钢琴"其实是统称）。莫扎特弹的琴，最强的音量和音延续的时间肯定不如现代钢琴，但音色变化更丰富细腻，更容易训练手感。琴键比现代钢琴浅,按下去所需要用的力也小,但是别以为这样就好弹了。它的琴键回位特别慢,更不能像现代三角琴一样,在还没有回复到原位的情况下再按第二次。这些技术革新要等到 19 世纪 20 年代在巴黎由 Erard 完成。就是由于 Erard 发明了双重擒纵装置(double escapement),击键系统的性能大大提高了,才能有李斯特的炫技。

其实现代钢琴与莫扎特时代维也纳琴的关系不如比它同时稍晚的英国琴来得大,特别是 Braodwood 制造的琴。当时英国也有一拨钢琴家兼作曲家,克莱门第、克拉莫等人,这些人的艺术水准怎么能够与维也纳的贝多芬、莫扎特比呢?但是没有办法,工业革命发生在英国,英国的科技要先进得多,19 世纪初的英国古董琴,现在还能演奏,而同时代的维也纳琴,只能用复制品啦。我有时候想,19 世纪初英国人就能够造出这么精巧复杂的机械装置(钢琴),那么 1840 年鸦片战争,英国几千人打败一个中国,也不是什么神话了。

鲍:那你弹过英国的早期钢琴吗?

张:是的,还演奏过一次。英国琴的手感肯定不如维也纳琴细腻啦,音色变化也没有那么丰富,但是它音量更大,质量更稳定,更适合比较大的场地。当时伦敦是世界上最发达的城市,观众人数比维也纳多得多。想一想海顿的伦敦之行吧!当然,观众数量是多了,品位却很低下。很多当时从欧洲大陆去伦敦淘金的音乐家都抱怨观众欣赏不了真正的音乐。

现在在美国,早期钢琴的"圣地"是康奈尔大学。我到那里去参加过一个早期钢琴的比赛,就有幸遇到了这些象牙塔里的演奏者和观众。那些人一方面被我的"包袱"打动,另一方面认为不符合原著。这些人不是没有感知力,但实在太过于拘泥原著。换一种弹法,你觉得很美,他也感觉到美,但是对不起,不符合原著。

鲍:能举一个例子吗?

张：比如，前几天他们的一位老教授还在批评皮尔斯弹莫扎特的《d小调协奏曲》的开头。谱子上的连线是断开的，她连起来了。老教授认为不符合原著。在我看来这明明就是愚忠嘛！皮尔斯弹得多好听啊！就不能变一变啊？莫扎特的乐谱又不是一个标点符号都不能改的四书五经。啊，好了，就此打住，这只是我的个人观点。说不定他们是对的，说不定莫扎特就是应该这么断着弹的（笑）。目前，康奈尔派最好的早期钢琴演奏家叫 Bart van Oort。在我看来，他的演奏在骨子里还是很活的，一点儿也不教条。但是他坐下来跟那些老夫子谈经论道，也能说得头头是道。他很聪明，知道怎么在学究派与自由演奏之间找到平衡点。我想这应该是我日后努力的方向。

鲍：看来这些音乐家真是标准的复古派啊！

张：在他们的这套东西的背后，是有一门叫"Performance Practice"的学问的，我把它意译成"本真派"，当然"复古派"也可以啦。这门学问简单说来就是通过研究文献等各种方法来复原作曲家的原意。所以您看，使用作曲家当时的乐器——所谓早期钢琴——就成了重要的一环。这门课在天普大学以及很多其他学校，是作为与"四大件"（和声、曲式、复调、配器）并列的必修课的。所以，它很重要，但我觉得它不能凌驾于演奏者的感觉之上。

康奈尔大学有一个湖，漂亮极了，但我总觉得死气沉沉的，也许跟我当时的心情有关？想到胡适、梁思成、林徽因、徐志摩都曾在这个湖边漫步，我其实特别失望，还不如北大的那个湖呢。（笑）听说北大的湖就是模仿康奈尔的，显然青出于蓝嘛。中国人到底是古典园林的祖宗。

鲍：如果只有这么一小拨听众，那么，这一拨音乐家何以为生？

张：教学吧。在学术上，这些音乐家还是很有贡献的，因为他们搞很多第一手资料的研究。Performance Practice 的鼻祖是巴杜拉-斯科达。

鲍：那么你的老师，作为早期钢琴演奏家的 Lambert Orkis 属于这个学派吗？

张：他不是。他在早期钢琴方面是个"个体户"，他的理念与康奈尔派非常不同。他自己说：演奏早期钢琴时，自己无法将现代钢琴的音响从脑海中隔离开，也完全没有必要这么做，所以他不仅会把莫扎特的连线越过小节线，还会用很多弱音（moderator）踏板。这一点康奈尔的人就不喜欢，因为根据考证莫扎特当时是没有弱音踏板的，只是现代的仿制琴上加了这个。Orkis 出过一张唱片，里面就一首曲子——《"热情"奏鸣曲》，但是收入了三次演奏，分别用的 1805—1810 年的维也纳琴，19 世纪 30 年代的维也纳琴，以及现代的波森多夫。《热情》是贝多芬 1805 年写的，这三次演奏分别代表了创作后不久的琴、贝多芬逝世后不久的琴，以及现代的琴。这样的做法，与康奈尔的教授们追求的"复古"和"本真"是完全不同的思路。

Orkis 也不是瞎自由，他也是有底线的，而且特别反对自由过头。有时候我弹巴赫弄出一些怪的音色，他会说："这个声音是巴赫所不知道的！"（笑）

鲍：Orkis 是你的主课老师吗？

张：不是。我的主课老师叫 Harvey Wedeen。我跟他学了两年。他是个很好的人，鼓励我同时跟 Lambert Orkis 学。Wedeen 是卡萨德修斯的学生，弹古典作品非常有品位，但比较传统，不喜欢巴伯钢琴奏鸣曲之后的钢琴音乐。所以，后来我弹了大量现代音乐，其实心里我挺怕他的，当然这只是学术分歧啦，为人方面 Wedeen 简直无可挑剔。

我记得我在演奏 George Crumb 的时候，弹到一半，只听到一声声拐杖敲地的声音，我知道老头儿憋不住先撤了。当时我想：这个人怎么这样啊？还活在浪漫主义时期吗？不过后来老头儿退休了，又病了，住在康复院。我去看他时，只看到他胡子拉碴的，眼神都是涣散的，事儿也记不清了。他看到我，就说，要为我布置新曲目——其实那时候我已经不去上课了，他退休了嘛，又生病。他说："你要弹一首让所有人都感动到无话可说的作品，你有这个能力。你去试试舒伯特的《奏鸣曲 D894》吧!"那个时候我真的感动坏了!他对于现代音乐的态度是怎样的,这已经不重要了。因为年龄和病痛,这个人已经被剥离到了只剩下本性。而 D894 这样的神作,是他本性的一部分,还有比这个更好的事情吗?

**鲍**:你谈到这些很有意思,使我了解了很多过去不知道的事情。啊,顺便说说,我父亲年轻时就是在美国的康奈尔大学留学。当然,那是很早很早以前的事了。

现在我们还是谈谈你现在的情况吧。你现在是在写博士论文吧?

**张**:最近真是没时间写,在练汪立三的全集。

**鲍**:你为什么会想到选弹汪立三的全集,并且以此来写博士论文呢?

**张**:2010 年,Orkis 来上海演出,点名要去看豫园,所以我就陪着去了。当他看到豫园古色古香的建筑,同时又看到远处很现代的环球金融大厦,相映生辉,连连惊叹这是天才的设计,所谓"古典与现代的对峙"。他一定是以为豫园是新造的,设计师"借景"环球金融大厦。我想,他一定是一个对"古今对峙"特别敏感的人,从三次演奏《热情》也能看出端倪。如果他是导演,一定会拍出很多穿越剧。(笑)Orkis 在赞叹完了豫园之后问我在中国钢琴领域有没有同等水准的作品。鲍老师,在中国钢琴家中,您弹过的中国作品应该算是最多了吧,您会怎么回答这个问题呢?

**鲍**:其实我弹中国作品也还不是很多。像汪立三的作品就弹得不多。如果要我回答这个问题,我还真回答不出呢。

**张**:我当时回答:"古代中国在音乐上的成就是比不上建筑的。至于钢琴这个乐器,弹和声很好,但是中国的音乐大多数是以单旋律为主的,只有简单的和声。"他追问:"你有没有认真找过中国钢琴作品?"的确,我没有,我当时只会弹《夕阳箫鼓》。他又说,他教过很多中国学生,也听过很多中国钢

琴曲，但总觉得味道不太对。他说，致力于中国钢琴作品的寻找和演奏，也许对我是一条路，因为我处于一个很特别的位置。其实嘛，处在这个特别位置上的人多了去了，中国钢琴家那么多。不过当时我说："那我去找找看吧。"

我想，就是从那时候开始，我系统地开始了中国钢琴作品"淘金者"的生涯。

鲍：那么，你又是怎么选定演奏和研究汪立三的作品呢？

张：不得不说，除了汪立三的作品质量的确过硬之外，我是有个人的偏爱和考虑的。朱践耳的《南国印象》，权吉浩的《长短的组合》，马思聪的《汉舞三首》，这些都是我爱不释手的作品。但这三位作曲家的其他钢琴作品不如汪立三数量那么多，也没有让我感到那么"爱不释手"。汪立三的钢琴作品，质量、数量、分量都比较合适。分量很重要！他的作品，是可以跟西方经典作品构成一个音乐会上下半场的对峙的。比如，上半场李斯特，下半场汪立三，正面战场，分庭抗礼，一点都不落下风！当然你要真的弹得好！汪的作品有一个特点：弹得好效果奇佳，弹得不好难听至极！（笑）另外，他的东西特别接地气，"土得掉渣"，我个人不喜欢"美式中餐"这样的作品。汪的音乐好像和我的生活非常近，这就把我的胃口吊起来了。

**鲍**："接地气"这个问题能具体说说吗？

**张**：莫扎特的音乐很棒，有普世价值，但他毕竟无法表现机器时代和现代战争所带来的独裁，那么这些东西老肖（肖斯塔科维奇）表现出来了。但是老肖无法表现这些理念的"中国特色"，毕竟中国近50年来的情况是独一无二的，实际上任何地方的任何情况都是独一无二的。这件事情就需要中国作曲家来做。比如，《二人转的回忆》一曲，没有"反右"和下放的经历写不出来，没有被下放到北大荒写不出来，没有近20年（汪的黄金年龄）无法正常作曲的经历也写不出来。这些经历完全是莫扎特无法碰到的，却给汪立三碰到了。他不仅是客观地描写二人转和北大荒，还充分融入了自己的视角和心态：一个上海音乐学院的高才生一下子到了北大荒的农垦局文工团，"迎接"他这个南方人的除了白雪、黑土，还有二人转。二人转在当时的北大荒遍地开花，用与汪立三一起下放北大荒的作曲家刘施任的话讲，"黄得不得了"。这些音乐是汪立三之前在音乐学院闻所未闻的。贺绿汀院长当时在"上音"大搞民歌运动，但是在二人转方面是开了天窗（有空白）的，也许是因为太"少儿不宜"了？（笑）汪立三的《二人转的回忆》三易其稿（1982、2002、2007），最后一稿又加入了作曲家晚年的苍凉心态，好像一位落寞的天才作曲家以"二人转"为节点在审视他的一生，可算是呕心沥血之作了。我对这样的作品有一种自然亲近感，这种感觉是我最喜欢的莫扎特无法给我的。

**鲍**：这种自然亲近感是如何产生的呢？难道你熟悉北大荒吗？还是之前接触过二人转？

**张**：我在弹《二人转的回忆》之前没有到过北大荒，对二人转的所有认知也仅限于赵本山的小品。当然现在我去过北大荒了，也探访了汪立三当年的文工团同事。我也听了很多二人转,并且找了金士贵、韩子平等二人转专家,然后我知道:赵本山所取的只是二人转的一小部分,与汪立三的二人转完全是两码事儿。传统二人转是有大量曲牌的,音乐特别丰富,而汪立三正是从这些曲牌中提炼出了素材。

**鲍**:既然之前没有到过北大荒,没有听过传统的二人转,那你这种"自然亲近感"又是从何而来的呢?

**张**:打个不恰当的比方,小老鼠不需要被猫吃过一回就知道怕猫。(笑)这就是老鼠这个物种的"集体记忆"或者"共同记忆"。有个诗人叫席慕容,我不喜欢她的诗歌,但是她的故事也许可以回答您的问题。席慕容的父母都是蒙古族,但她从小不在大陆,蒙古草原是她46岁那年才看到的。看到之后激动得不得了,觉得这是自己再熟悉不过的地方。这就是所谓"原乡"情结。又比如,我第一次到塔尔寺听到喇嘛诵经就很感动,但在西方的教堂我就没这种感动,不过我既不是佛教徒也不是基督教徒。(笑)

**鲍**:那么对于没有这种"原乡"情结的外国人,他们是怎么看汪立三的作品的呢?

**张**:目前来讲都很受欢迎!连最不喜欢民族乐派的人、最不喜欢现代音乐的人,他们都喜欢。比如,Harvey Wedeen 这么排斥现代音乐,却很认真地对我说,汪立三的作品他很喜欢。其实这也说明汪立三的音乐,传统的"老根"扎得有多深。我仔细分析了他的作品,看了他的文章,又通过接触他的学生亢音老师获得了大量他的上课笔记,又访问了汪立三(20世纪)50年代的同学葛顺中老师。各方面都证明:汪立三的传统和声、复调学得不仅扎实,而且使用起来已经形成了自己的风格。巴托克、欣德米特、德彪西、拉威尔,这些人的钢琴作品他都得其真传,这些人的"招"都体现在汪立三的作品中,但他仍然能保持其"土得掉渣"的特点,真是厉害。顺便说一句,汪立三在1997年的访谈中说巴托克的音乐他"听过一些,很喜欢,但没有很深的研究"。这应该是谦虚之词。以他的博学和好学,他怎么可能放过巴托克这位

"同一战壕的战友"呢？巴托克是用西方的手法来表现匈牙利民间音乐的"土得掉渣"。我觉得汪立三对于像《小宇宙》这样的作品肯定是吃得很透的。

**鲍**：现在你的论文的题目定了吗？

**张**：定了汪立三啊。

我开始想写的博士论文是"莫扎特在巴黎"，论题都通过了。但是后来不由自主地被汪立三吸引，花的时间越来越多。终于有一天我提出了要换题。我的论文老师是研究泰勒曼的专家，他说不懂中国作品。但最后还是由他指导我的博士论文。

**鲍**：做汪立三的研究，有没有什么特殊的体会？

**张**：有啊！汪立三这个课题的特点决定了，我在美国学到的一切关于"目录学""文献学"方面的研究方法都是不太适用的。因为第一，文献极少，甚至连作曲家的作品目录都没有；第二，文献分散在各种地方，说实话中国的音乐学还没有形成体系；第三，由于政治原因，很多文献很难查找。所以，如果我做莫扎特的选题，我可以足不出图书馆就把事儿做了。但做汪立三，我就不得不找各种人去问，搞第一手资料，田野调查。我不仅要找汪周围的人，还要找信天游、二人转、傩、湖南花鼓、大凉山彝族音乐等各种专家，好在现在网络太方便了，我把这些人从犄角旮旯里都挖出来了。我这叫"人肉"研究法。（笑）当然博士论文只是整个汪立三计划的一部分，我同时还要出他作品全集的CD，还要录制纪录片。

**鲍**：对，我知道。你上次在中国音乐学院演出时，就有一个录制纪录片的摄制组跟着。这个录制纪录片的想法是由谁提出的？

**张**：是我提出的。上海电视台古典音乐频道的编辑、监制谢力昕把这个建议提交领导，获得了批准。但是，拍片的经费很少，有时真是捉襟见肘，很困难。

鲍：你要一直跟着纪录片的拍摄吗？

张：是他们在"纪录"我的研究历程，所以是他们跟着我跑。片子的名字就叫《寻找汪立三》。奥斯卡不是有个获奖纪录片叫《寻找小糖人》吗？也是讲寻找一位音乐家的故事。我们一起寻找汪先生待过的地方。这个片子拍到了一半，汪先生人走了！

鲍：虽然他已去世，看不到这个片子了，但幸亏你们在他生前开始了这项工作。这个纪录片准备什么时候拍完？

张：大概今年年底吧。

我现在正在录他的作品全集。共三张 CD，3 小时 10 分钟，已录了一半。有些作品开始觉得很难弹，甚至觉得有些地方写得不够好。但是弹弹弹，就越来越觉得必须这样写。

鲍：你练习和研究他的作品，最大的感受是什么？

张：就是我与作曲家是直接对话，中间没有隔着其他演奏家。所有经典作品的演奏，都是有演奏传统的。比如，你弹莫扎特某个很生僻的作品，即使从没听过别人弹，你的脑海里肯定也充满了各种人演奏莫扎特其他作品的音响。这些先入为主的演奏传统肯定会影响到你对这个生僻作品的处理，所以你其实并不是在和莫扎特零距离交流。而汪立三作品就不存在这个"如来佛的手掌心"，因为大部分作品都没人弹过，所以基本上就是两点一线——乐谱和我。我研究他的生平、创作习惯等，大胆建立我自己的传统。有些作品，越练就越胆子大。不光是汪立三啦，很多现代音乐的演奏，你都能享受这种直面作曲家的乐趣。我不知汪立三对我的大胆演绎会怎么看，也许与他的原始思路不同，但我想他会鼓励我的。我弹给作曲家奚其明听过几部作品之后，他说我还不够大胆，步子要更大一些："汪立三在天之灵会鼓励你的！"

现在，我考虑的是如何把这样的"大胆"反过来用到经典作品的演奏中去。也就是说，其他钢琴家所形成的演奏传统，这个干扰要降到最低，你要与莫扎特、贝多芬两点一线，直接通过乐谱和调查他们的生平和写作习惯，放胆去做，说你自己的话。好吧，绕了一圈，这好像就是我很讨厌的康奈尔大学的那些人（Performance Practice 学派）做的事情。（笑）不过我还是和他们不一样，他们是把作曲家的乐谱奉为四书五经，我是放胆去做。当然，我这么做是有代价的！因为演奏传统无处不在，你跳出了这个手掌心，观众可能会抗议，觉得你很波格雷里奇。但是现在我也想开了，有人抗议总比鸦雀无声好。好的音乐家，有几个没有饱受争议呢？每当你做了什么不一样的事情，总有人赞成，也总有人反对，多年来我就是在别人的褒贬参半中茁壮成长的。（笑）

鲍：那么你做汪立三的研究，有人反对吗？

张：有人会认为我避实就虚，不敢碰传统曲目所以搞冷门吧。所以现在我手上也有一些传统曲目，专门用来正名。（笑）

鲍：你除了汪立三的作品还研究其他中国作曲家的作品吗？

张：我9月要弹葛甘孺的钢琴协奏曲《兀》。我还准备——呵呵，就像我刚才说的，对喇嘛诵经有"原乡"感，大概我上辈子是喇嘛转世？（笑）我准备弹三首佛教题材的作品：崔炳元《西藏素描》中的《雀——寺院的佛事》（藏传佛教），莫凡《西子影集》中的《南屏晚钟》（汉传佛教）以及汪立三讲鉴真东渡的《涛声》（日本佛教）。鲍老师，《西藏素描》您弹过吧？觉得如何呢？

鲍：崔炳元的《西藏素描》和莫凡的《西子影集》我都弹过。我第一次听到的《西藏素描》，是一个学生弹的，当时就很喜欢，立刻找了谱子来弹。我没有想到你把这三首曲子做了这样有意思的组合。

张：我是准备这样来"设计"演奏这三首作品的。《雀——寺院的佛事》里充满了诵经声和喇嘛专用的号角的声音，我在网上找了一段喇嘛诵"六字大明咒"的视频，其中号角的音高都是与"雀"匹配的。我弹之前，以及弹的时候就放这段音频，同时叠置。当然不是从头叠到底，这个都要事先计划好的。哪里强哪里弱，都是有人调节音量的。然后弹《南屏晚钟》的时候我可以放我自己去庙里录的嘈杂人声，要的就是那个声场。我感觉藏传佛教更出世，而汉传佛教更入世、更平民，这也许就是小乘和大乘的区别吧！《南屏晚钟》所在的杭州净慧寺就是一个更加入世的寺庙了，旅游景点嘛！所以我就用庙里的人声做背景。至于《涛声》，那自然是大海的声音。最后金钟齐鸣的时候，我希望我的演奏能够和真实录制的钟声同时叠置。这肯定又是一次有争议的尝试，但我没有更好的办法来表达我想要表达的东西。

鲍：我听说过一个很有意思的故事，但不知其真实性如何。据说，有一次李赫特在录那首拉赫玛尼诺夫有名的、象征钟声的第一首"前奏曲"时，外面的教堂钟声响了。由于录音间的密封程度不够好，把教堂的钟声也录进去了。录完之后，音响师说再录一遍吧，刚才有杂音。李赫特却很高兴，认为这是千载难逢的机会。我想，不管这个故事的真实性如何，你就试试自己一些特别的想法吧。

张：我常常想，为什么中国听众能听普罗科菲耶夫、施尼特克，很多人却接受不了汪立三呢？汪立三一点儿都不比这两位更"现代"啊？或者反过来推论：如果他们连汪立三都接受不了，那么到底有没有听懂普罗？为了让观众理解，我用了很多办法，比如，前面说的多媒体。我花了大量时间去做这些事。我想，听众不喜欢我，这不是失败，但如果他们不知道我在干吗，那才是失败。不错，不管是中国还是美国，汪立三音乐会之后一般都有感动得不得了的人，但散场之后，大家还是该干吗干吗。在我自己的学校，有很多人找我要谱子，但是没有一个人事实上弹。从这个意义上说，我觉得自己是"唐吉诃德"。当然首先汪立三就是"唐吉诃德"，他完全没有谭盾一样的运作头脑。谭盾写东西，有很多是还没有写完大家就都知道了，首演啊，赞助啊，都安排好了。老汪写东西，写完了一搁，连自己的学生都不知道，而且至少有两部作品（《南天集》与《赫哲组曲》）就这么搁没了，到现在都没找到。汪立三的作品集出了1000册，还没有卖完。奚其明老师一看他的晚期作品，第一反应就是："这是藏之名山留诸后世的态度！"真是内行一看就明白。

**鲍**：我理解你的心情，现在好像是一个全民娱乐的时代。

**张**：太对了！有一个雕塑家跟我聊天时说道，他一直在琢磨的就是如何在5分钟内吸引人，因为现代人的耐心只有5分钟。但是大量的古典音乐曲目都是渐入佳境的，前面没有"铺平垫稳"，后面的包袱就不响了。美国虽然汇聚了世界上顶尖的音乐家，但至少东部美国的生活节奏太快，所以古典音乐越来越没落，不得人心。费城唯一的古典音乐电台，以及其他地方同等级别的古典音乐电台，每个月都有几天一刻不停地要你捐款，完全是卖狗皮膏药的口吻："我们这个小时一定要筹满多少钱，现在还差多少分钟就到点了，如果到点了钱还不够，那么之前捐的我们就拿不到了。"他们不得不这么做，不然就活不下去了。费城的交响乐团原本是多么顶尖的乐团啊！但前年"费交"申请破产，虽然最后"保级"成功，但元气大伤，水平有所下降。我一个普通钢琴家，当然就更艰难啦，我什么曲子都要弹，什么学生都要教。您相信吗？前几天我刚刚完成了我的Hip-Pop首秀，是在一个临时拼凑的乐团里弹键盘。Hip-Pop是我最讨厌的音乐了。好吧，我承认我过得比朱晓枚老师当年更好，我至少不用去刷盘子。在天普大学，有的时候我练完琴坐地铁回家，看着地铁里的人，觉得我的音乐与他们没有半毛钱关系，真是有"栏杆拍遍，无人会，登临意"的感觉。我美国的同学劝我不要灰心，因为人的兴趣都是循环的，总有一天会重新喜欢古典音乐。可是总有一天是什么时候？我能看到这一天吗？我感觉东亚真的是古典音乐最后的领地了。我这几天在北京，居然听到地铁站里在播放肖邦的《大波兰舞曲》！还有弗朗克的《小提琴奏鸣曲》！不管地铁公司是出于什么原因放这些音乐吧，对我来说这仍然像一个神话，我觉得我在做梦。

**鲍**：是的，有时从拥挤的地铁车厢里走出来，听到这些古典音乐，就像呼吸到了新鲜空气！

我想，不管现实如何，我们从事古典音乐的人，总要去尽一份自己能尽的力吧。所以我很钦佩你，你把工作都做透了！

**张**：很多事如果现在不做，老一辈的人就都去世了！

**鲍**：你为汪立三先生做了那么多可贵的工作，他的在天之灵一定会感激你。

**张**：他曾经把我赶出去！（笑）有一次，我第二天要回美国了，就连夜在他家就着手稿对谱子，到晚上12点还没对完。他晚年的乐思很棒，但谱子写得很乱。那时，汪先生说话已经不太清楚，但他对我说出了"回家"两个字，还让我帮他关灯。（笑）所以我只好拎了一麻袋手稿到他家附近一个小店里去继续对谱子。对到天亮，再把手稿送回去。

**鲍**：你真是执着啊！还花了很多时间去研究作品，而不只是单纯地在琴上练习。特别是对一位中国作曲家的作品，做了那么多研究，我很感动。

**张**：我是一个钢琴家，做了一些音乐学和音乐理论方面的事情，但这些都是为了演奏而不得不做的。

2014年2月25日

下午3：45—5：50

访谈于亚运村家中

在我做完这个访谈后不久，张奕明就又去了哈尔滨。他兴奋地告诉我：找到了汪立三演奏自己作品的录音，总时长有将近一个半小时！可惜录音质量极差，除了震耳欲聋的噪声之外，还有隔壁琴房传来的"小巴赫"练琴声。但是，张奕明说，汪立三弹得好极了！他尤其觉得惊叹的是：原本他自认为自己的处理已经很大胆了，没想到汪立三本人的演奏还要大胆泼辣！却又处处符合情理，听起来真是过瘾！张奕明告诉我：由于发现了这些录音，许多手稿中悬而未决的问题有了答案！而他也将根据录音调整自己的演奏，并且重新录制一些曲目。

> **"我觉得自己很幸运，能和那么多的大师一起演出，我从他们身上学到了太多的东西。"**
>
> ——世界级青年钢琴家王羽佳访谈录

王羽佳

王羽佳，1987年2月10日出生于北京。世界青年钢琴演奏家，国际钢琴演奏者。自6岁起随罗征敏老师学习钢琴；随后，直至出国，一直师从凌远教授。在北京中央音乐学院附小、附中学习期间，已在德国公开演出；在德国，她出色地演绎了李斯特的音乐会练习曲 *La Leggierezza*，获得公众的关注与喝彩。在此期间，小羽佳不凡的天赋开始受到关注，并在中国、澳大利亚和德国进行了她最早的公开演出。

1993年起，学习钢琴；1999年，作为中加"晨间音乐桥"文化交流项目的交换生前往加拿大卡尔加里蒙特皇家音乐学院跟随陈宏宽和Tema Blackstone学习钢琴。2005年，与祖克曼指挥的渥太华国家艺术中心乐团合作演奏了贝多芬的《第四钢琴协奏曲》。2006年获得"吉尔莫青年艺术家奖"；2008年毕业于柯蒂斯音乐学院；2009年1月，与德国DG唱片公司签下专属艺人合约。2013年，作为指挥大师夏尔·迪图瓦和英国皇家爱乐的嘉宾来杭巡演。2014年3月4日晚，在伦敦交响乐团2014广州音乐会上，合奏拉赫玛尼诺夫《第三钢琴协奏曲》。

2008年春天，与内维尔·马里纳爵士执棒的圣马丁室内乐团及合唱团一起进行了美国巡演，获得好评，被音乐公司经理人看中，从此跻身国际舞台。同年，从柯蒂斯音乐学院毕业。2009年春季，在美国发行第一张唱片《奏鸣曲与练习曲》，唱片收录的奏鸣曲有肖邦的《葬礼进行曲》、李斯特的b小调奏鸣曲、斯克里亚宾的第二奏鸣曲，以及利盖蒂的两首练习曲。同年，与古典唱片公司DG签约，与迪图瓦、阿巴多等指挥大师合作，在世界范围内举行音乐会。

---

王羽佳在人们心目中简直就是一个传奇。她那双在钢琴键盘上几乎无所不能的手，常常使听众在听觉和视觉上都不由自主地目瞪口呆。

在她和"中国爱乐"合作演出格什温的《蓝色狂想曲》和拉赫玛尼诺夫的《帕格尼尼主题狂想曲》时，我听说她受了些伤。于是，演出之后我就到后台去看她。她说肋骨处拉伤，已经推掉了好几场演出，要在北京休养一周。我虽很为她担忧，但也感到对我一直想对她进行访谈的愿望来说，这倒是一个"天赐良机"。

由于不想过多影响她难得的"天伦之乐"，同时也由于我第二天要去美国，我们的访谈是在电话中进行的。

**鲍**：羽佳，你的肋骨好了吗？

**王**：还没有。肋骨错位了，软组织受伤。医生说，要是当时就治，也许很快就好了。但是现在错过了治疗的最佳时间，需要静养一段时间。所以我只好推掉一些演出合同。

**鲍**：你抓紧在北京的时间治疗吧。

好，现在我们进入正题。

我要问的第一个问题，也是代表了很多人想问的。大家都想知道，你技术这么好的原因是什么？当然，我知道你是神童，从小就是一个特别棒的孩子。在中央音乐学院附中的时候，也一直是特别棒的学生。但就连附中的老师也说，虽然你从小就技术好，但现在已经达到了"神奇"的地步。

我想问的是，除了过人的天赋和突出的手指机能之外，你主要是靠勤奋还是有什么特殊的"绝招"？

**王**：我想，其实是我敢弹那些炫技的改编曲。

我到美国柯蒂斯音乐学院后，格拉夫曼教授教了我很多俄国作曲家的协奏曲。但我自己觉得那些改编曲很好玩。所以，就自己找了很多改编曲来弹。格拉夫曼教授听我弹了之后也很喜欢。

**鲍**：你的手好像并不大。但是弹得又快又准，声音还特别颗粒。简直是"魔术手"！为什么你这么会用你的手？

**王**：我的手最多只能弹十度，但是那些炫技曲的技术适应了就很容易。

也许手大的人弹起来倒没有这么方便。还有就是，我弹和弦、八度的曲子比较多，像巴托克的《第二钢琴协奏曲》，全是九度。通过练这个，八度的技术也就练出来了。而且，我总是想，这些曲子如果现在不练，以后大概永远不会练了。

我在中国的时候，打的基础还是很好的，但是那时弹琴比较收敛。到了美国后，更多的能力就激发出来了。

鲍：这些当然很重要，但总还是有点绝招吧？
王：在台上弹熟了，就敢玩起来了。嗨，瞎弹！（笑）

我的手指比较细，可能容易把声音弹得清楚。当然，还有就是要运用想象力。有了想象力，色彩、踏板就会用得生动了。霍洛维兹就是这样，能把握听众的心理，知道哪里应该收、哪里应该放。这样，演奏才会生动。

鲍：作为一个职业演奏家，你现在的生活是怎样的？
王：我去年有120场音乐会。今年我想降到90场。

如果跟乐团巡回演出，一周之内就会连续演出几场不同的协奏曲。在这种情况下，就只能是在台上练琴了。这大概就是"美国的方式"吧。（笑）
现在"拉三""柴一""普二""普三"和格里格、贝多芬、肖邦、勃拉姆斯的协奏曲都演得比较多，但是舒曼协奏曲还没演过。

鲍：演出这么频繁，你用什么时间来练新曲目呢？

王：我每年有两套独奏会，很多曲子都是"演"出来的。不像小时候，曲子是靠比赛"比"出来的。那时候，为了比赛，每首曲子都会磨得很细。现在主要是靠在台上演熟。不过，小时候学的很多曲子到现在还记得。其实，这些年在台上，主要还是靠小时候的"童子功"和在柯蒂斯那几年学的。

鲍：你从一个神童到今天这样一个全世界跑的著名演奏家，这是怎样一个过程呢？有很多神童，小时候很惊人，后来就出不来了。

王：最大的一个转折点是十二三岁到国外来，很早就很独立了。想弹什么、怎么弹，一切都是自己做主。

我出来以后，一个比赛也没参加过，倒是弹了很多室内乐。弹室内乐就是玩！（笑）但是非常有帮助。

（后来，我在和羽佳妈妈通电话时，羽佳妈妈说，其实羽佳在美国获得了许多重要的奖项。

比如，2006 年，她获得了"吉尔莫青年艺术家奖"。这个只颁发给 21 岁以下杰出艺术家的奖，是一个非常重要的奖项。

2008 年，在柯蒂斯音乐学院获得学士学位毕业时，同时获得了学院颁发的"拉赫玛尼诺夫"演奏奖牌和奖金。

2009 年，德国 DG 公司录制发行了她的第一盘专辑《奏鸣曲与练习曲》，获得了英国《留声机》杂志评选的青年艺术家奖和年度十大发烧友唱片奖，并获得第 52 届格莱美最佳器乐独奏奖提名。

2011 年，凭借与阿巴多合作的拉赫玛尼诺夫《第二钢琴协奏曲》与《帕格尼尼主题狂想曲》获得第 54 届格莱美最佳古典器乐独奏家奖提名。

2011 年，她还荣获德国 ECHO Klassik "回声"古典音乐大奖。）

我在柯蒂斯时，也在外面的学校上文化课。所以，我就是钢琴弹不出来，也有别的路走。

我还是很有运气的！15 岁进柯蒂斯，开始跟格拉夫曼学。他又找了经纪人米听我弹。后来，我又认识了指挥家迪图瓦。他在一年之内带我走了很多地方，演了20场"普二"协奏曲。

在我21岁时，有人把我的录音拿给阿巴多听，他居然把录音听完了。后来，他邀请我和他的三个乐团一起演出。

还有，马泽尔也带着我和乐团一起演出。和这些大音乐家一起演出，使我非常兴奋，也大大激发了我的上进心。

但是说实话，演多了，现在慢慢就有一点儿厌倦，总觉得不像在柯蒂斯时那样心静。啊，所以我的肋骨都断了！

**鲍：** 啊？是断了吗？

**王：** 啊，是错位了。我清楚记得是5月19日。先是受风了。我练完琴总要做一会儿瑜伽，你知道我妈妈是跳舞的嘛。结果，一下子肋骨就错位了。啊，可能现在因为肋骨错位，心情不太好，所以说了这些话。也许过一阵子，身体好了，就不是这样的心情了。

**鲍：** 我理解。我的访谈其实都是受时间限制的，只不过是在一个特定的时间段里的一个记录。我想，读者也会非常理解这是你在一个特殊的情况下的一个非常真实的心情。我已经出版了两本《鲍蕙荞倾听同行——中外钢琴家访谈录》，很多读者看后跟我说，他们很喜欢看到那些真真实实的钢琴家，觉得特别亲切。

我记得你小时候有一次别人采访你，你说长大了要当钢琴家、指挥家。

王：对，还有作曲家。（笑）

鲍：现在的生活和小时候想的一样吗？

王：总之是上了"贼船"了！哈哈哈！

鲍：是不是就像一双红舞鞋，穿上了就脱不下来，只能不停地跳？

王：我喜欢穿红舞鞋，脱不下来也不在意。（笑）但现在的生活确实和小时候想象的不太一样。

我不怕练琴，也不怕上台。但是现在花太多的时间在飞机上、社交上。小的时候弹琴是乐趣，但是当了演奏家以后，社会就要求你要"全面"，而且，有时你不想演的时候也必须演。有时候我想：到底我是钢琴的主人，还

是钢琴是我的主人？我简直觉得自己有时就像是钢琴的奴隶。（笑）

  **鲍**：你说的"社交活动"是指哪些事？
  **王**：比如，我的赞助人要见我，我签约的唱片公司就会要求我去见面。

  小的时候，爸妈会给我指路，可是现在一切都得自己做主。而且，有时也不知道哪些事是可以有自己做主的权利的。
  有一位指挥家卡洛斯·克莱本说过："一个艺术家的艺术质量和他能拒绝事物的程度是成正比的。"
  不过，现在有一点好的，那就是现在的演出我可以直接挑指挥了。（笑）不像过去那样，只能由别人来挑我。

  **鲍**：现在这样的生活对一个年轻女孩子来说，是不是感到太辛苦了？
  **王**：每年的情况不一样。

  现在我在旧金山、巴黎有很多朋友，去了那些地方就会感到更放松一点儿。现在也不像过去那样，每天一场演出，现在可以隔天演一场。这样，我就可以和朋友一起玩玩。我特别喜欢吃，（笑）现在可以和朋友一起去吃东西了。有些演奏家在外人眼里显得有点怪，像波格雷里奇，"拉二"的前八小节能弹 5 分钟。（笑）
  其实，有些人"怪"是有原因的。比如，齐麦曼说以后永远不去美国演出。那是因为有一次他在洛杉矶机场，他们把他的钢琴键盘都拆了，说里面用的一种胶水有问题。
  人是需要有尊严的，需要有自己的生活空间。上台的人尤其需要自信，需要保持自己的自制力。
  我这个人喜欢热闹，所以在台上会"人来疯"！（笑）但是，我到哪儿演出都是自己一个人，行李也是自己拿，不像有些演奏家是有一个团队跟着的。

鲍：对一个女孩子来说，真是太不容易、太辛苦了！

王：但这样在台上会更有爆发力啊！

一个女孩子到了30多岁以后可能会感到更辛苦。体力倒不会觉得很累，但心会累。因为会考虑一些其他事情。

啊，这一方面得听您和我说啊！（笑）

鲍：（笑）当然我也是很独立的。但是，我还可以享受和孩子、孙辈在一起的天伦之乐啊。不像你总是一个人满世界飞！

王：我现在是靠着年轻，有好奇心、有冲劲。总想去闯、去探索。也许太多了就会厌倦。其实，我特别喜欢风景优美、负氧离子多、宁静的地方。

不过，我还是觉得自己很幸运，能和那么多的大师一起演出，我从他们那里学到了太多的东西。

比如，阿巴多以前也是弹钢琴的。所以排练的时候，他对我的一切，包括踏板在内，什么都一目了然。就像照X光一样，一切都逃不过他的眼睛。他的气场特别强大，我向他学到的最多。他指挥的时候从来不用指挥棒，指挥的动作不大，非常纯净。但是他的手就像一双"魔手"，把我和乐队的全部激情和光彩都调动出来了。他用自己高尚的热情把演奏家和乐队完全与音乐融为一体，使演出体现出音乐的最高境界！2009年，他把"琉森音乐节"的整台节目都搬到中国来演。我和他合作演出了普罗科菲耶夫《第三钢琴协奏曲》。那是我出国后回国的首次大型演出。那场演出，不仅对我，而且对中国和欧洲的文化交流都有着极为重要的历史意义。

迪图瓦比我大50岁。他可能是被阿格里奇练出来了,是一个最好的协奏曲指挥。(笑)但是,有一个很奇怪的现象:每次我和他在台上合作的时候,常常感觉有些地方不太舒服。但是,下来一听录音,特好!我也不知道为什么台上台下的感觉不一样。可能是我像一匹马一样,他能驾驭我!

**鲍**:我想,大概是因为你在台上太有激情、太忘我了,而他能以自己的经验将你的激情引导到最好的状态。

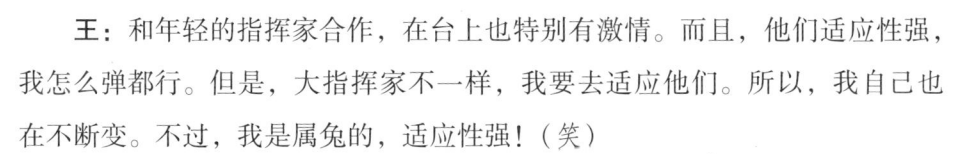

**王**:和年轻的指挥家合作,在台上也特别有激情。而且,他们适应性强,我怎么弹都行。但是,大指挥家不一样,我要去适应他们。所以,我自己也在不断变。不过,我是属兔的,适应性强!(笑)

在大指挥家面前,我就像一个提线木偶。他们能把我拔到我所能达到的最好、最高的高度。

我觉得艺术家就应该对自己永远不满意,永远"自疑"。如果不变化,就不会有进步。

**鲍**：你现在已经有了很高的世界声誉，还有什么新的追求吗？

**王**：当然有啊。这些年，我一直在弹很多俄罗斯的大作品。但是贝多芬、勃拉姆斯这些还是弹得比较少。

我还希望像普列特涅夫那样，既能弹琴，又能指挥，还能改编作品。

还有，我很佩服谭盾。他做事很用心，很有灵魂。有时，我很怕演出太多，灵魂就少了。

**鲍**：我记得你小时候特别喜欢弹琴。大多数孩子是要家长逼迫着去弹琴，而你永远是家长要把你从钢琴上拉下来。

**王**：是啊，现在还是这样啊。这两天我的肋骨坏了，我还是特别想弹琴。我觉得如果我的手不动，肌肉就不行了。

我一直把弹琴当成爱好，就像吃饭、睡觉一样。在生活里，如果我不弹琴，就总像少了点什么。

**鲍**：顺便问问，我曾在网上看到，有媒体议论你穿超短裙上台的事。

王：我一直穿超短裙上台的，在欧洲也穿。而且一直也没什么人说。但有一次突然有人攻击我，又有人出来维护我。总之是各种理论。（笑）

其实，我生活里也是总穿短裙。因为我个子不高，性格也比较适合穿短裙。我觉得上台应该可以和生活里一样吧？我还能穿几年啊？你管我呢？（笑）而且，比如，我弹"拉三"的时候，会出很多汗，穿短裙很舒服啊！何必要把古典音乐搞得过于严肃？古典音乐对我来说，感觉是很近的。我生活里就是这样，没有必要戴着面具上台。

不过，这次在北京，我还是穿了长裙上台，上台的时候，我还真怕自己把裙子踩着了。

鲍：那天我也很怕你踩住裙子，绊着了。因为你的裙子很长啊！

不过，你在台上显得很高。也很漂亮、很 sexy！总之，特别有台缘！

王：哈哈！

2014 年 6 月 7 日

下午 4：35—6：10

电话访谈

我从美国回来后几日，一次听音乐会时，碰到羽佳爸爸。他对我说："羽佳从十几岁出国，现在十几年了。这是第一次在家住了二十几天。"

话语中充满了对女儿的怜惜之情和一个很难得见到女儿的父亲的无奈。

我不由得心中感叹：一般人只看到一个演奏家在舞台上的灿烂光环，羡慕他们所得到的鲜花和掌声。又有多少人能看到他们在台下所付出的汗水，甚至泪水，以及他们的家人所付出的牺牲呢！

# 后记

《鲍蕙荞倾听同行——中外钢琴家访谈录》第三集和第四集很快就要出版了。

除了感谢所有访谈对象和广大读者的支持、鼓励外，我还特别要感谢《钢琴艺术》杂志的大力支持。因为自1999年来的近20年中，"访谈录"中的一些文章，如"访谈录"第一集中的周广仁、朱雅芬、李素心、刘诗昆、陈比纲、但昭义、杨峻、吴迎、储望华、李民铎、周铭孙、李云迪、王笑涵、罗乃馨、黄懿伦、郭嘉特、蔡崇立、杰罗姆·洛温塔尔、马切罗·阿巴多、中村纮子、马里安·利比斯基、拉扎·贝尔曼、塔马什·翁格尔、范尼·沃特曼、阿列克西斯·魏森伯格、卡尔－海茨·凯沫林、普妮娜·萨尔茨曼、米哈伊尔·普列特涅夫，第二集中的傅聪、郎朗、陈萨、黄虎威、李名强、郑曙星、郭志鸿、周勤龄、李淇、黄安伦、崔世光、韦丹文、赵晓声、胡友毅、郑大昕、沈文裕、弗拉基米尔·克莱涅夫、阿那托尔·乌格尔斯基、约格·德莫斯等，以及即将出版的第三和第四两集中的凌远、王羽佳、邹翔、陈巍岭、盛原、杜泰航、孙梅庭、宋思衡、孙以强、张奕明、王挚、孙嘉言、陈宏宽、邓泰山、大卫·杜勃等人的访谈，都在《钢琴艺术》上先后刊登过。在上述这份名单中可能有遗漏或多写了的名字，但是，无论如何，在过百人的四册访谈录中，有超过半数的人得以先行与读者见面，的的确确反映出我们钢琴界唯一的杂志——《钢琴艺术》的境界！在此，谨向《钢琴艺术》致以最真诚的感谢！

鲍蕙荞

2017年7月